中美食品貿易案例解析

主編 韓大平 副主編 許倩倩

財經錢線

前言 Foreword

本書通過對美國食品貿易法規的全面系統的解析，同時分析美國食品貿易法規對中國食品貿易的影響，提出相應的應對措施，不僅有利於中國正確應對美國食品安全標準貿易壁壘，更有利於中國食品出口貿易的長遠發展。

本書由韓大平擔任主編，並負責全書寫作框架的擬定，編寫的組織與管理、章節要點審核與指導，以及全書編纂工作。具體章節如下：

本書共分為六章。第一章中美貿易概述，從人口、資源和環境的視角概述中美食品貿易對兩國經濟增長和社會發展的影響及意義；第二章美國食品貿易法規政策，主要介紹了美國食品 HCCAP 管理體系、美國食品中微生物限量標準、致敏原標示標準、農藥獸藥殘留限量標準、營養標籤法規、有機食品標準、轉基因食品標準、食品添加劑限量標準；第三章反傾銷與食品貿易，對中美反傾銷法進行闡述，並分析了中國食品遭遇反傾銷的原因及以後的應對措施；第四章美國食品貿易法規對中國食品貿易的影響，分析了中國食品安全監管存在的不足及其原因，提出完善監管的對策建議；第五章中國應對美國食品貿易法規的措施，從政府、地方部門、食品企業等方面提出應對措施；第六章典型案例評析，對四個案例進行深入詳細的分析和點評。

由於主編和編寫人員能力有限,本書存在的不當之處,歡迎廣大讀者和同行給予指導、批評。

編者

目錄

Contents

第一章　中美貿易概述

第一節　中國進出口貿易概況

一、中國進出口總體情況

除了 2009 年，從 2004 年到 2012 年，中國進出口貿易總額都保持較快的增速。2004—2012 年中國進出口的有關數據見表 1.1。

表 1.1　　**2004—2012 年中國進出口總體情況**　　金額單位：億美元

年份	進出口		出口		進口		差額
	總額	增速（%）	總額	增速（%）	總額	增速（%）	
2004	11, 545. 54	35. 7	5, 933. 26	35. 4	5, 612. 29	36. 0	320. 97
2005	14, 219. 06	23. 2	7, 619. 53	28. 4	6, 599. 53	17. 6	1, 020. 00
2006	17, 604. 39	23. 8	9, 689. 78	27. 2	7, 914. 61	19. 9	1, 775. 17
2007	21, 765. 72	23. 6	12, 204. 56	26. 0	9, 561. 16	20. 8	2, 643. 40
2008	25, 632. 60	17. 8	14, 306. 93	17. 3	11, 325. 67	18. 5	2, 981. 26
2009	22, 075. 35	-13. 9	12, 016. 12	-16. 0	10, 059. 23	-11. 2	1, 956. 89
2010	29, 740. 01	34. 7	15, 777. 54	31. 3	13, 962. 47	38. 8	1, 815. 07
2011	36, 418. 64	22. 5	18, 983. 81	20. 3	17, 434. 84	24. 9	1, 548. 97
2012	38, 670. 75	6. 2	20, 487. 64	7. 9	18, 183. 11	4. 3	2, 304. 53

資料來源：中國海關統計。

二、中國出口的主要品種

由於中國具有豐富的勞動力資源，因此中國的勞動力密集型農產品的生產和出口具有比較優勢。在加入 WTO 後，中國這些產品的比較優勢逐步得到發揮，出口比重穩步提高，因而中國食品出口的產品特徵明顯。由表 1.2 可知，食品及活動物的出口總值從 2005 年的 224.81 億美元增長到 2012 年的 520.8 億美元，飲料及菸類的出口總值也從 2005 年的 11.83 億美元增長到 2012 年的 25.9 億美元，增速都比較快。

表 1.2　　2005—2012 年中國出口結構　　單位：億美元

	2005 年	2006 年	2007 年	2008 年	2009 年	2010 年	2011 年	2012 年
總值	7, 619. 53	9, 689. 78	12, 204. 56	14, 306. 93	12, 016. 12	15, 777. 54	18, 983. 81	20, 487. 64
初級產品	490. 39	529. 25	615. 47	778. 48	630. 99	817. 17	1, 005. 52	1, 005. 81
食品及活動物	224. 81	257. 22	307. 51	327. 64	326. 03	411. 53	504. 97	520. 80
飲料及菸類	11. 83	11. 93	13. 96	15. 30	16. 41	19. 06	22. 76	25. 90
非食用原料	74. 85	78. 62	91. 54	113. 46	81. 56	116. 02	149. 78	143. 41
礦物燃料、潤滑油及有關原料	176. 21	177. 76	199. 44	316. 35	203. 83	267. 00	322. 76	310. 26
動、植物油脂及蠟	2. 68	3. 73	3. 03	5. 74	3. 16	3. 56	5. 26	5. 45
工業製成品	7, 129. 60	9, 161. 47	11, 564. 68	13, 506. 98	11, 385. 64	14, 962. 16	17, 980. 48	19, 483. 54
化學品及有關產品	357. 72	445. 31	603. 56	793. 09	620. 48	875. 87	1, 147. 87	1, 136. 29
按原料分類的製成品	1, 291. 26	1, 748. 36	2, 198. 94	2, 617. 43	1, 847. 75	2, 491. 51	3, 196. 00	3, 331. 68
機械及運輸設備	3, 522. 62	4, 563. 64	5, 771. 89	6, 733. 25	5, 904. 27	7, 803. 30	9, 019. 12	9, 644. 22
雜項製品	1, 941. 91	2, 380. 29	2, 968. 53	3, 346. 06	2, 996. 7	3, 776. 80	4, 594. 10	5, 357. 18
未分類的其他商品	16. 09	23. 88	21. 76	17. 15	16. 45	14. 68	23. 39	14. 17

資料來源：中國海關統計。

以出口食品貨值為例，中國出口食品貨值列前十位的品種分別為：水產品及其製品、蔬菜及其製品、罐頭、果汁及飲料、糧食製品、穀物、禽肉及其製品、干果及堅果、其他加工食品、茶葉。

三、中國出口的市場結構

目前，中國商品出口到 200 多個國家和地區。中國的主要貿易夥伴國有日本、美國、韓國、俄羅斯、德國、馬來西亞、荷蘭、印度尼西亞、英國等。2005—2012

年中國出口分國別（地區）情況見表 1.3。

表 1.3　　2005—2012 年中國出口分國別（地區）情況　　單位：億美元

	2005 年	2006 年	2007 年	2008 年	2009 年	2010 年	2011 年	2012 年
總值	7,619.53	9,689.78	12,204.56	14,306.93	12,016.12	15,777.54	18,983.81	20,487.64
亞洲	3,664.31	4,558.36	5,680.11	6,632.95	5,685.97	7,320.66	8,991.42	10,069.63
日本	839.92	916.39	1,022.71	1,161.34	979.11	1,210.61	1,482.98	1,516.43
韓國	351.09	445.26	561.41	739.51	536.80	687.71	829.24	876.81
中國香港	1,244.81	1,553.85	1,844.32	1,907.43	1,662.33	2,183.17	2,680.25	3,235.27
臺灣	165.50	207.35	234.58	258.78	205.05	296.77	351.12	367.79
東盟成員	553.71	713.14	941.79	1,141.43	1,062.97	1,382.07	1,700.83	2,042.72
新加坡	166.33	231.85	296.38	323.00	300.66	323.48	355.70	407.52
非洲	186.83	266.90	372.90	508.40	477.36	599.58	730.99	853.20
歐洲	1,656.37	2,153.72	2,878.82	3,428.91	2,647.34	3,552.04	4,136.16	3,964.24
歐盟成員	1,437.12	1,860.01	2,451.92	2,928.78	2,362.84	3,112.35	3,560.20	3,339.89
英國	189.77	241.63	316.58	360.69	312.77	387.71	441.25	462.99
德國	325.28	403.16	487.18	591.74	499.20	680.47	764.35	692.18
法國	116.40	139.10	203.26	233.04	214.60	276.54	299.97	269.00
義大利	116.91	159.73	211.72	266.09	202.44	311.41	336.98	256.57
荷蘭	258.77	308.61	414.13	459.10	366.82	497.06	595.00	589.04
俄羅斯	132.12	158.32	284.89	330.05	175.14	296.13	389.04	440.58
拉丁美洲	236.83	360.29	515.43	714.77	570.96	918.21	1,217.31	1,352.17
北美洲	1,746.77	2,191.37	2,521.84	2,741.79	2,385.68	3,058.61	3,501.17	3,801.30
加拿大	116.54	155.17	193.97	217.89	176.75	222.17	252.68	281.26
美國	1,629.00	2,034.72	2,327.04	2,522.97	2,208.16	2,833.04	3,244.93	3,517.96
大洋洲	128.87	160.10	211.05	258.63	249.32	330.23	408.95	448.80
澳大利亞	110.62	136.25	179.94	222.38	206.46	272.26	339.10	377.40

四、中國出口食品的安全性

根據中國食品出口所遭遇的技術性貿易壁壘，我們可以大體分析出中國食品出口的不合格產品主要有哪些。它們主要包括以下幾種：

1. 水果

2004 年以來，因農藥殘留等問題，中國的水果在越南一直難以打開市場，中國水果在越南甚至要用「韓國水果」的包裝才能順利出售。2005 年，根據中泰兩國簽訂的《中國水果輸泰檢驗檢疫條件的議定書》的要求，中國出口泰國的蘋果、梨、葡萄、柑橘和棗等水果必須符合六個條件。2007 年 2 月，英國將枸杞列為「新資源食品」，導致中國枸杞出口歐洲面臨新的貿易壁壘。

2. 蔬菜

日本既是中國蔬菜出口的主要地，也是對中國蔬菜出口採取技術性貿易措施最多的國家。2005 年年初，日本以檢測出中國蔬菜殘留農藥超標為由限制中國蔬菜出口日本市場。2006 年 11 月，日本厚生勞動省向日本進口商下發了針對中國新鮮姜和新鮮紫蘇兩大蔬菜品種的檢查指令。2006 年 5 月 29 日，日本開始實施「肯定列表制度」。這給中國蔬菜出口貿易帶來嚴重影響。

3. 茶葉

中國傳統大宗出口商品——茶葉出口的最大障礙就是農藥殘留超標。2000 年，歐盟實施了嚴格的茶葉農藥殘留標準，並在隨後幾年陸續出抬了新的茶葉農藥殘留標準。這對中國茶葉出口影響顯著，導致中國茶葉出口呈現大幅下降的趨勢。歐盟茶葉委員會於 2007 年 4 月 19 日公布了歐盟茶葉農藥殘留的新標準，涉及內容共 227 項。這一標準再次提高了中國茶葉出口的門檻。此外，2006 年日本的「肯定列表制度」實施以來，中國茶葉對日出口也大幅下降。

4. 蜂蜜

中國是蜂蜜出口量最大的發展中國家，其中，對歐盟、美國和日本等市場的出口額占出口總額的 90%以上。2002 年年初，歐盟確認中國動物源食品中氯霉素殘留超標，並決定禁止中國蜂蜜出口歐盟市場，進而影響了美國和加拿大等國市場。2005 年年初，歐盟恢復了中國蜂蜜對歐盟市場的出口，但歐盟成員對中國蜂蜜仍存在排斥心理。日本執行的「肯定列表制度」也大幅度提高了蜂蜜進口的門檻。

5. 畜禽產品

2004 年 11 月，韓國針對從中國進口的新鮮、冷藏或冷凍的雞、鴨、鵝、火雞、野雞及鵪鶉等禽肉產品制定了 15 項衛生標準。這些標準都與家禽生前的疫病防治和禽肉產品中藥物殘留有關。2005 年 2 月，歐盟委員會決定將對包括中國在內的部分亞洲國家的禽肉進口禁令延長到 2005 年 9 月 30 日。

6. 水產品

2005 年，歐盟考察了中國的水產品農藥殘留監控體系，同時根據 2005/34/EC 指令，對動物源產品中殘留問題做了新規定，添加了甲羥孕酮和孔雀石綠等苛刻的檢測指標，使中國出口淡水小龍蝦面臨新的技術壁壘。同年，日本也將水產品檢測項目由 800 項提高到 2,600 項。2006 年 10 月 19 日，由於檢測出的大腸杆菌群呈陽性，日本神戶檢驗所扣留中國舟山產冷凍章魚，大阪檢驗所扣留中國舟山產冷凍魷魚。

第二節　中國對美國出口貿易概述

隨著貿易自由化進程的不斷加快，中國對美國出口貿易迅猛的增長態勢十分引人注目。從總體上看，中國對美國的出口貿易額呈現逐年上升的趨勢。20 世紀 80 年代中美建交初期，中國對美國的出口商品貿易額僅不到 10 億美元。而後隨著中美雙邊貿易關係的不斷加深，到 1993 年，中國對美國的商品出口額就突破了一百億美元，達到了 169 億美元，與前一年相比，增長了一倍。自此以後，中美貿易進入了良好的發展階段。到 2000 年，中國對美國的出口商品貿易額已達到 521 億美元。隨後的幾年裡，不僅出口額增長率保持穩定，且中國對美國的出口占中國總出口的比重也一直保持在 20%以上。與此同時，美國也成功轉變為中國的第一大出口夥伴國。2004 年，中國對美國的出口額突破千億美元達到了 1,251 億美元。2006 年年底，美國「次貸危機」逐步顯現並引發了有史以來範圍最廣且傷害程度最深的一次全球性金融危機，這導致了 2007—2009 年中國對美國出口的年增長率及美國占中國總出口貿易比重均明顯下降。特別是在 2009 年，年增長率首次出現了負值，但美國依然保持其中國第二大貿易夥伴的地位。2010 年以後，全球經濟不斷復甦，中國對美國的出口貿易也逐漸恢復至經濟危機以前的水準。儘管出口年增長率已經逐漸有所反彈，但是總體出口水準仍未達到危機爆發前的水準。

2001—2012 年中國對美國的詳細出口額如表 1.4 所示。

表 1.4　　2001—2012 年中國對美國出口額

年份	中國對世界出口總額（億美元）	中國對美國出口總額（億美元）	中國對美國出口額占出口總額比重（%）	中國對美國出口的年增長率（%）	美國在中國出口貿易夥伴中所占位次
2001	2,660.98	543.55	20.43	21.29	1
2002	3,255.96	700.50	21.51	28.87	2
2003	4,382.28	926.26	21.14	32.23	1
2004	5,933.26	1,251.49	21.09	35.11	1
2005	7,619.53	1,631.80	21.28	30.38	1
2006	9,689.36	2,038.01	21.03	24.89	2
2007	12,200.60	2,331.68	19.11	14.41	2
2008	14,306.93	2,528.44	17.67	8.44	2
2009	12,016.47	2,212.95	18.41	-12.58	2
2010	15,777.64	2,837.80	17.99	28.24	2
2011	18,983.88	3,250.11	17.12	14.53	2
2012	20,487.82	3,524.38	17.20	8.44	2

從美國方面來看，中國是其最主要的進口來源國。尤其是隨著中國對外貿易和整體經濟的國際競爭力不斷上升，美國從中國進口的貿易規模也在不斷擴張。

由於中國對各個貿易夥伴國家的出口市場分佈在不斷調整，出口產品組合也隨之發生變化。我們按照國際通行的 HS 編碼標準將中國對美國出口產品分為 13 種類型，並且根據 UN Comtrade（聯合國貿易商品統計數據庫）中 2 位 HS92 標準的出口數據計算出不同類型產品在各年出口中所占比重，計算結果如表 1.5 所示。

表 1.5　　2007—2012 年中國對美國出口的各類商品分佈情況　　單位：%

產品種類	HS 章節	2007 年	2008 年	2009 年	2010 年	2011 年	2012 年
農產品	1~24	1.90	2.01	2.6	2.02	2.05	2.02
礦產品	25~27	0.76	1.14	0.49	0.43	0.48	0.50
化工產品	28~38	2.60	3.52	3.84	3.25	3.59	3.33
塑料製品	39~40	3.88	3.76	4.70	3.72	4.15	4.57
皮革製品	41~43	1.76	1.69	2.13	1.97	2.21	2.04
木製品	44~49	2.08	1.94	2.43	1.84	1.83	1.89
紡織品	50~63	9.82	9.22	13.68	11.09	10.80	10.28
鞋帽產品	64~67	4.27	4.40	5.89	4.70	4.62	4.66
陶瓷玻璃	68~71	1.78	1.70	2.24	2.08	2.29	2.33
五金製品	72~83	7.67	8.17	6.67	5.31	5.51	5.42
機電產品	84~85	50.11	44.93	58.20	46.85	46.18	46.37
運輸設備	86~89	3.83	3.76	3.51	3.68	3.89	3.80
雜項製品	90~99	13.37	13.75	16.54	13.05	12.41	12.78

第三節　中美食品貿易

食品貿易既是保證食品安全、各國利用各自優勢獲得利益的經濟活動，又是和人類健康安全、生物資源、生態環境相聯繫的社會問題。而中美兩國之間的食品貿易對兩國的人口、資源、環境與經濟發展都具有重要意義。探討基於人口、資源與環境視角下的中美食品貿易，對於中國和美國兩國之間的食品貿易來往、保證食品的安全等是非常有意義的。近年來，中美兩國之間的食品貿易規模隨著經濟的不斷發展而擴大，但在擴大的同時，兩國之間的食品貿易矛盾也進一步擴大。兩國都開始採取一些措施和手段來限制進出口的食品貿易，這對兩國食品產業的發展具有較大的阻礙作用，不利於各自經濟的發展。

隨著全球經濟一體化進程的加快，中美食品貿易日益顯示出自由化趨勢。在該過程中，傳統的關稅和非關稅貿易壁壘日益受到限制，而技術貿易壁壘正成為中美貿易的主要壁壘。食品貿易不僅僅是經濟界和產業界人士關注的問題，而且正成為普通消費者、社會和政府日益關注的問題。食品貿易也不僅僅局限於保障各國食品安全，利用不同國家比較優勢獲得經濟利益的經濟活動，也是與人類健康與安全、生態環境保護和生物資源可持續利用緊密相關的一個全球性社會問題。

「民以食為天」，食品產業作為一個永恆的朝陽產業，對一國的經濟增長和社會進步具有重要意義。發達國家的發展歷程證明，當一個國家人均 GDP 達到 800 美元，食品產業將在此後的 15~20 年維持 10%以上的增長速率。目前的中國正處於這一階段。在該階段，消費者會追求更營養、更安全、更豐富的食品，食品消費由傳統的溫飽型向健康營養型的現代消費形式轉變。未來十年，中國經濟將持續高速發展，這將為中美食品貿易帶來巨大的發展機會，並有利於兩國經濟社會的共同發展。

食品產業是高度關聯的一體化產業，涉及一個國家的人口增長、社會進步、農業生產環境、生物資源、食品加工與銷售等問題。中美之間的食品貿易對兩國的人口、資源、環境與經濟發展都具有重要意義。但是，中國加入世界貿易組織後，中美之間的食品貿易規模不斷擴大、貿易摩擦也日益擴大。為保護本國利益，貿易雙方常常以技術法規、標準和合格評定等強制性技術措施為手段，限制出口國的食品貿易，對兩國食品產業的發展具有一定的阻礙作用，不利於兩國經濟社會的發展。本章擬從人口、資源和環境的視角，探討中美食品貿易對兩國經濟增長與社會發展的影響及意義。

一、人口增長與食品貿易產業的關係

隨著全球經濟增長和社會進步，全球人口呈現出快速增長趨勢。1949 年以後，中國人口高速增長。在 20 世紀 50 年代，中國人口數為 5.4 億，到 20 世紀末達到 13 億，成為世界人口第一大國。中國的人口密度達到每平方千米 132 人，是美國人口密度（每平方千米 30 人）的 4 倍多。中國和美國的人口增長都給本國人民的生存、資源和環境帶來了一定的壓力。食品供給成為政府十分關注的經濟與社會問題，而中美食品貿易的發展將有利於發揮兩國農業生產的比較優勢，維護全球人類的食品保障安全，推動兩國食品貿易產業的發展。全球人口變化的顯著趨勢之一是老齡化趨勢。人口老齡化是指老齡人口在總人口中所占的比重不斷增大的動態過程，是社會人口年齡結構變化的過程。按照聯合國 1956 年提出的人口老齡化標準——65 歲以上老年人口占總人口 7%以上或 60 歲以上老年人口占總人口 10%以上就進入老齡化社會，中美兩國都是典型的老齡化國家。但是，中國的人口老齡化來得更快。中國在 2006 年人均 GDP 剛剛達到 2,000 美元時，就邁入了老齡化社會。中美人口老齡化的差異是美國「先富後老」，中國則是「未富先老」。中美兩國人口老齡化也是中美食品貿易業應關注的問題。為老齡人口提供營養豐富的健康食品成為中美食品貿易發展的機會之一。

經濟增長的要素包括土地資源、人力資源、資本資金和知識要素。在上述四種要素中，與土地資源、資本資金等相比，人力資源是最活躍的經濟增長要素。中國是人力資源豐富的國家，人力資源使用的機會成本低於美國，具有人力資源成本優勢，而美國顯然具有機械費用優勢。在農業生產中，中國在小規模人力資源密集型農產品（蔬菜、水果等）生產中具有比較優勢。而美國在大規模機械化農產品（大豆、玉米等）生產中具有比較優勢。中國在 2001 年就成為美國大豆出口的第一大市場，應該說中美大豆貿易對於發展中美兩國的經貿關係起到了重要的作用。中美兩國的產業結構具有很強的互補性，因此發展中美食品貿易有利於發揮兩國農產品生產的比較優勢，提高食品產業的經濟效率。

例如大蒜種植業是勞動密集型產業，中國農村有著豐富的勞動力資源，生產成本低，勞動力價格是發達國家的 1/6~1/20，發展大蒜生產具有比較優勢。中國大蒜種植歷史悠久，種植技術成熟，單位面積產量在世界上處於領先地位；在價格上也具有絕對優勢，發達國家的平均市場價比中國平均市場價要高出 10 倍以上。2005 年 4 月，美國奧克蘭農產品批發市場的大蒜售價為 3 美元/千克，東京青果市場的大蒜的價格高達 21 美元/千克，而北京八里橋批發市場的大蒜批發價格只有 0.3 美元/千克。大蒜貿易充分顯示了中國人力資源的成本優勢，大蒜種植業的發展不僅能提高中國大蒜產業的經濟效率，也有助於提高美國消費者的社會福利。食品貿易不僅涉及兩國食品產業的經濟增長，而且與人類發展密切相關。人類應創造一種能讓人們根據自己的需求和興趣充分發揮自身潛力，過上富有成效和創造性生活的環境。在食品貿易中，食品安全問題關係到公共安全和大眾整體安全，不僅僅與一個人或一個家庭有關，也影響整個人類發展。作為「理性經濟人」，中國和美國的食品商人都被追逐最大經濟利潤的動力驅動，在產業發展中常常重視追求經濟利潤，忽視社會利益。在中國，不僅是中國的食品企業，肯德基、哈根達斯、雀巢、亨氏產品等跨國企業都出現過食品安全問題。加強中美食品貿易交流、建立政府間或民間食品質量監控體制有利於推動食品產業的發展，推動人類社會進步。

二、生物資源與食品貿易產業的關係

自然資源的主要特性之一是資源的有限性。除恒定性資源外，許多自然資源並非「取之不竭，用之不盡」。人類賴以生存的地球，其表面積的 70%為海洋所覆蓋，地球土地面積只有約 1,490 億公頃，其中能耕種的農田只有 14 億公頃，放牧地只有 21 億公頃。地球上的森林資源曾經達到 76 億公頃，占地球土地面積的 2/3，在 1975 年減少到 26 億公頃。到 2020 年，森林面積可能降到 18 億公頃。更為嚴重的問題是，隨著中國經濟的發展，修建高速公路、城市化、土地沙漠化和水土流失等會使中國耕地面積減少。在美國，氣候變化、火災、殺蟲劑等大量使用帶來的環境污染、砍伐森林及狩獵活動等使其生態環境與生態系統發生了巨大的變化，對美國生物資源造成了一定的影響。中國在水產品國際貿易中具有明顯的比較優勢。在中國遼闊的海域裡，栖居著種類繁多的海洋動植物。中國淡水水域盛產在一些國家或地區久負盛名的特種水產品，如中國鰻魚、對蝦、太湖銀魚和陽澄湖大閘蟹等在國際市場上很受歡迎，是中國水產品出口創匯的寶貴資源。作為海域的特種水產品，大連的扇貝、南通的文蛤和紫菜、舟山的帶魚都是國內消費者鐘情的水產品。自然條件與自然資源制約著一個國家或地區進出口產品的數量與種類。利用中美兩國的生物資源稟賦發展食品貿易對改善兩國人民的社會總福利有積極意義。從生物資源的有限性來看，中美食品貿易有利於充分利用兩國生物資源的比較優勢，提高食品生產的經濟效率。

三、環境污染與食品貿易產業的關係

傳統的國際經濟學將經濟社會視為一個封閉的系統，並未考慮到環境和自然資源等外部效應的影響。現在，環境已經不僅是一種自然資源稟賦，並且被視為一種可以提供服務的產品或資源而納入經濟—環境系統中，成為在現代經濟學研究中影響經濟活動的重要變量。環境是人類賴以生存的基礎，但人類在尋求經濟增長和社會發展的道路上遇到的一個棘手問題是：如何處理經濟增長與生態破壞和環境污染之間的矛盾。現代農業的發展，在滿足了急遽增長的人口的食物需求的同時，也嚴重地破壞了生態環境，直接和間接地影響人類的健康。

由於圍湖造田、開荒毀林、超載放牧、過度捕撈和不合理的灌溉等人類的非理性行為，整個地球環境受到破壞。土地沙漠化及鹽鹼化、水土流失、植被破壞、全球氣候變暖、酸雨、臭氧層空洞、赤潮等環境污染和生態破壞現象屢見不鮮。環境污染和生態破壞給人類帶來的危害是巨大的，直接影響到人類的生存。全球變暖可能改變農業生產環境，使人類疾病與死亡率增高。

酸雨會嚴重影響生態系統，導致湖泊酸化，影響魚類生存，對人體健康產生直接或潛在影響。不僅如此，食品生產和流通過程中的人為污染更會對人類健康和生存帶來危害。農民過量使用化學肥料、化學農業及生產管理的不合理，造成農產品中農藥、重金屬等殘留，會污染農業生態環境。在養殖生產過程中，動物性農產品的抗生素、激素與重金屬超標。在市場經濟條件下，經濟人受經濟利益的驅動，使建立天衣無縫的市場准入制度和市場監管制度困難重重。在這樣的狀況下，當消費者食用了含有超標抗生素、激素、農藥和重金屬的食品後，這些有害的物質就會不斷在人體累積而影響健康。近年來，全球各地關於食品安全的事件時有發生。那麼究竟是什麼原因導致食品安全問題層出不窮呢？經濟學理論認為，市場失靈和政府失靈是導致食品貿易安全問題的主要原因。市場失靈是指由於市場內在功能性缺陷和外部條件缺陷引起的市場機制在配置資源的作用和功能上的失靈。理論上，市場機制要達到均衡狀態和帕累托最優狀態，是基於經濟信息完全對稱、市場充分競爭、沒有外部積極性和交易成本為零等理論假設基礎上的。然而，食品市場買賣雙方同樣面臨著經濟信息不對稱、市場壟斷和外部不經濟性等。食品的生產者、加工者和銷售者也對食品生產過程中食品的農藥殘留、微生物污染等食品安全信息缺乏全面瞭解。在中國，市場失靈在食品生產的經濟活動中廣泛存在。

食品生產和流通經濟活動中的市場失靈為政府干預提供了機會和理由，為政府參與食品生產和流通的經濟活動提供了可能性。政府參與經濟活動的主要任務就是解決市場失靈。現代社會的市場經濟體制都不是完全的市場經濟或完全的計劃經濟，而是混合經濟。因此，在市場經濟發育的任何階段，政府都必須發揮應有的作用，彌補市場的缺陷和失靈。食品國際貿易有利於加強中美政府之間對食品安全質量管理的交流，有助於提高中美政府的食品質量安全管理的水準。

四、美國扣留中國出口不合格食品情況

1. 類別分析

2013 年第一季度，美國食品和藥品管理局扣留中國出口的不合格食品 270 批次。其中，位列前三位的產品為：糕點餅干類 86 批次，占總批次的 31.9%；水產及其製品類 44 批次，占總批次的 16.3%；糧谷及其製品類 38 批次，占總批次的 14.1%。2012 年美國食品和藥品管理局扣留中國出口的不合格食品 756 批次，較 2011 年的 620 批次增加了 136 批次。其中，位列前三位的產品為：水產及其製品類 181 批次，較 2011 年的 258 批次減少了 77 批次；蔬菜及其製品類 123 批次，較 2011 年的 104 批次增加了 19 批次；糕點餅干類 99 批次，較 2011 年的 39 批次增加了 60 批次。2011 年和 2012 年中國食品出口美國被扣情況見表 1.6。

表 1.6　　2011 年和 2012 年中國食品出口美國被扣留情況　　單位：批次

產品種類	2011 年	2012 年	增長情況	具體產品種類	2011 年	2012 年	增長情況
水產及其製品類	258	181	-77	魚產品	130	104	-26
				其他水產品	24	13	-11
				水產製品	31	26	-5
				蝦產品	60	14	-46
				海草及藻	0	14	14
				蟹產品	11	9	-2
				貝產品	2	1	-1
蔬菜及其製品類	104	123	19	蔬菜及其製品	87	110	23
				食用菌	17	13	-4
糧谷及其製品類	52	55	3	糧食製品	34	47	13
				糧食加工產品	15	7	-8
				糧谷	1	1	0
				豆類（干）	2	0	-2

表1.6(續)

產品種類	2011年	2012年	增長情況	具體產品種類	2011年	2012年	增長情況
干堅果類	44	57	13	干果	39	52	13
				堅果、炒貨	5	5	0
糕點餅干類	39	99	60	糕點餅干	39	99	60
其他加工食品類	8	55	47	其他加工食品	7	45	38
				其他水果製品	1	10	9
油脂及油料類	4	0	-4	油籽	4	0	-4
罐頭類	15	62	47	蔬菜罐頭	1	34	33
				水產罐頭	7	14	7
				水果罐頭	5	12	7
				其他罐頭	0	2	2
				堅果、豆罐頭	1	0	-1
				飲料罐頭	1	0	-1
糖類	25	51	26	糖與糖果、巧克力	24	29	5
				原糖和制糖原料	1	22	21
中藥材類	7	10	3	植物性中藥材	7	10	3
植物性調料類	15	14	-1	植物性調料	15	14	-1
茶葉類	4	4	0	茶葉	4	4	0
飼料類	0	1	1	飼料	0	1	1
飲料類	11	9	-2	飲料	11	9	-2
植物產品類	2	12	10	水果	2	12	10
蛋及其製品類	1	0	-1	蛋製品	1	0	-1
蜂產品類	4	1	-3	蜂產品	4	1	-3
蜜餞類	4	0	-4	蜜餞	4	0	-4
總計	597	734	137	總計	597	734	137

資料來源：中國技術性貿易措施網。

2. 原因分析

2013年第一季度，美國食品和藥品管理局扣留中國出口的不合格農食產品270批次。其中，由於含有非食用添加劑被扣留的產品106批次，占總批次的39.3%；由於品質不合格被扣留的產品62批次，占總批次的23.0%；由於農藥獸藥殘留不合格被扣留的產品61批次，占總批次的22.6%。2012年美國食品和藥品管理局扣留中國出口的不合格食品756批次。其中，扣留原因位列前三位的是：品質不合格207批次，較2011年的194批次增加了13批次；農藥獸藥殘留不合格121批次，較2011年的152批次減少了31批次；標籤不合格147批次，較2011年的75批次增加了72批次。被扣留原因詳細內容見表1.7。2011年美國食品和藥品管理局扣留中國出口的不合格農食產品620批次。其中，位列前三位的產品為：水產及其製品類

258 批次，占總批次的 41.6%；蔬菜及其製品類 104 批次，占總批次的 16.8%；糧谷及其製品類 52 批次，占總批次的 8.4%。

表 1.7 2011 年和 2012 年美國食品和藥品管理局扣留中國出口不合格食品的原因

單位：批次

扣留原因	2011 年	2012 年	增長情況	具體扣留原因	2011 年	2012 年	增長情況
品質	194	207	13	品質檢測不合格	0	206	206
				感官檢測不合格	194	1	-193
農藥獸藥殘留	152	121	-31	農藥殘留不合格	33	92	59
				獸藥殘留不合格	119	29	-90
標籤不合格	75	147	72	標籤不合格	75	147	72
非食用添加劑	28	177	149	非食用添加劑	28	177	149
證書不合格	32	51	19	生產廠家沒有按規定提供證書	32	34	2
				沒有提供生產加工資料	17	17	0
食品添加劑超標	75	2	-73	食品添加劑超標	75	2	-73
微生物	34	32	-2	細菌	30	32	2
				真菌	4	0	-4
其他不合格項目	25	0	-25	未列明具體原因	25	0	-25
污染物	1	8	7	無機污染物	1	4	3
				有機污染物	0	2	2
				重金屬超標	0	2	2
生物毒素污染	4	2	-2	生物毒素	4	2	-2
包裝不合格	0	3	3	包裝不合格	0	3	3
不符合儲運規定	0	3	3	儲藏環境不合規定	0	3	3
人類受到危害	0	2	2	健康傷害	0	1	1
				窒息	0	1	1
化學性能方面	0	1	1	化學性能	0	1	1
總計	620	756	136	總計	620	756	136

資料來源：中國技術性貿易措施網。

表 1.8 分類別顯示了 2011 年和 2012 年美國食品和藥品管理局扣留中國出口的不合格食品的原因分析。①2012 年，水產及其製品類被扣留的主要原因是品質不合格、含有非食用添加劑和標籤不合格。其中，由於品質不合格被扣留的產品 70 批次，較 2011 年的 120 批次減少了 50 批次；由於含有非食用添加劑被扣留的產品 32 批次，較 2011 年的 0 批次增加了 32 批次；由於標籤不合格被扣留的產品 25 批次，較 2011 年的 5 批次增加了 20 批次。②2012 年，蔬菜及其製品類被扣留的主要原因是品質不合格、農藥獸藥殘留不合格和標籤不合格。其中，由於品質不合格被扣留的產品 55 批次，較 2011 年的 24 批次增加了 31 批次；由於農藥獸藥殘留不合格被

扣留的產品37批次，較2011年的25批次增加了12批次；由於標籤不合格被扣留的產品17批次，較2011年的11批次增加了6批次。③糕點餅干類被扣留的主要原因是標籤不合格、含有非食用添加劑和品質不合格。其中，由於標籤不合格被扣留的產品48批次，較2011年的14批次增加了34批次；由於含有非食用添加劑被扣留的產品39批次，較2011年的16批次增加了23批次；由於品質不合格被扣留的產品12批次，較2011年的1批次增加了11批次。其他被扣留的各類食品的扣留原因見表1.8。

表1.8　2011年和2012年美國食品和藥品管理局扣留中國出口不合格食品原因分析

單位：批次

產品種類	扣留原因	2011年	2012年	增長情況
水產及其製品類	品質	120	70	-50
	非食用添加劑	0	32	32
	標籤不合格	5	25	20
	農藥獸藥殘留	107	19	-88
	微生物	21	19	-2
	污染物	0	5	5
	證書不合格	2	4	2
	不符合儲運規定	0	3	3
	包裝不合格	0	2	2
	人類受到危害	0	1	1
	食品添加劑超標	2	1	-1
	其他不合格項目	1	0	-1
	匯總	258	181	-77
蔬菜及其製品類	品質	24	55	31
	農藥獸藥殘留	25	37	12
	標籤不合格	11	17	6
	證書不合格	10	9	-1
	非食用添加劑	1	4	3
	食品添加劑超標	22	1	-21
	其他不合格項目	10	0	-10
	微生物	1	0	-1
	匯總	104	123	19

表1. 8(續)

產品種類	扣留原因	2011 年	2012 年	增長情況
糕點餅干類	標籤不合格	14	48	34
	非食品添加劑	16	39	23
	品質	1	12	11
	其他不合格項目	3	0	-3
	食品添加劑超標	3	0	-3
	微生物	2	0	-2
	匯總	39	99	60
糧谷及其製品類	標籤不合格	17	18	1
	品質	17	17	0
	非食品添加劑	7	15	8
	農藥獸藥殘留	0	3	3
	包裝不合格	0	1	1
	污染物	0	1	1
	其他不合格項目	1	0	-1
	食品添加劑超標	9	0	-9
	證書不合格	1	0	-1
	匯總	52	55	3
干堅果類	非食用添加劑	0	28	28
	農藥獸藥殘留	3	13	10
	標籤不合格	3	6	3
	品質	13	5	-8
	生物毒素污染	4	2	-2
	污染物	0	2	2
	微生物	1	1	0
	食品添加劑超標	19	0	-19
	證書不合格	1	0	-1
	匯總	44	57	13

表1. 8(續)

產品種類	扣留原因	2011 年	2012 年	增長情況
糖類	非食用添加劑	2	28	26
	標籤不合格	12	21	9
	農藥獸藥殘留	0	1	1
	人類受到危害	0	1	1
	其他不合格項目	1	0	-1
	食品添加劑超標	10	0	-10
	匯總	25	51	26
其他加工食品類	品質	5	23	18
	非食用添加劑	0	19	19
	標籤不合格	1	6	5
	證書不合格	0	4	4
	農藥獸藥殘留	0	3	3
	食品添加劑超標	2	0	-2
	匯總	8	55	47
調味品類	證書不合格	6	8	2
	品質	2	5	3
	標籤不合格	2	1	-1
	其他不合格項目	5	0	-5
	匯總	15	14	-1
肉類	農藥獸藥殘留	9	7	-2
	微生物	7	3	-4
	品質	0	2	2
	證書不合格	1	0	-1
	匯總	17	12	-5
飲料類	標籤不合格	4	4	0
	非食用添加劑	2	2	0
	化學性能方面	0	1	1
	農藥獸藥殘留	0	1	1
	證書不合格	4	1	-3
	其他不合格項目	1	0	-1
	匯總	11	9	-2

表1.8(續)

產品種類	扣留原因	2011 年	2012 年	增長情況
中藥材類	農藥獸藥殘留	3	5	2
	品質	0	3	3
	非食品添加劑	0	2	2
	標籤不合格	1	0	-1
	食品添加劑超標	2	0	-2
	微生物	1	0	-1
	匯總	7	10	3
植物性調料類	品質	4	7	3
	微生物	0	2	2
	農藥獸藥殘留	0	1	1
	其他不合格項目	1	0	-1
	食品添加劑超標	1	0	-1
	匯總	6	10	4
植物產品類	農藥獸藥殘留	0	7	7
	非食品添加劑	0	4	4
	證書不合格	0	1	1
	品質	2	0	-2
	匯總	2	12	10
茶葉類	品質	0	3	3
	標籤不合格	3	1	-2
	農藥獸藥殘留	1	0	-1
	匯總	4	4	0
蜂產品類	農藥獸藥殘留	1	1	0
	標籤不合格	1	0	-1
	食品添加劑超標	2	0	-2
	匯總	4	1	-3
蜜餞類	農藥獸藥殘留	1	0	-1
	食品添加劑超標	3	0	-3
	匯總	4	0	-4

表1.8(續)

產品種類	扣留原因	2011 年	2012 年	增長情況
油脂及油料類	標籤不合格	1	0	-1
	品質	2	0	-2
	微生物	1	0	-1
	匯總	4	0	-4
飼料類	非食品添加劑	0	1	1
	匯總	0	1	1
蛋及其製品類	污染物	1	0	-1
	匯總	1	0	-1
總計		605	694	89

資料來源：中國技術性貿易措施網。

從表 1.9 可知，2012 年中國出口水產及其製品類中被扣留批次最多的產品為魚產品，被扣留的主要原因是品質不合格；蔬菜及其製品類中被扣留的主要原因是品質不合格；糕點餅干類中被扣留的主要原因是標籤不合格。其他類別被扣留食品的原因的詳細信息見表 1.9。

表 1.9　2012 年美國食品和藥品管理局扣留中國出口不合格食品詳細原因分析

單位：批次

產品種類	批次數	具體產品種類	批次數	扣留原因	批次數	具體扣留原因	批次數
水產及其製品類	181	魚產品	104	品質	39	品質檢測不合格	39
				非食用添加劑	26	非食用添加劑	26
				農藥獸藥殘留	18	獸藥殘留不合格	18
				微生物	11	細菌	11
				標籤不合格	3	標籤不合格	3
				不符合儲運規定	3	儲藏環境不合規定	3
				包裝不合格	2	包裝不合格	2
				人類受到危害	1	健康傷害	1
				證書不合格	1	生產廠家沒有按規定提供證書	1
		水產製品	26	品質	13	品質檢測不合格	13
				標籤不合格	5	標籤不合格	5
				污染物	5	無機污染物	4
						有機污染物	1
				微生物	2	細菌	2
				證書不合格	1	生產廠家沒有按規定提供證書	1

表1.9(續)

產品種類	批次數	具體產品種類	批次數	扣留原因	批次數	具體扣留原因	批次數
水產及其製品類	181	海草及藻產品	14	標籤不合格	12	標籤不合格	12
				品質	1	品質檢測不合格	1
				證書不合格	1	沒有提供加工證書	1
		蝦產品	14	非食用添加劑	5	非食用添加劑	5
				微生物	5	細菌	5
				品質	2	品質檢測不合格	2
				農藥獸藥殘留	1	獸藥殘留不合格	1
				食品添加劑超標	1	食品添加劑超標	1
		其他水產品	13	品質	6	品質檢測不合格	6
				標籤不合格	4	標籤不合格	4
				非使用添加劑	1	非食用添加劑	1
				微生物	1	細菌	1
				證書不合格	1	生產廠家沒有按規定提供證書	1
		蟹產品	9	品質	9	品質檢測不合格	9
		貝產品	1	標籤不合格	1	標籤不合格	1
蔬菜及其製品類	123	蔬菜及其製品	110	品質	48	品質檢測不合格	48
				農藥獸藥殘留	31	農藥殘留不合格	31
				標籤不合格	17	標籤不合格	17
						沒有提供加工證書	5
				證書不合格	9	生產廠家沒有按規定提供證書	4
				非食用添加劑	4	非食用添加劑	4
				食用添加劑超標	1	食品添加劑超標	1
		食用菌	13	品質	7	品質檢測不合格	7
				農藥獸藥殘留	6	農藥殘留不合格	6
糕點餅干類	99	糕點餅干	99	標籤不合格	48	標籤不合格	48
				非食用添加劑	39	非食用添加劑	39
				品質	12	品質檢測不合格	12

表1.9(續)

<table>
<tr><th>產品種類</th><th>批次數</th><th>具體產品種類</th><th>批次數</th><th>扣留原因</th><th>批次數</th><th>具體扣留原因</th><th>批次數</th></tr>
<tr><td rowspan="11">罐頭類</td><td rowspan="11">62</td><td rowspan="4">蔬菜罐頭</td><td rowspan="4">34</td><td>農藥獸藥殘留</td><td>23</td><td>農藥殘留不合格</td><td>23</td></tr>
<tr><td>證書不合格</td><td>7</td><td>生產廠家沒有按規定提供證書</td><td>7</td></tr>
<tr><td>非食用添加劑</td><td>3</td><td>非食用添加劑</td><td>3</td></tr>
<tr><td>品質</td><td>1</td><td>品質檢測不合格</td><td>1</td></tr>
<tr><td rowspan="4">水產罐頭</td><td rowspan="4">14</td><td>微生物</td><td>7</td><td>細菌</td><td>7</td></tr>
<tr><td>品質</td><td>4</td><td>品質檢測不合格</td><td>4</td></tr>
<tr><td rowspan="2">證書不合格</td><td rowspan="2">3</td><td>生產廠家沒有按規定提供證書</td><td>2</td></tr>
<tr><td>沒有提供加工證書</td><td>1</td></tr>
<tr><td rowspan="2">水果罐頭</td><td rowspan="2">12</td><td rowspan="2">證書不合格</td><td rowspan="2">12</td><td>生產廠家沒有按規定提供證書</td><td>10</td></tr>
<tr><td>沒有提供加工證書</td><td>2</td></tr>
<tr><td>其他罐頭</td><td>2</td><td>證書不合格</td><td>2</td><td>沒有提供加工證書</td><td>2</td></tr>
<tr><td rowspan="9">干堅果類</td><td rowspan="9">57</td><td rowspan="6">干果</td><td rowspan="6">52</td><td>非食用添加劑</td><td>26</td><td>非食用添加劑</td><td>26</td></tr>
<tr><td>農藥獸藥殘留</td><td>13</td><td>農藥殘留不合格</td><td>13</td></tr>
<tr><td>標籤不合格</td><td>6</td><td>標籤不合格</td><td>6</td></tr>
<tr><td>品質</td><td>4</td><td>品質檢測不合格</td><td>4</td></tr>
<tr><td>污染物</td><td>2</td><td>重金屬超標</td><td>2</td></tr>
<tr><td>微生物</td><td>1</td><td>細菌</td><td>1</td></tr>
<tr><td rowspan="3">干（堅）果、炒貨（熟制）</td><td rowspan="3">5</td><td>非食用添加劑</td><td>2</td><td>非食用添加劑</td><td>2</td></tr>
<tr><td>生物毒素污染</td><td>2</td><td>生物毒素</td><td>2</td></tr>
<tr><td>品質</td><td>1</td><td>品質檢測不合格</td><td>1</td></tr>
<tr><td rowspan="10">其他加工食品類</td><td rowspan="10">55</td><td rowspan="5">其他加工食品</td><td rowspan="5">45</td><td>品質</td><td>21</td><td>品質檢測不合格</td><td>21</td></tr>
<tr><td>非食用添加劑</td><td>14</td><td>非食用添加劑</td><td>14</td></tr>
<tr><td>標籤不合格</td><td>5</td><td>標籤不合格</td><td>5</td></tr>
<tr><td>證書不合格</td><td>4</td><td>生產廠家沒有按規定提供證書</td><td>4</td></tr>
<tr><td>農藥獸藥殘留</td><td>1</td><td>農藥殘留不合格</td><td>1</td></tr>
<tr><td rowspan="5">其他水果製品</td><td rowspan="5">10</td><td>非食用添加劑</td><td>5</td><td>非食用添加劑</td><td>5</td></tr>
<tr><td>農藥獸藥殘留</td><td>2</td><td>農藥殘留不合格</td><td>2</td></tr>
<tr><td rowspan="2">品質</td><td rowspan="2">2</td><td>感官檢驗不合格</td><td>1</td></tr>
<tr><td>品質檢測不合格</td><td>1</td></tr>
<tr><td>標籤不合格</td><td>1</td><td>標籤不合格</td><td>1</td></tr>
</table>

表1.9(續)

產品種類	批次數	具體產品種類	批次數	扣留原因	批次數	具體扣留原因	批次數
糖類	51	糖與糖果、巧克力和可可製品	29	標籤不合格	15	標籤不合格	15
				非食用添加劑	13	非食用添加劑	13
				人類受到危害	1	窒息	1
		原糖與制糖原料	22	非食用添加劑	15	非食用添加劑	15
				標籤不合格	6	標籤不合格	6
				農藥獸藥殘留	1	獸藥殘留不合格	1
調味品類	14	調味品	14	證書不合格	8	沒有提供加工證書	6
						生產廠家沒有按規定提供證書	2
				品質	5	品質檢測不合格	5
				標籤不合格	1	標籤不合格	1
肉類	12	其他肉類及其製品	10	農藥獸藥殘留	7	獸藥殘留不合格	7
				微生物	3	細菌	3
		熟肉製品	2	品質	2	品質檢測不合格	2
植物產品類	12	水果	12	農藥獸藥殘留	7	農藥殘留不合格	7
				非食用添加劑	4	非食用添加劑	4
				證書不合格	1	生產廠家沒有按規定提供證書	1
植物性調料類	10	植物性調料	10	品質	7	品質檢測不合格	7
				微生物	2	細菌	2
				農藥獸藥殘留	1	農藥殘留不合格	1
中藥材類	10	植物性中藥材	10	農藥獸藥殘留	5	農藥殘留不合格	5
				品質	3	品質檢測不合格	3
				非食用添加劑	2	非食用添加劑	2
飲料類	9	飲料	9	標籤不合格	4	標籤不合格	4
				非食用添加劑	2	非食用添加劑	2
				化學性能方面	1	化學性能方面	1
				農藥獸藥殘留	1	獸藥殘留不合格	1
				證書不合格	1	生產廠家沒有按規定提供證書	1
茶葉類	4	茶葉	4	品質	3	品質檢測不合格	3
				標籤不合格	1	標籤不合格	1
蜂產品類	1	蜂產品	1	農藥獸藥殘留	1	農藥殘留不合格	1
飼料類	1	飼料	1	非食用添加劑	1	非食用添加劑	1
總計	701						

資料來源：中國技術性貿易措施網。

3. 出口警示

2012 年，美國食品和藥品管理局扣留中國部分出口的不合格食品批次變化比較明顯，具體表現在以下幾個方面：

①水產及其製品類被扣留 181 批次，較 2011 年的 258 批次下降 77 批次。其中，由於品質不合格和農藥獸藥殘留不合格被扣留的產品明顯下降，由於含有非食用添加劑和標籤不合格被扣留的批次明顯增加。

②蔬菜及其製品類由於品質不合格、農藥獸藥殘留不合格和標籤不合格被扣留的批次明顯增加。

③糕點餅干類被扣留 99 批次，較 2011 年的 39 批次增加了 60 批次。其中，由於標籤不合格、含有非食用添加劑和品質不合格被扣留的批次明顯增加，由於品質不合格被扣留的批次明顯減少。

④干堅果類由於含有非食用添加劑和農藥獸藥殘留不合格被扣留的批次明顯增加。

⑤罐頭類被扣留 62 批次，較 2011 年的 15 批次增加了 47 批次。其中，由於證書不合格和農藥獸藥殘留不合格被扣留的批次明顯增加。

⑥糖類被扣留 51 批次，較 2011 年的 25 批次增加了 26 批次。其中，由於含有非食用添加劑和標籤不合格被扣留的批次明顯增加。

第二章　美國食品貿易法規政策

美國的食品安全立法保護經歷了一段漫長的歷史變遷。19 世紀晚期，由於美國國內缺乏有效的食品安全保護法律體系，美國人每天幾乎被劣質食品包圍，生產商在食品中摻雜摻假在當時是極為平常的事。有一則經典的小故事說明了當時美國國內食品安全的狀況之惡劣。在 1898 年美西戰爭期間，羅斯福總統組織軍隊奔赴戰場，發現其中有一名士兵把肉罐頭扔掉了，羅斯福總統對此感到很疑惑，並逼迫士兵吃下扔掉的肉罐頭。不久，這名士兵就開始出現嚴重的嘔吐現象，羅斯福仔細查看肉罐頭之後，發現肉罐頭已經腐爛變質，根本不能食用。1906 年出版的小說《叢林》更是深刻地揭露了美國國內的惡劣食品生產情況，給美國國內的食品行業帶來沉重打擊。在國內諸多力量的推動下，1906 年，美國通過了第一部《食品和藥品法》，該法的出抬標志著美國國內的食品安全得到了有效保障。1938 年，美國國會又通過了《聯邦食品、藥品和化妝品法》，這部法律不僅是對已過時的《食品和藥品法》的徹底修正，也成為美國食品安全保護法律體系的基礎。一百多年以來，美國出抬了大量與食品安全保護相關的法律法規，但都是以《聯邦食品、藥品和化妝品法》為基本法律，對其進行修正或補充，從而形成了愈發完善的食品安全保護法律體系。

現行美國食品安全保護法律體系主要由兩大類構成：一類是綜合性法律，另一類是具體的法律規範。綜合性的法律主要包括《聯邦食品、藥品和化妝品法》《食品質量保護法》《公共衛生服務法》。其中，《聯邦食品、藥品和化妝品法》是美國的食品基本法，已經經過了無數次的修訂，是目前世界同類法律中最為全面和系統的一部法律，該法也是美國食品安全立法領域的基石。其他具體法律主要包括《肉類檢驗法》《禽肉製品檢驗法》《蛋製品檢驗法》《包裝和標籤法》《嬰兒食品法》等。這些法律由美國不同的食品監管部門執行，多個部門協同把關，共同保護美國的食品安全。

不斷完善的食品安全保護法律體系，形成了美國食品安全的保護傘。美國食品安全法律法規並非停滯不前，而是在不斷修訂中逐漸完善。作為美國食品安全基本法的《聯邦食品、藥品和化妝品法》，時至今日，仍在不斷修正和完善。2011 年出抬的《食品安全現代化法案》可以說是過去七十多年以來對基本法最大規模的修訂。該法案在進口食品的規定上，又有了新的突破，如加強了美國食品和藥品管理局對進口食品的管理權限，提升了對進口食品的檢測力度。雖然美國食品安全保護法律體系已經處於世界領先水準，但是仍在不斷進步和發展。

第一節　美國食品HACCP管理體系壁壘

一、美國食品 HACCP 管理體系壁壘界定

美國食品 HACCP 管理體系壁壘是指由食品的 HACCP 管理體系[①]標準構成的貿易壁壘。HACCP 管理體系體現了美國對食品「從農田到餐桌」的全程監控，突出強調了食品安全中的預防控制措施，極大地提高了美國的食品安全保護水準。但是，由於 HACCP 管理體系要依託先進的科學技術才能展開，尤其要求配備精密儀器、專業人員以及整套食品生產、加工和銷售的控制體系，給國外食品企業帶來了不小的挑戰。同時，HACCP 管理體系與良好生產規範（Good Manufacturing Practice，GMP）以及衛生標準操作程序（Sanitation Standard Operating Procedure，SSOP）的實施密不可分，而 GMP 和 SSOP 的相關標準本身就具有壁壘性，這進一步強化了 HACCP 管理體系標準的壁壘作用。

美國對 HACCP 管理體系進行規制的法律主要有《水產品 HACCP 法規》《肉和禽類及其製品 HACCP 最終法規》和《加工、進口果蔬汁的安全衛生措施》。這三部法律被集中收錄到美國《聯邦法典》中。根據《水產品 HACCP 法規》的規定，凡出口到美國的水產品，無論是生產企業還是加工企業都必須實施 HACCP 管理體系。《肉和禽類及其製品 HACCP 最終法規》也規定，對肉類和禽類的檢驗、微生物檢測、檢驗報告和記錄的保存等，必須實施 HACCP 管理體系。《加工、進口果蔬汁的安全衛生措施》則規定果蔬汁的加工者和進口商必須執行 HACCP 管理體系標準。

---

① HACCP 管理體系的基本含義是：為了對食物中毒或其他食源性疾病的發生進行控制，應對食品從原料生產到食品食用的整個過程中造成其污染發生或可能發生的各種危害因素進行全面而系統的分析，再在分析的基礎上確定能有效預防或減輕危害的關鍵控制點，進而在關鍵控制點對各種危害因素進行控制，並同時監測控制效果，及時對控制方法進行修正和完善，實現對食品安全、衛生以及質量的有效控制。

二、構成美國食品 HACCP 管理體系壁壘的具體標準

根據美國《聯邦法典》的規定，美國對進口食品強制實施 HACCP 管理體系，國外食品出口企業必須取得 HACCP 管理體系相關證明，否則其食品不能進入美國境內。要想實施 HACCP 管理體系，必須具備一定的技術和資金力量，並且要具備適當的基礎衛生設施，而國外中小型企業由於硬件設施方面的薄弱以及資金的匱乏，根本無力實施 HACCP 管理體系，更無法取得相關的 HACCP 管理體系證明，無法達到美國法律的強制性規定。可見，美國要求國外食品出口企業實施 HACCP 管理體系，實際上提高了進口食品的准入門檻，對國外食品企業構成了貿易壁壘。具體而言，構成美國食品 HACCP 管理體系壁壘的標準主要包括 GMP 和 SSOP 以及 HACCP 驗證程序標準。

（1）GMP 和 SSOP。由於 GMP 和 SSOP 也屬於美國技術法規規定的具體食品安全標準，因而與 HACCP 管理體系一樣具有強制性，其中的一些規定也構成了貿易壁壘。比如 GMP 對企業的建築物與設施、加工設備與用具、人員的衛生要求、食品的加工和儲存等做出了具體規定，並且大部分規定都提出了極高的技術含量要求，且在實際操作過程中要求嚴格。SSOP 主要規定了八個方面的衛生條件，包括食品生產中水源的安全、其他設備或工作服的清潔度、防止交叉污染、消毒間的衛生保持、避免食品腐敗、有害物質的使用、工作人員的健康和衛生控制、病蟲的防治。這些內容由於規定得過於細緻，在實際操作中比較複雜，具有一定的技術難度，也對國外的食品企業構成了貿易壁壘。

（2）HACCP 驗證程序標準。根據美國《聯邦法典》的規定，HACCP 管理體系要求進口商對國外工廠進行驗證，以確保食品生產符合 HACCP 管理體系相關標準。如果進口食品來自與美國達成諒解備忘錄的國家，那麼該食品被視為自動符合美國 HACCP 管理體系標準，否則，進口商應執行相應的食品驗證程序。在驗證程序中，進口商需驗證食品的安全衛生標準和確認相關的證書和記錄，但是要實行這些驗證程序，首先都要經過嚴格的風險評估，而風險評估的時間短則需要 1~2 年，長則需要 7~8 年。此外，驗證成本也比較高昂，據估算，美國一個企業的 HACCP 管理體系驗證成本為 5 萬~7 萬美元。如此費時費力的驗證程序，使得大量國外食品企業都望而卻步，對美國的食品出口量也不得不減少。

第二節　美國食品中微生物限量標準

致病微生物及毒素引起的食源性疾病是威脅食品安全的最主要因素。為控制微生物污染食品，各國（組織或地區）不僅在食品生產、加工、運輸、貯藏、銷售等

各環節推行科學的管理體系（如HACCP），還對食品生產原料及終產品中致病性微生物或代謝物含量做了明確規定。由於膳食結構、飲食習慣及風險保護水準等差異，各國（組織或地區）對食品中微生物限量要求也不一致。這種差異給進出口食品貿易的順利開展及進出口食品安全的保障帶來不小壓力。為幫助進出口食品生產貿易企業及管理部門瞭解國內外食品中微生物限量標準要求及其差異，為安全生產和執法把關提供參考，本書收集整理了美國微生物限量相關標準（見本書附表）。

第三節　美國食品中致敏原標示標準

美國於2004年頒布的《食品致敏原標示及消費者保護法案》（*Food Allergen Labeling and Consumer Protection Act of* 2004）規定：「『包含』一詞需緊鄰產生主要致敏原成分的食品來源名稱，用字號不小於配料表中食品配料的字號緊鄰食品成分表之後印刷，並用『（）』說明致敏原成分的主要來源。但當所用的食品名稱即為主要致敏原成分的來源物質或主要致敏原成分的來源食品名稱已存在於配料表中時，可豁免上述規定。」任何個人可向健康和人類服務部（The Secretary of Health and Human Services）提交申請豁免某一食品配料的致敏原標示要求，但必須提供足夠的科學證據（包括該證據的分析方法）證明該食品配料不會對人類健康產生過敏反應。健康和人類服務部需在180天內對此申請進行受理。收到健康和人類服務部通知確認該食品配料為非主要食品致敏原90天之後，該食品配料可被允許在市場上流通。該法案要求美國食品和藥品管理局在兩年內制定一項「不含麩質」標示的提議法規。2007年1月23日，美國食品和藥品管理局發布了一項提議法規《食品標籤：食品的無麩質標示》。其中規定：原料成分含有禁用穀物（prohibited grains）的食品不得使用無麩質標籤，禁用穀物包括小麥、黑麥、大麥及其雜交品系；原料成分來源於禁用穀物，例如小麥粉，且原料成分未經過減除麩質的工藝處理，造成食品終產品中麩質含量大於等於20 mg/kg，不得使用無麩質標籤；食品原料與麩質無關時不得使用無麩質食品標籤；以燕麥為原料成分生產的食品，麩質含量大於20 mg/kg，不得使用無麩質標籤。

第四節　美國食品中農藥獸藥殘留限量標準

根據美國《聯邦法典》的規定，由於食品殘留物限量適用肯定列表制度（簡稱列表制度）絕對排除列表之外的殘留物，因此，沒有列入肯定列表的殘留物，一旦在食品中被檢測出來，無論含量多低，都不符合美國的法律規定。以肯定列表制度為基礎，構成美國食品殘留物限量壁壘的具體標準主要包括最高殘留限量標準和殘留物限量分類標準。

一、最高殘留限量標準

美國對食品中農藥、獸藥和不可避免的污染物等化學物質規定了具體的最高殘留限量標準。根據《聯邦食品、藥品和化妝品法》的具體規定，出口到美國的食品必須符合美國食品最高殘留物限量標準。對食品中的具體殘留物限量，美國相關食品執法機構將會進行嚴格的殘留物檢測，不符合美國最高殘留限量標準的進口食品，一律不得銷往美國境內。曾轟動一時的美巴橙汁案，反應了美國最高殘留限量標準的嚴苛性。2011 年 12 月 28 日，美國可口可樂公司報告美國食品和藥品管理局，發現巴西進口的橙汁中含有少量致癌物——多菌靈，殘留量為 35ppb。隨後，美國全面叫停橙汁進口，並對超市出售的橙汁進行檢查。多菌靈在巴西使用的時間已超過 20 年，主要用於應對植物黑斑病，即使其在巴西的使用劑量相當於美國檢測發現的 100 多倍，也未被視作有害。在日本、加拿大等一些主要橙汁進口國家和地區，多菌靈均能合法使用，例如澳大利亞的限量標準為 10ppb。但是根據《聯邦食品、藥品和化妝品法》的規定，在橙汁產品中多菌靈的最高殘留限量為零，一旦檢出即非法。巴西的橙汁出口也因為美國的最高殘留限量標準而受到阻礙。

二、殘留物限量分類標準

根據《聯邦農藥、殺蟲劑和鼠藥法》的規定，美國的食品殘留物限量標準有 8,000多項，高出國際食品法典的 2,000 多項。美國的殘留物限量標準不僅數量多，而且分類極為具體和複雜，例如同一種農藥在不同的食品中的殘留限量標準是不同的。如此細緻的分類標準，給標準的具體實施帶來了程序上的繁瑣。對國外食品企業而言，出口到美國的食品，只要一項殘留物限量不達標，就可能造成整批貨物的扣留或被拒絕入境。這給企業造成的經濟損失是極為嚴重的。因此，國外食品出口企業必須清楚每一類食品中每一種殘留物的具體殘留限量標準，參照美國的標準做好出口食品的殘留物限量檢測，而這種檢測無疑又加重了出口企業的負擔。

第五節　美國食品營養標塗法規

在美國食品標籤壁壘中，食品營養標籤壁壘占主導地位。每年，有大量國外食品因營養標籤不符合美國法律規定而被拒絕入境，影響了食品出口國的海外貿易利益。美國食品營養標籤壁壘是由美國食品營養標籤標準構成的貿易壁壘。根據國際食品法典委員會對營養標籤的定義，營養標籤是指能為消費者提供食品中各種營養成分含量信息的標籤內容。它通常包括營養成分標示和營養聲明。美國的《營養標籤和教育法》以及《食品營養標籤法》中規定，美國的食品營養標籤包括營養成分標示和營養聲明，並且有具體的法律標準對營養成分標示和營養聲明的內容進行規制。除此之外，美國《食品營養標籤法》還規定，除少數幾類食品外，美國的《食品營養標籤法》適用於所有預包裝食品，當然包括所有的進口食品，適用範圍十分廣泛。1969 年，美國白宮食品、營養和健康會議決定在美國推行食品營養標籤，經過多年的發展，美國的食品營養標籤法律體系已經漸趨成熟，食品營養標籤的壁壘性也不斷加強。

根據美國《營養標籤和教育法》的規定，所有在美國銷售的預包裝食品必須強制標註食品營養標籤，這使得美國成為世界上第一個對食品實行強制性營養標籤的國家。美國食品營養標籤的強制推行，迫使美國國內的食品生產商每年要為此多支付 10.5 億美元，大大增加了生產成本，而國外食品生產商的生產成本可能更高。這使得一些靠價格優勢打入美國市場的國外食品企業蒙受了巨大的經濟損失，失去了原先的食品價格競爭優勢，阻礙了它們的食品出口。具體而言，構成美國食品營養標籤壁壘的具體標準包括食品營養標籤成分標準和食品營養標籤形式標準。

一、食品營養標籤成分標準

美國《食品營養標籤法》規定，食品營養標籤必須標註至少 16 種營養成分，而國際食品法典委員會只要求標註其中的 4 種營養成分，美國的規定遠遠高出國際標準水準。美國食品營養標籤成分標準給進口食品帶來的壁壘作用主要體現在營養成分的檢測上。據美國相關數據統計，檢測每一種食品營養成分，需要花費 500~2,000美元。此外，為保證檢測結果的精準性，食品營養成分檢測機構還必須具有專業權威性，一般是得到國家認證的食品檢測機構。如此一來，不僅檢測成本高昂，檢測難度也加大了，因為大部分發展中國家的專業食品檢測機構比較稀缺，這給食品營養成分的檢測帶來了極大困難，導致這些國家的食品營養標籤不符合美國法律規定。

二、食品營養標籤形式標準

根據美國《食品營養標籤法》的規定，食品單位、食品份數以及食品標示的格式、字體和相關線條的精細程度都必須嚴格按照美國的具體標準來執行，食品生產企業不得隨意進行發揮。這導致許多國外食品生產商不得不放棄原先的營養標籤設計形式，製作符合美國法律規定的標籤樣式，標籤的製作成本顯著提高。例如，加拿大的營養標籤規定數字和單位之間有一個空格，但美國的規定是數字和單位之間沒有空格，所以加拿大食品生產企業必須按照沒有空格的食品標籤形式來進行營養標籤的標註，否則食品將不能進入美國市場。對大部分國外食品生產企業而言，按照美國的標準製作食品營養標籤就意味著生產規模的縮小和生產成本的上升，因為按照兩國不同的食品營養標籤形式標準，要分別使用不同的食品包裝袋，這就導致包裝成本升高。企業還要在存儲方面加大投入，從而可以分別存放銷往國內和美國的食品。可見，美國的食品營養標籤形式標準直接影響到了國外出口企業的市場戰略。

第六節　美國有機食品標準

美國早在 1990 年就開始實施《有機食品法案》。該法案規定有機食品生產、處置和加工必須使用天然物質，禁止使用人工合成的物質，不得檢測出農藥和化肥。由於當時世界上還沒有商業化的轉基因作物，因此該法案沒有對轉基因進行規定。

轉基因作物獲得商業批准後，美國農業部頒布了《國家有機食品規範》作為《有機食品法案》執行細則的補充。美國嚴格執行有機食品認證體系，在食品貼上有機標籤前，要由政府批准的有機食品認證人員對食品鏈進行全程檢查，確保整個食品鏈符合有機食品各項標準。只有經過認證符合有機食品標準的食品方可貼上有機標籤。若未經認證私自貼上有機標籤，則會被提起刑事訴訟面臨坐牢，並被罰款 11,000 美元。美國農業部全國有機食品署負責全國有機食品生產、處置和加工標準的制定，並對有機食品市場進行監管。美國有機食品標準委員則負責向農業部有機食品署提出標準建議。

美國有機農業發展很快，其產值在 2011 年增長了 9.5%，達到 315 億美元。另外，2011 年有機食品加工業的產值增長了 9.4%，達到 292.2 億美元。

美國對有機農作物的生產要求相當苛刻，規定也非常詳細。例如，農田由常規農田轉為有機農田，必須有三年的轉換期，在這三年內按有機農業標準耕作，但產品仍是常規農產品，不能貼有機標籤，只有過了三年的轉換期後才能申請有機認證。例如，如果一個蘋果園最後一次噴灑殺真菌劑的時間是 2011 年 8 月 31 日，只有在 2014 年 9 月 1 日後收穫的通過認證的蘋果才能貼有機標籤。

美國有機食品認證是過程認證，而不是產品認證，就是對農民的耕作及食品的處置、加工、倉儲、運輸等食品供給鏈的過程進行檢查，看其是否符合有機食品生產標準，而不是檢驗食品裡含不含被禁止的成分。

美國農業部編寫了很多有機食品生產指南，如 2012 年 12 月 10 日就頒布了 61 頁的《有機農作物生產指南》、112 頁的《有機牲畜生產指南》、52 頁的《有機食品加工指南》。

2000 年 12 月 20 日，美國農業部宣布了國家有機食品新標準，對在美國從事有機食品的生產和處理進行了統一的規範。該標準於 2001 年 4 月 21 日正式生效。

2002年10月21日，美國農業部制定出全新的有機食品標籤，並規定從2002年10月21日起，在全國範圍內統一有機食品的標示，以此代替原來非正式使用的或各州制定的有機食品的標示。自此以後，全新的有機食品標籤在美國各地的超市和食品雜貨店等正式亮相，有機食品從此在美國市場上有了統一的「身分證」。凡是有機程度達到或超過95%的食品，都可貼上一個印有英文「有機」和「美國農業部」字樣的綠色圓形標記。有機程度在70%至95%之間的食品，不能貼專門標記，但可在標籤上註明本產品「包含有機成分」。食品是否具備貼上有機食品標籤的資格，需經美國農業部批准的專門機構認證。

美國的有機食品標籤分為以下四種：

①「100% ORGANIC」，完全為有機食品，主要用於蔬菜及水果。

②「ORGANIC」，有機成分所占比例在95%以上的產品。

③「MADE WITH ORGANIC INGREDIENTS」，有機成分所占比例在70%以上的產品。此類產品不貼有機標籤，但可以列表顯示有機的成分和材料。

④「CONTAINING ORGANIC INGREDIENTS」，包含有機成分，即有機成分在70%以下產品。此類產品不貼有機標籤，但可以列表顯示有機的成分。

有機成分所占比例為100%和在95%以上的有機食品，可以貼上綠色的「USDA ORGANIC」標籤。

根據美國相關法律規定，所有在美國市場出售的有機產品者應由美國農業部認可的認證機構檢查和認證，進口產品也必須遵守此規定。因此，向美國出口有機產品者有兩種選擇：一是出口國與美國達成等同協議，即出口國的認證機構根據本國法律進行檢查和認證的產品可以銷售到美國並按有機產品銷售；二是非美國認證機構但直接被美國農業部認可。

第七節　美國轉基因食品標準

一、相關法律

美國在轉基因生物研究領域處於領先地位，也是最早開展轉基因生物安全研究和對轉基因食品進行立法的國家。1973年第一例重組DNA實驗在美國獲得成功。1975年美國生物學家指出，重組DNA技術可能會對環境和人類造成巨大危害，建議由美國國立衛生研究院制定關於重組DNA技術使用的指南和相應的安全措施。此後，美國於1976年7月頒布了世界上第一部生物安全管理法規《重組DNA分子研究準則》。

1986年6月，里根政府頒布的《生物技術管理協調大綱》是美國關於轉基因生物安全管理的法律框架，它規定了美國在生物安全管理方面的部門協調機制，對需要審查和管理的基因工程生物進行較嚴格的考察。《生物技術管理協調大綱》明確規定：美國食品和藥品管理局、農業部、環保署、職業安全與衛生管理局、國立衛生研究院五個部門負責轉基因生物安全的政府管理。各部門負責轉基因的管理職責和相關法律依據如下：

（1）環保署依照《聯邦農藥、殺蟲劑和鼠藥法》和《聯邦食品、藥品和化妝品法》對農藥進行管理。上述法律主要管理轉基因微生物農藥和植物內置式農藥的使用。

（2）農業部動植物衛生檢驗檢疫局依據《植物保護法案》對轉基因生物進行管理，防止其成為有害生物。1987 年農業部在該法案下制定實施《作為植物有害生物或有理由認為植物有害生物的轉基因生物和產品的引入》（管理條例 7CFR340）。1997 年修訂後的《植物保護法案》，詳細規定了轉基因生物田間試驗和跨州轉移許可，以及運輸過程的標示和包裝要求。2007 年 7 月，農業部動植物衛生檢驗檢疫局對《植物保護法案》進行再次修訂，內容涵蓋轉基因生物的範圍、許可程序、記錄保存制度和低水準無意混雜政策。

（3）食品和藥品管理局依照《聯邦食品、藥品和化妝品法》保障轉基因生物食品和飼料安全。1992 年食品和藥物管理局發布了《源於轉基因植物的食品政策》，建立了自願諮詢程序，制定了公眾健康、轉基因食品諮詢和標示的技術指南。

（4）國立衛生研究院依據《重組 DNA 分子研究準則》，主要負責管理實驗室階段涉及重組 DNA 的活動，同時為基因治療的管理活動提供諮詢和建議。

（5）職業安全與衛生管理局主要負責在生物技術領域保護雇員的安全和健康。

二、轉基因食品的管理細則

美國農業部動植物衛生檢驗檢疫局、環保署及食品和藥品管理局三個機構根據產品最終的用途對轉基因產品進行管理，形成了特有的「三駕馬車」的模式。在轉基因產品安全管理實際工作過程中，任何一種轉基因食品的生產過程都必須根據具體情況經過上述三個機構中的一個或多個的審查。只是在審查過程中，三個部門的側重點不同而已。如：轉基因抗蟲特性和抗除草劑特性的食品作物必須由農業部動植物衛生檢驗檢疫局、環保署及食品和藥品管理局同時審查；轉基因油料作物必須經由農業部動植物衛生檢驗檢疫局及食品和藥品管理局審查；轉基因園藝作物由動植物農業部衛生檢驗檢疫局單獨審查。

與其他消費產品類似，轉基因產品的監管以產品為中心，重點是上市前的審批。概述之，即在《生物技術管理協調框架》下，一項轉基因生物要經過安全審批或許可，需要由新植物生產企業向農業部、環保署及食品和藥品管理局提供數據資料以備審核，之後農業部負責管理轉基因作物的開發和大田試驗。在該轉基因作物品種產業化之前，生產企業需向農業部請求撤銷管制。此外，環保署負責對作物抗有害生物性狀進行評估和管理，食品和藥品管理局審查食品的安全性。

農業部動植物衛生檢驗檢疫局的主要職責是保護美國農業免受病蟲的侵害。根據其規定，某一受控物種在引進美國之前，必須經過申請與通告的程序。引進行為包括進入、途經美國的任何產品運輸或釋放到封閉實驗室之外環境中的行為。如果利用基因工程開發和改變的生物或產品是有害植物，那麼有理由相信受控生物是有害植物。一旦農業部動植物衛生檢驗檢疫局批准該產品解除控制，那麼該產品及其後代在美國的運輸或釋放不需要再重新審批。對於轉基因植物，農業部動植物衛生檢驗檢疫局主要負責對轉基因植物的研製與開發過程進行管理，評估轉基因植物對農業和環境的潛在風險，並負責發放轉基因作物田間試驗和轉基因產品商業化釋放許可證。農業部動植物衛生檢驗檢疫局通過審批許可制度實施其管理職權。若某一公司、學術研究機構或公共部門科學家想對正處於田間試驗階段的某一基因工程植物進行轉移，在轉移之前，首先必須向農業部動植物衛生檢驗檢疫局提出申請，經審查批准後方可實施。農業部動植物衛生檢驗檢疫局在確認該作物對環境沒有危害後即予以批准。這時，申請者就可以進行商品化或其他育種活動（如果涉及其他安全性問題，則還要通過環保署或食品和藥品管理局的審查）。

美國食品和藥品管理局主要負責植物新品種、食品和飼料的安全性問題。美國食品和藥品管理局的政策是基因工程食品也必須與其他食品一樣滿足同樣嚴格的安全標準要求。美國食品和藥品管理局的主要職能是：確保在農業部管轄下的國內和進口食品、出口肉類和禽肉產品的安全性；對植物新品種（包括轉基因作物）生產的食品（包括動物飼料）的安全性以及營養價值進行諮詢與評價，負責食品上市前審批管理，對食品標示提供指導原則；監控食品，實施殺蟲劑容許量標準。如果由轉基因作物加工的產品欲用作食品或飼料，也要對其申請過程進行管理。食品和藥品管理局對轉基因食品的管理職能主要通過安全性評價制度、標示制度來實施。

美國環保署負責確保殺蟲劑的安全性。殺蟲劑包括化學殺蟲劑和利用生物技術生產的生物殺蟲劑。環保署制定了食品和飼料殘留殺蟲劑法定容許標準，為消費者健康提供高度的安全保證；還制定了在新的耐除草劑作物中除草劑殘留容許標準。任何抗蟲和抗除草劑轉基因作物的田間釋放都必須向環保署提出申請，並同時提交一份抗性管理計劃，以確保該作物抗蟲、抗除草劑特性不會因為遺傳改變或害蟲產生耐受性而丟失或減弱。

三、轉基因食品的標籤/標示管理制度

1997—2001 年，美國食品和藥品管理局頒布的《轉基因食品自願標示指導性文件》和《轉基因食品上市前通告提議》，對食品安全做了詳細的規定：第一，由轉基因技術開發的食品或食品成分同其他非轉基因食品一樣可以遵循統一安全管理標準；第二，如果檢測證明通過轉基因作物加工的食品及食品成分與利用傳統植物育

種方法開發的產品成分相同，則原則上認為它們在本質上沒有區別，無論開發食品使用的何種方法，具體的管理措施主要取決於食品的具體特徵和最終用途；第三，絕對安全的食品不可能存在。對待食品必須實行最低忽略限度標準，即物質含量在該限度內就應該認為是安全的。

在標示問題上，美國認為轉基因食品和常規食品應適用同樣的標籤要求。由於現行法律並不要求在食品標籤上說明食品的製造方法，轉基因食品也無須貼特殊標籤。只有當轉基因技術實質性地改變了與健康有關的特性，如食品用途、營養價值等發生改變時，或以轉基因材料生產的食品的原有名稱已無法描述食品的新特性，可能影響食品的安全特性或營養質量或可能導致過敏反應時，製造商才需要通過特殊標籤加以說明。在同一份指南上，美國食品和藥品管理局還提出，禁止刻意標註「非轉基因食品」，原因是這樣的標示會誤導消費者，讓消費者認為轉基因食品和非轉基因食品有區別，而標註「非轉基因食品」的廠家會因此不平等獲利。

四、轉基因食品的風險分析和監管體系

(1) 轉基因食品上市前的安全評價。

美國農業部、環保署、食品和藥品管理局在現有法律框架下建立了各自的風險評估制度。農業部主要管理轉基因生物的跨州轉移、進口、環境釋放和解除田間種植管制四類活動。環保署將抗蟲轉基因植物、抗病毒轉基因植物和轉基因微生物農藥納入《聯邦農藥、殺蟲劑和鼠藥法》管理範疇，基於農藥管理模式建立了轉基因生物管理制度。環保署主要管理農藥的試驗使用許可、登記和殘留限量。與常規農藥相比，轉基因農藥所要求的數據資料少、審查時間短。

按照轉基因生物對農業和環境的潛在風險，農業部建立了以風險為基礎的分類安全評價制度：對風險較低的轉基因生物的釋放實施通知程序，對風險較高的轉基因生物的釋放實施許可程序。同時，任何轉基因生物都可以申請非管制狀態，獲得非管制狀態的轉基因生物不再受前述《作為植物有害生物或有理由認為植物有害生物的轉基因生物和產品的引入》（7CFR340）的管制。根據受體植物的生存風險和轉基因基因性狀的潛在危害，將轉基因植物的環境釋放劃為 A、B、C、D 四類：A 類轉基因生物的管理接近現有體系下的通知程序；B 類和 C 類接近許可程序；D 類則必須經過嚴格的審核許可程序。新法規還進一步強化研發者是轉基因生物安全的責任主體的要求。食品和藥品管理局建立轉基因食品的自願諮詢制度，產品安全由研發者和生產加工者負責。研發者可以在產品上市前諮詢轉基因產品的安全。研發者須在提交相關資料後獲得食品和藥品管理局的食用安全許可，必要時，還須向環保署進行註冊登記。

(2) 轉基因食品上市後的監管。

美國聯邦政府負責轉基因生物的安全監管，州政府一般不具有監管職責。美國農

業部動植物衛生檢驗檢疫局負責轉基因生物的監管，建立了強大的、以風險為基礎的監管體系，包括執法檢查、人員培訓和文檔保存。農業部要求研發者主動報告潛在的、可疑的或已經發生的轉基因生物違規事件，並設立專門報告通道。環保署按照農藥的模式對轉基因植物進行安全監管。除藥用、工業用轉基因植物外，美國農業部對轉基因生物的產業化種植沒有附加要求。藥用、工業用轉基因植物不能獲得非管制狀態，必須在嚴格的隔離條件下進行產業化種植。環保署一般對植物內置式農藥（如抗蟲轉基因作物）的登記附加限定條件：一是在野生近緣種存在的地區，禁止植物內置式農藥的產業化種植；二是要求研發者監測靶標生物對轉基因植物的抗性，制定抗性治理策略。環保署主要採用高劑量/庇護所策略，用敏感種群稀釋抗性個體防止抗性種群的產生。同時，美國對轉基因產品採取自願標示，《轉基因食品自願標示指南》規定，標籤只能標註產品的事實，不能誤導消費者，使其認為標註非轉基因產品優於轉基因產品，另外，對沒有商業化的轉基因產品進行非轉基因標示也是誤導消費者。

第八節　美國食品添加劑限量標準

所謂直接食品添加劑，是指直接加入食品中的物質。所謂間接食品添加劑，是指包裝材料或其他與食品接觸的物質，在合理的預期下，轉移到食品中的物質。根據這個定義，食品配料也是食品添加劑的一部分，這是美國與大多數國家對食品添加劑定義的不同之處。

美國法律規定，食品和藥品管理局直接參與食品添加劑法規的制定和管理。肉類由美國農業部管理。用於肉和家禽製品的添加劑需得到食品和藥品管理局與農業部雙方的認證。酒和菸由酒菸草稅和貿易局管理，對用於酒、菸的食品添加劑實行雙重管理。食品添加劑立法的基礎工作往往由相應的協會承擔。如食品香精立法的基礎工作由美國食品香料和萃取物製造者協會擔任，其安全評價結果得到食品和藥品管理局認可後以肯定的形式公布，並冠以GRAS（一般公認安全）的FEMA號碼。隨著科技進步和毒理學資料的累積，以及現代分析技術的提高，每隔若干年，食品添加劑的安全性會被重新評價和公布。在美國，只有經過評價和公布的食品添加劑才能生產和應用，否則會被認定為不安全。含有不安全食品添加劑的食品則不宜食用，不宜食用的食品禁止銷售。

美國規定，食品中公認的可安全使用的物質不屬於食品添加劑範疇，但對這類物質的使用也實行嚴格管理。食品和藥品管理局已推行一項新的公認安全物質的通報系統，即由生產企業向食品和藥品管理局提交其產品，根據其用途屬於公認安全物質的報告，食品和藥品管理局在一定時間內（通常為180天），向申請人發信確認或否認申請的物質的公認安全性。

第三章　反傾銷與食品貿易

中國和美國互為非常重要的貿易夥伴，雙邊貿易額呈逐年上漲趨勢，據聯合國貿易和發展會議統計，雙邊貿易額已由 1995 年的 408.5 億美元增長至 2011 年的 448.1 億美元。截至目前，中國已經成為美國的第一大貿易夥伴、第三大出口目的地和首要進口來源地。在中美貿易額不斷增加的同時，也應該看到，美國對華的貿易逆差也在不斷拉大，中美貿易逆差不斷上升的趨勢也引起了美國的高度重視，其對來自中國的產品採取了以反傾銷為主的貿易限制手段。

第一節　反傾銷理論分析

一、反傾銷的經濟學分析

從經濟學角度看，傾銷的實質是一種價格歧視行為，也就是在不完全競爭市場中，廠商對同樣的產品在國內銷售和對外出口時制定不同的價格。一般而言，傾銷可以分為三種：偶然性傾銷、掠奪性傾銷和持續性傾銷。

偶然性傾銷是指偶然發生的傾銷。當一個生產者偶爾出現未售出的存貨，如因為錯誤的生產計劃或者沒有預料到的需求變化而產生的存貨，並且又不想以破壞國內市場為代價處理它們時，就會把它們降價銷往國外，這一類型的傾銷與低於成本的傾銷最為接近。由於偶然性傾銷經歷的時間和傾銷的量是有限的，因此並不是反傾銷的主要對象。

掠奪性傾銷是指生產者在國際市場上為了把競爭對手排擠出去而以低於對手的價格銷售商品。當然這個生產者會遭受損失，但是一旦競爭對手離開了這個市場，他就能把價格提高到壟斷水準，因此這種傾銷僅僅是一種臨時性傾銷。但掠奪性傾銷的目的是形成壟斷，勢必對進口國產業造成長遠的損害，因此必須制止，這也是反傾銷最主要的依據。然而，在現實生活中，出現壟斷的情況是不多見的。在當今各國市場上，由於可替代商品的存在以及各國反壟斷法律的作用，尤其是市場上的「進入障礙」受多邊貿易體制規則的限制，某一廠商企圖壟斷某種商品的市場，是很不容易得逞的。即使像計算機芯片這樣的高技術產品，能與英特爾在市場上相抗衡的還有其他芯片生產企業。而且，採用掠奪性價格歧視將競爭對手排擠出市場後，就會將價格回升到原來較高的水準，然而，這時又會有新的競爭者進入市場。當然，這是以市場上不存在進入障礙為前提條件的。實際上，按照羅蘭德・H・科勒的總結，這種掠奪性削價的成功例子也是很少的（張元智，1999）。

持續性傾銷必須具備三個條件：第一，出口商品生產企業在本國市場上有一定的壟斷力量，對商品市場價格有很大的影響力，而不僅僅是價格的接受者，這樣，出口產品才能在國內保持較高的價格。第二，本國與外國的市場必須隔離，相互間不流通，從而防止國內居民去價格更低的國外市場購買該商品並返銷到國內來。第三，兩國的需求價格彈性不同。在具備了以上三個條件後，該生產者為了使利潤最大化，會設法使每個市場的邊際收益都等於邊際成本，結果是該商品在國內外市場上產生不同的價格。通常情況下，這種價格歧視表現為出口價格低於國內價格，即傾銷。

現實中，由於運輸成本和保護性貿易壁壘的存在，國際市場不能完全一體化，所以本國廠商通常在國內市場佔有的份額比其在國際市場的要大。這就意味著它們在國外的銷售量比在本國的銷售量更多地受到其定價的影響。同樣，為了讓銷售量翻番，一個擁有20%市場份額的廠商，其削價幅度不必和一個擁有80%市場份額的廠商一樣。所以，廠商一般認為自己在國外市場上沒有太強的壟斷力，也就是其在國內外市場面臨不同的需求曲線，並且，國內市場的需求價格彈性要小於國外市場的需求價格彈性。有了兩個不同的需求曲線，廠商就會制定不同的價格，並且國內市場價格要高於國外市場價格。

二、反傾銷對世界福利的影響

從傾銷的種類來看，偶然性傾銷是暫時的，一般不會持久，很少會被提起反傾銷起訴。掠奪性傾銷是為了形成壟斷，把價格提高到壟斷水準，獲取壟斷利潤。但是價格提高後，進口國會有新的廠商進入，其他國家也會有新的廠商進入，壟斷很容易被打破。採取掠奪性傾銷的廠商只有在世界範圍內形成壟斷才能實現其目的，而現實中能在世界範圍內形成壟斷的廠商是極少見的。所以此類傾銷雖然會造成世界福利的減少，但由於其數量較少，且極少能實現其目的，不是反傾銷的主要對象，對世界總體福利的影響也是較小的。

三、反傾銷對貿易的影響

從總體來看，反傾銷措施已經成了一種新的貿易保護措施。從反傾銷法最初立法意圖來看，反傾銷措施對外國進口商品來說，似乎並不是一種懲罰，而僅僅是一種維護本國市場公平競爭的「救濟」措施。歐美等發達國家及一部分新興工業化國家頻繁動用反傾銷措施限制進口，實際上已經將反傾銷措施作為限制外國商品進口、保護國內產業的一種貿易保護手段。因為動用其他的貿易保護手段，既要受到多邊及雙邊貿易體制、貿易規則的制約，同時還會引起貿易夥伴國的不滿和報復。而反傾銷措施所體現的公平貿易原則符合《關貿總協定》及世貿組織的基本原則，不僅可以用來維護競爭秩序，更重要的是還可以起到限制外國商品進口、保護本國產業的作用。因而各國政府都樂此不疲，頻繁使用，以至於為了維護市場公平競爭秩序的反傾銷措施，在實施過程中構成了對外國產品在本國市場競爭的限制措施，演變成了保護本國產業、阻止國際競爭的貿易保護手段。

反傾銷之所以會演變成一種貿易保護措施，主要是因為反傾銷法在理論上存在缺陷，所以在實施中有許多地方含糊不清，存在著較大的自由裁量空間，很容易被一些國家的政府濫用，比如正常價格的確認等。為了防止反傾銷措施的濫用，多邊貿易談判從「肯尼迪回合」開始，每一回合都不惜以大量篇幅制定相應的《反傾銷協定》來對反傾銷行為加以規範。這從另一個方面印證了反傾銷立法上存在的缺陷。

除了反傾銷措施的貿易保護傾向，進口國還能夠通過反傾銷措施滋擾貿易商。在本不存在傾銷的情況下，進口國政府的反傾銷措施也能構成對出口、進口該產品的貿易商的滋擾。反傾銷調查的提起就意味著出口國相關企業必須出面應訴。出口商費盡周折，即使能贏得訴訟也無法避免市場份額的大幅度減小，因為儘管進口國海關對臨時反傾銷稅實行「多退少補」的原則，但是如果傾銷成立將會增加進口商的進口成本。如果進口商滿足以下條件，美國政府還可以對進口商追溯徵稅，對那些在臨時措施適用之前90天內進入消費領域的產品追溯徵收最終反傾銷稅：第一，如果被控產品存在造成損害的傾銷歷史；第二，進口商知道或應該知道出口商在實施傾銷，並且該傾銷會造成損害；第三，損害是由於在相當短的時期內傾銷產品的大量進入造成的。由於在這段時間內進口產品時進口商根本無法預料反傾銷稅的大小，所以對進口商來說風險是非常大的，有時甚至會導致其破產。進口商如果得知本國政府將要對該產品開始反傾銷調查，在本國政府採取反傾銷行動時，往往就退避三舍，將其貿易活動改道他國。因而，從這個角度看，反傾銷對貿易的限製作用也是非常有效的。

第二節　美國反傾銷立法理概況

一、1916 年反傾銷法

隨著第一次世界大戰的爆發以及美國對德國及其卡特爾集團的關注，威爾遜政府注意到公眾對掠奪性定價行為的擔心，建議擴展國內法律，以反對與進口貿易有關企業的不公平競爭行為。1916 年反傾銷法就是在此背景下登上了歷史舞臺。

美國的 1916 年反傾銷法實際上是指美國於 1916 年頒布的《關稅法》所規定的反傾銷條款。該法的第 800~801 款規定：以大大低於出口商品生產國的主要市場的價格進口產品或銷售進口產品的行為，並且有摧毀或損害美國工業或阻礙美國工業的建立，或限制或壟斷在美國該產品的任何領域的貿易與商業的意圖為非法；違反該法律的行為視為觸犯刑法，應予以刑事處罰或監禁或兩者合一的處罰，而受到傷害的一方可以訴請三倍的損害賠償（王景琦，2000）。

值得注意的是，該法至今仍然有效，但由於該法的局限性以及其後的其他反傾銷法律更易於用來保護國內工業，故該法很少被使用。但是，1999 年 6 月，日本提請 WTO 爭端解決機構根據 1994 年《關貿總協定》第 23 條、《關於爭端解決規則和程序的諒解》第 4 條和第 6 條、《反傾銷協定》第 17 條成立專家小組。日本提出美國 1916 年反傾銷法違反 WTO《反傾銷協定》。2000 年 3 月，專家小組裁定美國 1916 年反傾銷法令違反了 WTO《反傾銷協定》的有關規定。美國隨後提出上訴，WTO 爭端解決機構上訴廳維持了原裁決，要求美國根據 WTO《反傾銷協定》的規定修改 1916 年反傾銷法。

1916 年反傾銷法有一定局限性，它要求政府機構在徵收反傾銷稅時，必須證明被指控人有故意的掠奪性意圖或限制貿易的低價傾銷行為。在實踐中，這種證明比較困難，因此該法公布後不能有效保護美國產業，故不能滿足保護美國國內的要求。

二、1921 年反傾銷法

1920—1922 年，先後有 10 個國家通過了反傾銷法，其中包括美國和英國。這兩個國家歷史上曾是自由貿易的強烈提倡者和從事者。1921 年，美國頒布了《緊急關稅法》，反傾銷法是其中的一部分，其基本指導思想是，「一旦發現外國進口商品以低於該商品的公平價值在美國或可能在美國銷售，並且美國國內工業正在或可能受到損害，或阻礙該工業的建立，財政部可公布其裁決」；「如果購買價格或出口商銷售價格低於外國市場價值（如無這一價值時，低於生產成本），要徵收特別傾銷稅，幅度為兩者之差」。

1921 年反傾銷法對 1916 年反傾銷法的有關規定進行了以下修改：

（1）反傾銷法不再是刑事法律。傾銷的裁決改為行政裁決而非司法裁決，由財政部進行。這樣，裁定傾銷在程序上有了更大自由度，因此使確定傾銷裁決的可能性大大增加。

(2) 證明摧毀、損害或阻礙工業建立等的意圖時，僅僅證明有工業損害事實或損害的可能性就足夠了，無須證明低於正常價值銷售對美國工業所造成的損害威脅。

(3) 特別規定了不同的救濟方式。1916 年反傾銷法規定了罰金、監禁以及民事責任，主要是為了懲罰傾銷方，通過威懾作用來保護與之競爭的國內企業。1921 年的反傾銷法規定徵收反傾銷稅，主要目的是保護國內企業，而僅僅間接地懲罰傾銷方。如果傾銷方繼續在美國市場傾銷，則通過反傾銷稅對其進行懲罰；如果傾銷方不再從事傾銷行為，則無須徵收反傾銷稅。

(4) 使用了推定價值概念，即當不存在外國國內價格的銷售或該銷售數量很少時，出口價格將與生產成本進行比較。其目的是保護美國國內工業免受進口產品的競爭。

可見，1921 年反傾銷法比 1916 年反傾銷法更容易確定傾銷的存在。該法後來作為 1930 年《關稅法》的一部分，一直保留到 1979 年才被廢除，但許多原則和概念保留了下來。

三、1930 年反傾銷法

美國國會在 1930 年通過了新的關稅法，對傾銷問題，做出了補充規定，並將 1921 年反傾銷法作為 1930 年《關稅法》的第七章。1921 年反傾銷法並未廢除，仍繼續實行，一直保留到 1979 年。該法規定：一旦美國財政部確定，被調查產品在美國的銷售價格低於該產品的正常價值，並且對美國國內行業造成損害時，對該調查產品徵收反傾銷稅。

四、1974 年和 1979 年的貿易法

1974 年，美國修訂了《貿易法》做出如下修改：以國際貿易委員會取代關稅委員會負責確定損害及處理相關事宜，增加對來自非市場經濟國家和跨國公司等當事方的聽證程序問題的規定，允許對「傾銷價格」的裁定提出司法審查等。

應關稅及貿易總協定東京回合修正的《反傾銷協定》的要求，美國國會制定了 1979 年《貿易協定法》，其中第一篇即為反傾銷法。它完全取代了 1921 年反傾銷法，並在下列幾個重大問題上做了修改：徵收反傾銷稅的標準之一由「損害」改為「重大損害」或「實質性損害」，同時規定了達到實質損害應考慮的因素；增加規定反傾銷調查程序各個階段和時限的內容，縮短調查期限；商務部接替財政部行使確定傾銷的權力；擴大國際貿易委員會的管轄權。

五、1984 年和 1988 年的貿易法

1984 年，美國國會通過《貿易和關稅法》，有關反傾銷的修改如下：①擴大商務部在處理某些問題上的自由裁量權，處理持續性傾銷；②明確規定反傾銷的適用範圍；③減少反傾銷程序的複雜性和成本，以利於美國小企業提起申訴。1988 年 8 月 23 日，美國國會通過的第 100~418 號公法（Public Law），稱為《綜合貿易與競爭法》，其中第 1316 節至 1330 節是有關反傾銷的規定。其主要內容有：①非市場經濟國家反傾銷的特殊規定；②第三國傾銷（third country dumping），美國可以要求進口國對第三國採用取反傾銷行動；③規避措施；④虛假外國市場價值的處理；⑤監視下游產品；⑥對多次違反反傾銷法的進口產品縮短審查期限；⑦將國內農產品原料生產商作為農業加工業的組成部分，擴大了反傾銷申訴人的資格範圍；⑧有關重大損害威脅考慮因素的新規定；⑨關於反傾銷機構披露資料的新規定；等等。

六、1994 年的反傾銷法案

1994 年，美國根據烏拉圭回合談判達成的《反傾銷協定》的規定，對其國內反傾銷法以及政策做出了相應的調整。1994 年 12 月 8 日，美國國會通過《烏拉圭回合協定法》，該法從 1995 年 1 月 1 日起正式生效，並開始實施 WTO 的《反傾銷協定》。此次根據 WTO《反傾銷協定》修改的內容涉及：微量傾銷幅度及可忽略進口量、價格的比較採加權平均正常價值和加權平均出口價格的比較方式、改變了在結構價格中固定的 8%和 10%的利潤和銷售管理費用的做法、對新出口商的快速復審及單獨稅率、關聯企業的裁決、進口轉售價格的處理、反規避措施等。此外，在反傾銷程序上也有一些調整，如將追溯徵收反傾銷稅期按立案時間追溯 60 天改為 90 天，將從立案到商務部做出初裁的時限由原來的 160 天改為 140 天。

根據烏拉圭回合談判制定的 WTO《反傾銷協定》以及 WTO 爭端解決機制的裁決，美國國會和政府制定相應的法律、條例來充實和更新其反傾銷法律。這其中包括 1998 年關於「日落復審」的規定、1999 年關於取消一項反傾銷令的規定等。1999 年，歐盟向 WTO 爭端解決機制提出要求，認為美國的 1916 年反傾銷法與 WTO《反傾銷協定》不符。2000 年 9 月 26 日，WTO 爭端解決機制採納了爭端解決上訴機構的建議，認定 1916 年反傾銷法與 WTO《反傾銷協定》不符。2003 年 4 月 3 日，美國正式通知 WTO，根據美國眾議院通過的立法，從 2003 年 4 月 3 日起，美國正式廢止了 1916 年反傾銷法。

美國反傾銷法的立法宗旨和基本原則是反對國際貿易中的掠奪性定價行為，維護市場的公平競爭。從這個意義上說，實施反傾銷措施是必要的，也是合理的。但是，隨著世界貿易自由化的發展和美國國內產業競爭力的相對下降，出於保護國內幼稚產業和落後產業的目的，同時迫於國內利益集團的政治壓力，美國政府多次對

反傾銷法進行修改。這種修改一方面擴大了反傾銷法的適用範圍，另一方面加強了反傾銷措施的實施力度，進而使反傾銷成為一種新的被國際法認可的貿易保護手段。

回顧美國反傾銷法的修訂過程，可見美國反傾銷法關心的僅僅是保護美國國內工業而並非為了維護公平競爭的貿易環境。例如：在傾銷的認定中，低於成本銷售的規定有利於確定傾銷的存在；在損害的認定中，對進口商品的影響進行累計考慮有利於對損害的定性；所謂的「第三國傾銷」，即當在第三國傾銷的產品損害了同時將相似產品也出口到該國的美國企業的利益時，美國貿易代表可以要求該第三國對這些傾銷產品採取反傾銷措施，更是便於美國商務部擴大對國內產業保護的霸道條款。另外，並非所有的反傾銷案件都以徵收反傾銷稅而告終，1950—1988 年，69%的反傾銷調查立案最終做出了肯定性裁決，而其中 45%的案件以被動配額或中止協議的形式取代，只有小於 25%的案件要徵收反傾銷稅（王繼先，2003）。可見，徵收反傾銷稅並不是美國主管當局的目的，其真正的目的是通過實施反傾銷措施限制進口。美國俄勒岡大學教授 Blonigen 認為，傾銷的法律定義幾乎完全偏離了關於傾銷的任何經濟學概念。反傾銷措施已不再與掠奪性定價相關。儘管外國企業出口需要繳納的費用高於其在國內銷售所需費用，也高於進口國競爭者的相應費用，但仍可能面臨「反傾銷」威脅。反傾銷措施並未用以維護貿易公平，不過是新形式的貿易保護主義。

第三節　中國反傾銷立法

長期以來，中國沒有自己的反傾銷法，導致自 1979 年 8 月歐共體對中國企業糖精、鈉和銅出口發起反傾銷調查起，中國的反傾銷一直處於被動中。

1994 年 5 月 12 日，第八屆全國人民代表大會常務委員會第七次會議通過了《中華人民共和國對外貿易法》。該法第三十條規定：「產品以低於正常價值的方式進口，並由此對國內已建立的相關產業造成實質損害或者產生實質損害的威脅，或者對國內建立相關產業造成實質阻礙時，國家可以採取必要措施，消除或者減輕這種損害或者損害威脅或者阻礙。」這是中國第一次在法律中對對外貿易中的傾銷行為做出明確規定，但是這條規定僅僅是原則性規定。對如何認定傾銷、如何認定損害、反傾銷的措施、採取反傾銷措施的具體程序，該法均未做規定。因此，其可操作性不強。

為扭轉中國反傾銷的被動局面，保護國內產業，1997 年 3 月 25 日，國務院發布了《中華人民共和國反傾銷和反補貼條例》（以下簡稱「1997 年條例」）。這是中國正式頒布的第一部專門的反傾銷立法。

該條例遵循了 WTO《反傾銷協定》的基本精神，吸收了國外的經驗並與現階段中國國情相適應，它對中國反傾銷立法的發展和經濟的發展具有重大意義。1997 年 11 月 10 日，中國對外貿易經濟合作部依據條例正式接受了中國新聞紙產業遞交的對來自加拿大、美國和韓國的進口新聞紙進行反傾銷調查的申請。這使中國反傾銷邁入了主動出擊階段。

然而，「1997 年條例」中仍存在很多不足。為進一步完善「1997 年條例」，中國又制定了《中華人民共和國反傾銷條例》（以下簡稱「2002 年條例」）。該條例自 2002 年 1 月 1 日起實施。「2002 年條例」共 6 章 59 條，它基本上保持了「1997 年條例」的框架，但又在原有基礎上做了些完善，如：①在「1997 年條例」第四條中加入了「正常貿易過程中」，使正常價值的確定方法更加明確；②將出口價格與正常價值的比較方法細化；③在累積評估制度中增加了合理的量化規定；④在國內產業的認定中增加了地區性產業的規定。

「2002 年條例」做出的修改使中國的反傾銷立法質量再次提高，但是，與世界先進的反傾銷立法以及 WTO《反傾銷協定》相比，「2002 年條例」還只是粗線條立法，其中仍有很多規定過於原則化，因而在許多制度和程序上還有不足。2004 年 3 月 31 日，國務院發布了《國務院關於修改〈中華人民共和國反傾銷條例〉的決定》。該法律是參考國外發達國家和世界貿易組織比較完善的法律規定而出抬的，較之以往，有了很大的進步，但還有許多地方需要再商榷，以便更好地保護中國工業的發展。1994 年 WTO《反傾銷協定》的簽訂，對世界各國的反傾銷立法都起了推動作用。如何運用 WTO 規則以及如何與 WTO 接軌，直接關係到中國在日益激烈的國際貿易中的利益得失。同時，中國正承受著傾銷和反傾銷的嚴峻現狀。這些都對中國反傾銷立法的修改、完善提出了新的要求。

第四節　中美反傾銷立法的比較

於 2001 年出抬並於 2004 年 3 月進行修訂的《中華人民共和國反傾銷條例》順應了世界各國強化反傾銷立法的潮流，為有效抵制國外產品的傾銷提供了有力的法律武器，有效地緩解了中國反傾銷的嚴峻挑戰。但是，隨著國家間競爭的日益激烈，各國為了保住各自在國際市場的份額，在提高產品質量和降低生產成本的同時，規避進口國反傾銷立法的手段和方式也日趨隱蔽和複雜。在紛繁複雜的國外傾銷和反傾銷面前，由於我們反傾銷立法實踐和經驗的不足，中國反傾銷條例逐漸暴露了它的缺陷。因此，我們應加強對 WTO 反傾銷規則和世界先進國家尤其是美國反傾銷立法的比較研究，在比較中借鑑，進一步完善中國的反傾銷立法。

一、反傾銷實體規則存在的不足

所謂反傾銷實體規則，一般認為主要包括有關傾銷的認定、損害的確定以及因果關係的確認等方面的內容。《中華人民共和國反傾銷條例》第三條規定：「傾銷，是指在正常貿易過程中進口產品以低於其正常價值的出口價格進入中華人民共和國市場。」根據定義，如果要確認一種產品是否存在傾銷，首先要計算出該產品的出口價格和正常價值。若是前者高於或等於後者，則不存在傾銷；反之，傾銷存在。但若與美國和 WTO 的相應規定做比較，《中華人民共和國反傾銷條例》仍有不足。

1. 傾銷界定存在的缺陷

同 WTO《反傾銷協定》和美國的反傾銷法相比，中國反傾銷條例在對傾銷的界定上，依舊存在規定過於簡單、不夠具體、可操作性不強等弊端。這主要表現在如下幾個方面：

①對「正常價值」的規定不夠詳盡，缺乏可操作性。中國反傾銷條例沒有直接定義「正常價值」，但第四條規定了確定「正常價值」的方法，即進口產品的正常價值，應當區別不同情況，用出口國（地區）國內銷售價格、第三國價格或成本結構價格來確定。中國確定「正常價值」的方法，同 WTO《反傾銷協定》以及美國反傾銷法的有關規定相比，其不足主要表現在：對國內銷售價格界定不詳盡。在用出口國國內銷售價格確定正常價值時，美國反傾銷立法對國內價格進行了明確的界定。WTO《反傾銷協定》規定，「如果該項銷售構成進口成員產品銷售的5%以上，通常應被認定為足以用於確定正常價值。假如有證據表明較低比例的國內銷售仍然具有足夠的數量提供適當比較，則該較低比例應被接受。」美國反傾銷法對採用出口國國內銷售價格確定正常價值時，規定應滿足下列條件：國內銷售價格應反應平時一般交易水準，應排除因情況特殊而導致過高或過低的價格；國內銷售數量應達到要求標準，即國內同一規格產品銷售數量應大於該產品出口到美國數量的5%；應排除有關聯和某種補償安排等不正常交易價格的適用；所考慮的國內市場價格的時間應與美國價格的時間相當；國內價格不應低於成本價格等。

中國反傾銷條例對「國內價格」的界定過於簡單，對何謂「正常貿易過程」和「可比價格」沒有做出具體規定。另外，中國反傾銷條例對確定正常價值的國內市場價格沒有明確是批發或轉售價格，還是市場消費價格。這在實踐中很可能會使反傾銷執法者無所適從，造成執法畸輕畸重。因為，在實際銷售中，前者的價格往往要比後者低得多。而對此，無論是美國反傾銷法還是 WTO 的《反傾銷協定》都明確規定作為正常價值的國內市場價格，應為有利於確定傾銷成立的消費價格。

②沒有定義「正常貿易過程」。WTO《反傾銷協定》規定：判斷在出口國國內市場的銷售是否屬於正常貿易的主要依據是看該種產品在出口國國內市場的銷售價格是否低於成本，如果在一定期間內（通常為 1 年，最短不少於 6 個月），大量該種產品的銷售價格低於包括單位生產成本（固定的和可變的）、管理費用、銷售費和一般費用在內的單位成本，則可能被認為不屬於正常貿易。美國反傾銷法對正常貿易的界定是：國內售價不能低於生產成本，並能夠反應出口國市場的一般交易水

準，交易雙方也不應存在控股之類的關聯以及補償協議。此外，正常貿易過程還排除「虛構市場價格」。中國的反傾銷條例沒有對「正常貿易過程」進行明確限定，這不利於指導中國的反傾銷實踐。

③沒有對第三國和第三國價格的選擇進行規定。根據WTO《反傾銷協定》的規定，選擇第三國或第三國價格時，應從以下幾方面考慮：產品必須相同或最相似，必須是出口價格最高的國家；該第三國市場在組織結構和其他推銷渠道上與進口國的做法相類似；向第三國市場銷售必須達到能收回生產成本的程度等。對此，美國反傾銷法還進一步明確：出口到第三國的產品數量應為出口到美國外的最大的，並且應達到5%的最低限量。中國的反傾銷條例沒有就第三國和第三國價格的選擇進行規定，有待進一步明確。

④沒有明確「合理費用」的構成和計算方法。對於結構價格，美國與WTO的規定基本相同，一般為生產成本加合理費用和利潤。根據WTO《反傾銷協定》規定，結構價格是原產品的生產成本加上合理數額的管理費、銷售費、其他成本以及合理利潤。其中，所加利潤不得超過原產國國內市場上相似產品銷售時正常得到的利潤，合理費用的構成為管理費、銷售費和一般費用。美國對結構價值的具體構成做了如下規定：在被指控產品出口前用於生產該產品或相似產品的生產成本，包括原材料成本，正常交易中的生產、裝配或加工費，批發銷售過程中的一般費用、管理費用，運輸的容器和包裝費以及其他費用。同時，美國還規定，管理費和利潤一般分別為生產成本的10%和生產成本加管理費之和的8%。中國反傾銷條例的第四條第二款對結構價格規定為「生產成本加合理費用、利潤」，但沒有明確「合理費用」的構成和計算方法。這在實踐中不利於對傾銷進行公正的認定。如果合理費用包括的項目較多，則確定的正常價值相應較高，傾銷成立的可能性也就比較大，傾銷的幅度也因此偏高，這對出口國生產商較為不利；反之，如果包含的項目較少，則對進口國不利。

⑤沒有「替代國」價格作為非市場經濟國家出口產品「正常價值」的規定。「替代國」的存在是西方國家對中國實施反傾銷歧視的一種重要途徑。美國是「替代國」做法的主要倡導和實施國。在「替代國」的選擇標準問題上，美國反傾銷法強調，替代國的經濟發展水準要與出口國具有可比性，並且是可比產品的主要生產國。可比性的考慮因素是國民生產總值的人均水準和基礎設施的發展情況，尤其是生產相同產品產業的發展水準。長期以來，中國企業就深受其害。但無可否認，對「替代國」的正確認識並做出規定，不僅可以避免他國對中國的企業任意進行歧視性的反傾銷措施，同時也可以給中國對他國輸出的缺乏正常價格的商品提供一個合理的比較標準。中國反傾銷條例在對正常價值確定時，沒有提及非市場經濟國家的適用標準。因為，一直以來，中國國內許多人認為，在「替代國」價格上，部分國家對市場經濟國家與非市場經濟國家的劃分是不公正的，各國在反傾銷問題上將中國視為非市場經濟國家的做法是一種歧視。所以，在中國反傾銷條例中就不能再採

用這些歧視和不公正的方法。但我們認為，當今世界仍然還存在許多處於計劃經濟或經濟轉型的國家，對這些國家的出口產品進行反傾銷調查時，如果一律採用市場經濟國家標準來確定正常價值，恐怕很難反應其真實的傾銷幅度。所以，在對這一類國家的出口產品確定正常價值時，中國應參照歐美的做法，採取特殊標準，「替代國」做法是可借鑑的方法之一。

此外，各國反傾銷實踐表明，用「替代國」價格來確定非市場經濟國家出口產品的正常價值，有其科學性和先進性的一面。只是這些標準在具體操作上還不完善，往往被某些調查當局濫用，尤其是對「替代國」選擇的任意性、不公正和歧視性，導致「替代國」制度無法有效發揮其保護本國產業和維護國際貿易秩序的積極作用。因此，中國應引入「替代國」制度，同時加強操作的公正性。只有這樣，才能給歧視中國的西方國家一點警告和反擊，同時也更有利於保護中國的企業。

2. 有關出口價格確定的不足

WTO《反傾銷協定》就出口價格規定了三種不同的情況：①在出口商與進口商之間不存在特殊關係時，出口價格為該進口商從該生產商或出口商處購買該產品所實際支付或約定支付的價格；②在無出口價格或進口國當局認為，因出口商與進口商或第三方之間存在聯合或有補償性安排，而使出口價格不可靠時，則出口價格可以在進口產品首次轉售給獨立買主的基礎上推定；③由進口國當局在合理的基礎上確定，這是指產品在未轉賣給獨立的買主或轉賣未依進口時的狀態的情形。

中國反傾銷條例秉承了WTO《反傾銷協定》的精神，但第五條的規定有一個明顯而且不應該的缺陷，其未將關聯當事方之間的交易價格排除在外。在受訴的傾銷產品出口商與進口商有一定關聯的情況下（如相互持有一定的股權、同為一母公司的子公司等），他們為了規避反傾銷法的制裁，常常故意提高出口價格，而進口商再以較低價格轉售，出口商則通過其他方式給予進口補償。在這種情況下，他們之間的出口價格摻有很大水分，不應予以採用，而應以轉售給獨立買主的價格或有關當局在合理基礎上推定的價格為出口價格。依中國反傾銷條例的第五條，進口產品有實際支付價格或者應當支付的價格的，即以該價格為出口價格，而不考慮出口商與進口商間是否存在關聯交易。這裡顯然存在漏洞。

3. 沒有關於低於成本銷售的規定

美國反傾銷法對低於成本銷售的產品從銷售時間、銷售數量、銷售價格和成本四個方面進行了限定。《關於執行1994年關稅與貿易總協定第六條的協定》第2.2條規定，產品銷售已經持續一年，產品數量占銷售總量20%以上且銷售價格致使在一定合理時間內無法收回所有成本，即被確認為低於成本銷售。這部分銷售不屬於正常交易範圍，不能作為判定其本國或第三國正常售價的標準，美國商務部將另外進行生產成本的調查。如果無高於成本的銷售，則採用推算價格來計算其公平價格。

在全球經濟競爭日趨激烈的大背景下，許多企業經常採用低於成本銷售的策略，以擴展國際市場。而遺憾的是，中國的反傾銷條例沒有對「低於成本銷售」型傾銷進行規定。這意味著即便中國反傾銷實踐遇到此類傾銷，我們也無法可依。因此，建議在修改反傾銷條例時，補充關於低於成本銷售的限制性和制裁性條款，以盡快擺脫反傾銷實踐無法可依的尷尬局面。

二、有關損害確定的立法疏漏

1. 對相同產品的界定不明

美國反傾銷法對如何確定「相同產品和相似產品」做了詳細的規定：在確定可比產品上首先是受調查的產品和其他與該產品在實物特徵上一致且屬於同一國家同一個人生產的產品；如果無法找到完全一致的產品，則選取第二種方法，即屬於同一國家同一個人生產的受調查的產品，且在零配件或材料及其使用目的上相似於受調查的那項產品以及與那項產品的商業價值大致相等；如果出口國仍然沒有符合以上條件的產品，則運用第三種方法，即與受調查的產品屬於同一總類或種類，並在同一國家由同一個人生產，使用目的與那項涉案的產品相似。這一方面，中國法律並未做出明確規定。

在分析相同產品問題時，美國國際貿易委員會通常會考慮一系列因素，包括實物外觀特徵、最終用途、產品間可互換性、銷售渠道、共同的生產設備和生產員工、消費者或生產者的感受。此外，在適當情形下還要考慮價格。

在中國反傾銷條例中，相同產品僅被界定為與進口傾銷產品相同或相似的國內產品。至於具體界定哪些產品為相同產品或相似產品，法律未做明確規定，而由商務部根據個案予以認定。我們以為有必要對相同產品和相似產品進行明確規定，否則，不利於對傾銷中國的產品提起反傾銷調查。例如在中國訴俄羅斯冷軋硅鋼片反傾銷案中，由於中國反傾銷條例沒有對相似產品給予明確規定，所以導致申應訴雙方就相似產品的問題各持己見，而何謂「同類產品」也成為中國政府調查中一個有爭議的問題。最後，原對外經濟貿易合作部和國家經濟貿易委員會在綜合考慮了各方的觀點並審查了各方所附證據的基礎上，認為判定不同產品是否屬同一類產品的主要原則包括物理特性是否相同、產品是否具有互相替代性，且在市場銷售過程中是否具有競爭性，因此認定：中國生產的冷軋硅鋼片與原產於俄羅斯的進口冷軋硅鋼片具有可比性，屬於類似產品，本案最終裁定俄羅斯反傾銷成立。但該案在相似產品的確定上，調查當局曾一度無法立案，致使國內產業因此繼續遭受損害，同時，也增加了對本案進行調查和裁決的難度，使得被控方採取相關措施。這給反傾銷申請和調查設置障礙提供了可乘之機。

2. 沒有關於關聯企業和區域產業的規定

相比 WTO《反傾銷協定》和美國反傾銷法，中國反傾銷條例還沒有很好地吸收 WTO《反傾銷協定》對國內產業的規定。例如沒有對關聯企業進行明確規定，沒有關於國家之間區域產業一體化的概念。儘管中國目前還沒有同其他國家建立區域一體化大市場，但隨著國際經濟的發展，區域經濟一體化將是一種發展趨勢。因此，中國的反傾銷條例應該有前瞻性，將國內產業的定義擴大至一體化的區域大市場。我們應及時吸收 WTO《反傾銷協定》的精神，完善中國反傾銷條例在這方面的不足，進一步加強對國內產業的保護力度。

3. 在累積評估中，沒有對競爭條件進行明確

中國現行反傾銷條例對累積評估的規定與 WTO《反傾銷協定》的規定相符，也沒有對競爭條件予以明確。但這樣模糊的表達方式，在反傾銷實踐中，容易使調查主管機關在對傾銷產品占進口產品數量比的認定上，享有較大的自由裁量權。調查主管機關可以自由決定不同來源的產品是否存在競爭關係，進而又可能人為地擴大或縮小傾銷產品在進口國同類產品的比重。任意的擴大該比例的後果可能導致反傾銷措施的濫用，進而容易使中國陷入貿易爭端；而任意縮小該比例，則可能無法認定損害成立，進而不能利用反傾銷對國內產業進行保護。

對此，美國關於累積評估的規定對我們有很好的借鑑和示範作用。美國最早將累積計算引入反傾銷調查之中，美國關於累積評估的規定比較具體。根據美國反傾銷法對累積評估的規定，美國國際貿易委員會在決定進口產品之間以及進口產品與美國產品之間是否存在競爭關係時，一般考慮以下因素：①不同國家進口產品之間以及進口產品與美國國內同類產品之間的可替代程度，包括考慮顧客的需求和其他與質量有關的問題；②產品是否在同一地理市場銷售；③產品是否存在共同或類似的銷售渠道；④產品是否存在合理範圍內的同等級價位。

三、在傾銷與損害的因果關係上，缺乏對因果關係和引起損害的其他因素進行明確規定

在美國，對可能造成國內產業損害但卻與傾銷無關的因素進行了明確：①不低於公平價值出售的進口產品的數量與價格足夠大；②需求收縮或消費模式發生變化導致國內產業經營不景氣；③外國與國內生產商之間存在貿易限制性做法與競爭，導致國內產業受到衝擊；④技術進步導致國內產業生產的產品落伍；⑤國內產業的出口業績和生產率欠佳。如果美國產業所遭受的損害是以上因素造成的，美國當局不用徵收反傾銷稅對其補救，而是考慮採用 201 保護條款等其他措施進行進口救濟。

中國現行反傾銷條例，在確定傾銷對國內產業造成的損害時，僅規定「只有傾銷與損害之間存在因果關係時，才能實施反傾銷措施」，應當依據肯定性證據，不得將造成損害的非傾銷因素歸因於傾銷。但中國對因果關係未做正面規定，也沒有關於非傾銷因素的明確規定。我們以為，中國反傾銷條例對此規定的不足，不利於指導反傾銷實踐，也容易成為他國控訴中國濫用反傾銷措施的把柄。

四、對來自港、澳、臺的進口產品傾銷內地的行為沒有規定

由於香港和澳門分別作為中國的特別行政區及單獨關稅區而存在，所以，中國

的反傾銷條例不適用於香港和澳門。加之香港和澳門均沒有關於反傾銷的立法，所以許多國家就利用以上立法疏漏，將產品以低於正常價值的出口價格傾銷到港澳兩地，而後，港澳又以類似價格轉銷內地，從而給內地相關產業造成了實質損害或威脅。特別是香港，由於實行自由貿易政策，外國商品往往通過跨國公司駐港分公司或經營部向香港傾銷產品，而後轉銷內地。可以說，這種間接傾銷關係很複雜，且具有很強的隱蔽性，對這種規避中國法律的行為，中國現行反傾銷條例沒有規定，尚屬立法空白。

對於臺灣產品以低於正常價值銷往大陸並給大陸相同和類似產品的產業造成損害，是否也適用中國的反傾銷條例，中國的反傾銷條例對此沒有規定。但在反傾銷實踐中，中國已先後對原產於臺灣地區的進口聚氯乙烯、苯酚、乙醇胺和冷軋板卷等提起了反傾銷調查。

第五節　中美食品貿易反傾銷分析

一、暖水蝦案

美國於 2004 年對中國、巴西、厄瓜多爾、泰國、越南以及印度的暖水蝦提起反傾銷調查。2005 年 1 月 26 日，美國商務部公布中國暖水蝦反傾銷調查終裁修正結果，中國四家強制應訴企業的稅率分別為 0. 07%、27. 89%、80. 19%以及 82. 27%。根據這個結果，除了一家低稅率公司以外，其他的中國公司很難再出口暖水蝦到美國。

終裁之後的幾年裡，暖水蝦出口公司做著各種努力。首先，就美國商務部在調查中採用不正當「替代國」價格的做法以及拒絕給予中國部分企業分別稅率的裁決，中國食品土畜進出口商會已代表企業在美國國際貿易法院進行上訴。美國國際貿易法院已經兩次裁決將暖水蝦案發回美國商務部重審。在最近的一次發回重審後，美國商務部已經將稅率降至較低水準。在以後的發回重審中，原審中兩家稅率為 80. 19%以及 82. 27%的公司有望降至零稅率。其次，個別規模較大的企業可通過年度行政復審獲得較低稅率，部分恢復對美出口。再次，2010 年年初，暖水蝦反傾銷令即滿 5 年，「日落復審」將近，不少企業希望通過這次「日落復審」獲得重返美國市場的機會。最後，美國商務部已經被厄瓜多爾和泰國對其就計算反傾銷稅率時所採用的歸零法則上訴至世界貿易組織，世界貿易組織裁定其不合法。越來越多的國內暖水蝦生產企業希望行業組織能積極推動政府主管部門對美國商務部稅率計算中的歸零法則等問題向世界貿易組織提出上訴，通過世界貿易組織現有規則和爭端解決機制保障中國暖水蝦企業合法權益。如果歸零法則能夠被修改，絕大多數強制應訴企業的稅率都可降至零，從根本上扭轉現有被動局面。厄瓜多爾和泰國在這個問題上獲得的成功，意味著現在向世界貿易組織提出上訴將使中國較快速和相對容易地獲得勝利。

二、蜂蜜案

1994 年，美國對中國出口的蜂蜜提起反傾銷調查。中國蜂蜜應訴企業在初裁時的稅率較高。原對外經濟貿易合作部與美國政府達成並簽署了中止協議。這是中美貿易史上第一個中止協議。協議規定中國向美國出口蜂蜜年總量不得超過 19,000 噸，根據美國市場蜂蜜消費量等情況，每年可有不超過 6%的增減；出口價格不得低於美國商務部提供的參考價格，參考價格根據美國進口其他國家蜂蜜價格加權平均的 92%確定。

中止協議於 1995 年 8 月開始實施，中國出口商完全依照美國商務部規定的數量和價格出售蜂蜜，美國商務部就該項內容在中國進行了多次核查。2000 年 8 月 1 日，美國訴方未在法定期限內提出「日落復審」請求，中止協議自動終止。

2000 年 9 月 29 日，美國蜂蜜製造商協會和 SIOUX 蜂蜜協會向美國國際貿易委員會和商務部遞交了起訴書，再次指控中國蜂蜜對美國市場傾銷，起訴傾銷幅度為 169%~183%。美國商務部於 2001 年 9 月 28 日公布終裁結果，裁定中國企業的促銷幅度為 64.2%~90.83%。此外，美國商務部還認定本案存在緊急狀況。美國進口商對美國商務部認定存在緊急情況的結果進行了司法上訴。美國聯邦巡迴上訴法院於 2005 年 12 月裁定否決了美國商務部在原審中關於緊急情況的裁決，在認真考慮蜂蜜中止協議與低於正常價值銷售的關係後，明確表示中止協議完全排除了低於正常價值銷售。

隨後的幾年中，部分中國蜂蜜企業參加出口商復審以及年度行政復審，希望獲得較低的復審稅率，從而維持對美蜂蜜出口的市場份額。但是由於美國商務部對待中國蜂蜜應訴企業存在很多不公正做法，企業在應訴時遇到了許多限制和困難。同時，美國商務部在復審中一直採用非常高的原蜜替代價格，因此中國的蜂蜜企業在復審時取得的稅率一直不理想。在此過程中，中美的蜂蜜業界曾試圖通過協商來解決現存的問題，中國商務部也曾多次與美國商務部就此案進行接觸，但一直未取得預期效果。

2006 年，中國蜂蜜企業委託律師向美國國際貿易法院提起上訴，針對美國國際貿易委員會在原審調查中有實質損害的肯定裁決提出挑戰。如果能夠在這個方面取得突破，反傾銷稅令將被完全撤銷，或者至少會將本案涉及的蜂蜜出口商排除在反傾銷稅令之外。為了能在復審中取得較為有利的結果，尋找更理想的替代國價格的工作也在進行。同時，我方繼續委託律師與訴方進行和解工作。總之，業界希望通過這種一攬子的解決方案為中國蜂蜜有效突破反傾銷的壁壘找到出路。

第六節　中國食品遭遇國外反傾銷指控原因分析

一、國外對中國食品出口反傾銷指控的特點

從 1979 年歐共體對中國出口的糖精、鹽類發起第一宗反傾銷調查，至 2000 年 9 月初，國外對華反傾銷案件總數已達 378 起，涉及中國出口商品 20 多個大類中的絕大部分類別，總金額有 100 多億美元。當前，國外對中國出口食品類商品實施反傾銷，主要有以下幾個特點：

（1）提起反傾銷訴訟的次數頻繁。從 1979 年中國產品首次在西方遭到反傾銷訴訟至今，中國產品屢屢遭到反傾銷訴訟，特別是進入 20 世紀 90 年代後，對中國產品提起的指控有增長之勢，如歐盟僅在 1996 年上半年就發動了 10 起針對中國的反傾銷調查，1998 年 6 月美國開始對中國濃縮蘋果汁徵收反傾銷稅，8 月中旬又指控中國鋼材對美傾銷。據有關方面數據統計，從 1999 年上半年至 2000 年上半年，國外對華反傾銷起訴達 53 起，還有 10 起在立案之中，涉及中國出口商品金額約 15 億美元。

（2）對中國產品傾銷的確定帶有很強的主觀性。一般來說，構成傾銷必須具備三個條件：一是產品以低於國內的價格或向第三國出口的價格對進口國進行銷售；二是銷售數量猛增；三是銷售的產品對進口國造成實質性的危害，且這種危害與傾銷之間存在因果聯繫。但是西方一些國家所確定的傾銷並不完全具備這些條件，甚至有些時候根本不具備任何傾銷的條件，在確定哪些是傾銷產品方面帶有主觀性。作為傾銷產品的對象，大多數是中國競爭力較強的產業，特別是低附加值、勞動力密集的產品。在這種情況下還確定為傾銷，其意圖是十分明顯的。西方一些國家在確定反傾銷稅的徵收上也帶有很強的主觀性，在實踐中，常常不用統一標準對待所有出口同一類產品的國家。

（3）反傾銷稅的徵收幅度大。西方一些國家反傾銷稅的徵收幅度是很大的，從百分之十幾到百分之幾百乃至上千。如 1997 年 7 月美國商務部對中國幾家企業所出口的小龍蝦徵收的反傾銷稅率平均為 122.9%，最低的是 91.5%，最高的是 156.7%。面對如此高的稅率，無論哪家企業都無法承受，這也就意味著中國的相關企業不得不退出已經佔有的市場。

二、遭遇反傾銷指控的國內因素

（1）中國欠缺合理的外貿出口結構。就商品結構而言，中國出口的多為輕工、紡織等勞動密集型商品及機電、電子等低附加值的商品，而這些商品大多是與創造就業機會密切相關的。由於主要出口市場近年來經濟不景氣、失業率上升，進口國政府、工會等出於維持就業的考慮對進口競爭產業實施貿易保護，對進口商品加以

限制，因而中國出口的許多商品也就成了其反傾銷的對象。就市場結構而言，中國直接出口和經香港轉口的出口中有 65% 是以歐美為目標市場的，出口市場過於集中。

(2) 出口企業國際行銷戰略的失誤。中國出口企業大多缺乏對國際市場的深入調研和總體把握，因而制定的國際行銷戰略易出現失誤，主要表現在以下幾個方面：一是價格競爭過度，長期以來中國企業實行薄利多銷的行銷戰略，同行競相壓價，以低價求勝，給進口國留下了「低價傾銷」的印象；二是競爭手段單一，中國出口企業單純依賴低價戰略打入國際市場的居多，對非價格競爭手段重視不夠；三是缺乏宏觀調控，一些企業未能把握國際市場和進口國行情，及時調整出口商品的價格和數量，致使某些商品大量湧入進口國，增大了其對中國反傾銷的概率。

(3) 企業不應訴或應訴不力往往使對方輕易獲勝。中國企業不應訴就是主動放棄法律上對反傾銷案件的知情權和申訴權，降低了起訴者的成本，並誘使國際競爭對手對中國企業實施更多的反傾銷起訴，形成連鎖反應。

(4) 中國的外貿關係與環境不易牽制國外對中國的反傾銷。目前，中國的國際貿易關係中單邊交往仍較多，因而國外對中國進行反傾銷時的顧慮就少，加上中國的反傾銷條例出抬較遲、實施的力度又不夠，國外對中國的反傾銷就更加有恃無恐。

三、遭遇反傾銷指控的國外因素

(1) 中國貿易迅速崛起，引起他國高度警惕。中國現在已成為第二大貿易國，出口貿易增長必然會取得更大的世界市場份額，一方面引起了同類產品競爭國的疑慮，另一方面在進口國造成了同類產品更劇烈的競爭。中國產品依靠勞動力和原材料的優勢，在國際競爭中處於一定的有利地位。與中國巨大的貿易順差相應的是其他國家存在的巨額貿易逆差。為了維持貿易平衡、抑制中國對外出口、保護本國的民族工業，其他國家頻繁地實施對華反傾銷。

(2) 貿易自由化和區域經濟一體化趨勢。在目前全世界經濟普遍增速減緩的情況下，貿易保護成了很好的轉移國內社會矛盾的武器。而區域經濟集團化的加強，使區域內合作加強，區域壁壘加劇，因集團內各國經濟水準發展不一、產業結構不同，落後國家的中低檔商品就剛好在集團中的發達國家找到市場，然而這些商品又正好是中國在國際市場上具有較強競爭力的商品。由於反傾銷簡便易行，且又為國際貿易公約所允許，自然成為各國最常用的手段。

(3) 對中國國家經濟性質的認定具有歧視性。中國作為世界上為數不多的幾個社會主義制度國家之一，在社會、政治、經濟發展上取得的巨大成就令世界矚目，然而不同的社會制度以及一些國家、政府對社會主義制度的敵視，使其對中國仍然存在很大的偏見和歧視。在此問題上，各國當局都有相當大的自由裁量權，存在很強的主觀傾向和隨意性，如美、日、韓、澳大利亞等經濟發達國家都曾認定中國商品傾銷，而對中國產品徵收很高的反傾銷稅，將中國產品擠出當地市場。

四、傾銷與反傾銷對中國經濟的影響

(1) 短期內阻礙中國產品出口，減少外匯收入。一旦有某類產品被提起反傾銷調查，其間，外國進口商會心存疑慮而不敢大量訂貨；一旦初裁確定傾銷，進口商在提貨時還要向海關預交一筆相當於傾銷幅度的保證金；假如最終裁決成立，進口商就要交納高額的反傾銷稅。因此，外國進口商為避免經營風險，要麼減少進口，要麼乾脆轉移貿易夥伴。同時，假如一國對中國某種產品提起反傾銷調查，則可能引起其他國家的連鎖反應，導致更大範圍內的反傾銷。每次反傾銷成立後都會持續五年起作用，時間效應長久，令中國出口產品受阻。

(2) 長期將影響中國產業結構的調整。中國勞動密集型產品一直在出口上佔有相對優勢，然而正是這些產品頻頻遭到反傾銷指控，如紡織、絲綢、皮革製品、鞋類、玩具、煤炭、有色金屬等，這些恰恰是中國出口比較優勢明顯的產業。其中不少是利用外資開辦的三資企業，它們帶來了資金、先進的技術和治理經驗，然而由於受到反傾銷的衝擊，部分三資企業被迫減產、停產或轉產，從而使外商對中國投資的信心大減，嚴重破壞了投資環境。出口受阻的產品不得不在國內尋找市場，使得中國國內的同類產品受到衝擊，從而使國內整個產業結構受到衝擊，最終與國家對產業結構的調整發生偏離，影響到整個國民經濟的發展。

(3) 助長反傾銷訴訟，形成惡性循環。某一產品的反傾銷的影響或許還可以在一定的時期內消除，但是不可忽視的是它所帶來的隱性威脅。一旦對某產品成功實施了反傾銷，其原材料、半成品等下游產業以及相關產業的歐盟進口國或地區的經營者也將積極效仿，以期獲得同樣的利益。其他國家與地區的同行業也會提高警惕，在可能的情況下也會提出反傾銷。這樣的情況將為被實施反傾銷的行業以及相關的國內產業帶來毀滅性打擊，進入惡性循環。

五、應對反傾銷的策略分析

(1) 產品差異化戰略。

產品差異化是預防反傾銷的有效途徑。產品差異化就是形成一定的產品特色，縮小替代品的範圍，在該產品領域建立壟斷地位，以避免傾銷損害。目前，在國際市場上，初級產品的競爭日趨激烈，高加工程度、高技術含量的商品成為國際貿易的主流。中國出口企業應當進一步轉變觀念，優化出口結構，提高產品的國際競爭力，以實力搶占國際市場，降低國外的反傾銷指控。長期以來，中國出口企業不注重品牌塑造，只注重價格競爭，其後果是中國產品作為一個整體，在國際市場上形成了「低質量、低價格」的形象。很多企業在討價還價時缺乏自信，而進口商則總是拿「形象競爭力差」壓我們的價格。在這種情況下，一些質量本來不差的中國產品，其成交價也往往低於國際行情，很容易被指控為傾銷。出口導向型企業要想提高產品質量，須按照國際權威機構認定的產品質量標準組織生產，盡快建立健全的國際認證質量保證體系。質量提高了，品牌形象就會逐步改善，我們在價格談判中就會有信心，這將幫助中國產品走出低價泥潭和傾銷陰影。

(2) 靈活的價格競爭戰略。

價格因素是各國傾銷和反傾銷的中心因素。反傾銷法律所規定的確定傾銷的構成以及決定對傾銷行為的制裁程度均基於這一中心因素。因此，企業針對國外市場的具體情況和自身產品的特點設定合理的出口價格就顯得非常重要。中國是一個勞動力資源豐富的國家，一些勞動力密集型產品，如紡織品、玩具等，即使以低於國際市場平均價格出售，也可保證企業獲得合理的利潤。過去，中國這類產品有不少是以低於應售價格出售的。由於企業實行這種低價競銷策略，因而還面臨著提高有關商品售價的問題。這類商品的提價可通過國家加強管理和與企業協調來實現。在這方面，中國有過一些成功的例子。例如，1995 年國家開始對鬆香實行有償招標，當年鬆香平均出口價比 1994 年上升了 30 % ，1996 年又比 1995 年上升了 22 %。當然，這類商品提價後，價格還低於國際市場上該產品的平均水準，還有可能遭到歧視性反傾銷指控。不過，在這種價格下，我們完全可以據理力爭，反擊國外的歧視性反傾銷。

(3) 市場多元化戰略。

中國大部分出口集中於歐洲和北美地區，而這兩個地區正是對中國反傾銷最猛烈的地方。針對這一問題，解決的途徑在於實施市場多元化策略。這一策略的實施要求出口企業首先對國外市場、國外相關工業以及該市場的國內競爭程度進行充分瞭解，根據信息決策是否進入市場；同時要善於根據產品特色和各國的消費偏好不斷開發新市場。如果外銷廠商無法立即分散產品至新市場，也應盡量避免對輸入國某一特定區域集中銷售的現象。過去國際貿易委員會的判例顯示：在美國特定區域銷售全部進口產品達 1/3 者，即有可能被認定構成集中銷售。依美國對產業的認定，屬區域性產業，可僅就該區域衡量傾銷對產業的影響。中國企業應針對自身特點，積極開拓中東歐、非洲和西亞等市場，避免因市場過度集中而導致各個企業在出口上惡意競價的問題。事實上，實施市場多元化戰略還可降低中國出口遭受國外經濟振蕩影響的風險。

(4) 對外直接投資戰略。

20 世紀 80 年代，歐美反傾銷的重點是日本、韓國以及臺灣和香港地區，但後來這些國家和地區調整了貿易結構，將受到反傾銷的生產轉移到外地，這種方式值得中國借鑑。此外，無論發達國家還是發展中國家對外資普遍有優惠政策，便於外資企業迅速適應當地市場並獲得發展，因而中國企業可擴大對外直接投資，這樣既可瞭解當地市場，又便於開拓市場、有效規避反傾銷。中國的一些名牌產品在國際市場上具有競爭力，與其讓外國進口商獲取高額利潤，還不如到出口國辦廠，利用掌握的技術結合當地的消費需求，生產出更符合當地人偏好的產品，既擴大了市場，提高了利潤，又繞過了各種關稅和非關稅壁壘，免遭反傾銷的干擾。

第七節　中國應對反傾銷的措施

作為中國的重要貿易夥伴——美國，其發起的反傾銷嚴重影響了中國的經濟發展，從長期看來，對美國自身也有負面影響。中國商務部根據近年來的數據統計進行預測，在較長的一段時期，中國仍然會成為反傾銷的重災區。對此，為了避免或減少影響，推進經濟發展，現從中國角度出發，針對宏觀、中觀、微觀三個層面提出相應的措施。

一、國家政府——宏觀層面

(1) 積極參與國際規則的制定與完善。

多邊貿易體制即 WTO 所管理的體制，是由 WTO 成員政府創立的、處理政府間相互關係的貿易體制，是一種對各國（地區）之間採取的貿易政策進行國際協調的制度安排。我們知道在多邊貿易體制談判中，各國均是以自己的利益為出發點。而現如今的世界性組織都是由西方發達國家操控，其國際規則也體現了西方發達國家的利益。作為最大的發展中國家，中國需要積極主動與國際社會交流，爭取在國際上獲得話語權，積極參與制定國際規則、完善國際規則，使得在國際社會上，發展中國家能夠享有與發達國家平等地位，使得國際規則也能兼顧到發展中國家的利益。這不僅能夠緩解中國遭受反傾銷的境況，還對中國乃至整個發展中國家的經濟、貿易、產業發展有著重要的戰略意義。

(2) 爭取市場經濟待遇。

2001 年 12 月，中國加入世界貿易組織時在簽訂的《中華人民共和國加入世界貿易組織協定書》中同意：在對傾銷產品價值確定上可以忽略中國產品自身價值；承諾中國自 2001 年加入世界貿易組織起 15 年內，他國仍然可以將中國視為「非市場經濟國家」來進行對待。這有利於他國對中國採取歧視性政策，以「替代國」或「第三國」制度來衡量中國的產品在出口時是否存在傾銷，並訂立傾銷幅度，使得中國產品出口處於不利地位。所以，爭取市場經濟待遇將會直接改善中國所面臨的反傾銷環境。對此，中國政府應該做出以下一些努力：第一，加強與他國對話談判能力，加強雙邊政治經貿對話；第二，根據國情，參照西方國家市場經濟的標準，加快推進市場經濟建設，改善經濟發展環境。這就要求：一方面，健全市場經濟價格機制，使產品價格和要素價格均以市場為導向；另一方面，建立較完善的企業制度，盡量避免國家對企業在經營管理方面的控制，使企業成為真正獨立自主經營的市場主體。

(3) 完善中國貿易救濟體制。

構建完善的貿易救濟體制，對緩解中國應對反傾銷的壓力是尤為重要的。只有完善貿易救濟體制，才能很大程度上減少和避免反傾銷的負面影響。對此，我們應當從以下幾方面著手：

首先，要不斷完善中國的反傾銷法律法規建設。這就要求中國積極借鑑西方發達國家的反傾銷法律法規，吸取其成功經驗。由於中國制定的《中華人民共和國反傾銷條例》起步較晚，與西方國家相比存在許多不足，這也導致了許多國家會利用中國反傾銷法律體系的不完善而鑽空子，阻礙了中國反傾銷進程。

其次，與 WTO 接軌，利用 WTO 規則完善自身反傾銷法律。由於中國的法律體系還不成熟，在一些問題上與 WTO 規則相矛盾，或者處於空白，這也容易引起他國對中國反傾銷。對此，中國應當不斷完善本國法律體系，彌補法律空白之處，修改與 WTO 規則矛盾處，相關法律法規盡量做到與之相一致、相協調。

再次，對遭受反傾銷的企業給予貿易救濟。許多遭受反傾銷的企業之所以不積極採取應訴，多是因為高額的應訴成本及不確定的應訴結果。這就要求國家政府積極采取貿易救濟的行動來鼓勵企業積極應訴。例如，國家政府可以建立反傾銷應訴基金制度，啓動項目並對行業協會進行監督規範；同時還要大力培養一支精英隊伍，使其能夠對反傾銷行為具有很靈敏的嗅覺，加強對 WTO 規則、爭端解決機制以及國外反傾銷法律和審理程序的研究，阻止他國對中國反傾銷做出不公平合理的裁定。

最後，完善反傾銷預警機制。雖然為了促進貿易健康發展，改變被指控反傾銷的被動局面，中國已建立了產業損害調查局、公平貿易局等預警機構，但是中國的反傾銷預警機制尚處於起步階段，許多地方仍然很不成熟。為了讓企業能夠及時獲得更全面的海外市場信息，在利益最大化的基礎上通過協商談判方式制定合理的出口價格，盡量避免國外對華的反傾銷調查，政府部門應當分析當前國內外形勢，借鑑他國先進的經驗，協調好政府、行業協會、企業各部門的關係，使其各盡其責，進一步完善反傾銷預警機制。

(4) 逐步調整發展模式。

中國作為貿易出口大國，具有較高的出口依存度。面對全球性的經濟衰退，對中國的反傾銷之戰也愈演愈烈，使得中國經濟嚴重受挫。中國在經濟發展模式和貿易發展模式上，均應當做出改變。

為了使中國在國際市場上獲得更大的主動性，不受美國等西方國家的牽制，中國政府應當將目光轉向國內，積極擴大內需，拉動經濟增長。統計數據表明：2010 年，消費、投資、出口對國內生產總值增長的貢獻率分別為 43.1%，52.9%和 4%。2011 年，消費、投資、出口對國內生產總值增長的貢獻率分別為 55.5%，48.8%和 -4.3%。可以看出，政府在拉動內需上做出了一定的努力，但是消費要長期成為帶動經濟發展的主動力，在短期內並不能實現，這需要一個長期的過程。在貿易發展模式上，中國應當積極實施出口市場多元化戰略，改變以往出口市場過於集中的局面。具體有以下一些做法：

第一，加強與新興市場的貿易信息聯繫，對新興市場信息進行充分掌握，開拓新興市場的同時不放棄對原有市場的出口，這樣可以適度降低對原有市場的貿易依存度，也避免由於出口數額多對原有市場的衝擊，以減少中國出口的產品招致反傾銷的概率。

第二，資料顯示，在 20 世紀 80 年代，美國對中國的反傾銷案件數量並不多，日本在當時卻成為世界上遭遇反傾銷最多的國家，同時美國也是針對日本提出反傾銷訴訟最多的國家。為了降低反傾銷帶來的傷害程度，日本政府另闢蹊徑，采取了建立海外工業園區的辦法，將部分流通環節讓給海外市場，使得一些國家在提出反傾銷訴訟或終裁時會充分考慮本國進口商的利益，大大減輕了反傾銷力度。對此，中國也可以充分借鑑日本調整貿易戰略的經驗，在保護出口企業不受損害的同時，也維護進口國企業的利益。

第三，雖然中國加工貿易為推動國民經濟發展做出了貢獻，但由於中國現有的加工貿易很大一部分存在層次較低、附加值低、技術含量較低的問題，直接導致了中國頻繁遭受反傾銷指控。對此，中國必須引進高新技術，向高端價值鏈轉型，在注重產品技術含量的同時，中國政府應當著力發展循環經濟和低碳經濟，對產品研製、生產、包裝等各個細微環節都進行嚴格把關，爭取做到每個環節都符合國際環保標準，真正做到品質取勝。

（5）建立健全農產品反傾銷預警機制。

進口國提起反傾銷都會有一個醞釀過程，如果中國能夠依託行業協會及主管部門建立一個反傾銷預警機制，及時瞭解對方的動向，並做出調整，如控制出口節奏、適當提高出口產品價格，則可以使中國企業在外國欲提起反傾銷調查前獲得信息並做好準備，同時又可以把部分尚未提起的反傾銷調查消滅在萌芽之中，從而減輕反傾銷對中國出口產品造成的壓力。農產品預警預報系統不僅要關注中國食品在國外遭到的反傾銷和限制進口的動向，而且也要對其他國家發生的食品傾銷糾紛案件關注，因為別國的遭遇很可能是中國的前車之鑒。在這方面，韓國的做法值得借鑑。韓國對國外反傾銷的一些早期預警措施和做法，大致可簡要歸述為以下兩點：一是韓國的駐外機構和民間機構都將駐在國進口限制動向作為重要工作內容，二是韓國媒體注意收集和報導其他國家產品遭遇反傾銷指控的信息。

二、行業協會——中觀層面

行業協會在應對反傾銷方面發揮了積極作用，其地位不可替代。為了進一步提升行業協會應對反傾銷的作用，行業協會應做到：

第一，協助政府完善反傾銷預警機制。由於行業協會較國家政府更能夠有針對性地捕捉本行業的海外信息，從而可以協助國家政府對企業做各項前期的準備和宣傳工作，及時分析涉及本行業產品的反傾銷信息，有助於政府盡快採取相應措施，把反傾銷對企業的損害程度降到最低。

第二，加強行業協會服務意識和服務質量。許多中小型企業的應訴態度不積極、應訴能力不足，也與中國行業協會力量不夠有關。這就要求行業協會加強與企業溝通交流，著重培養企業的應訴意識，對企業高層管理人員進行 WTO 規則和反傾銷法律知識培訓；及時向企業提供各種貨物的反傾銷信息，定期公布研究報告；加強協調行業內部的企業合作，為應訴企業提供專業律師並給予應訴基金補助。

第三，引導企業加強自律。行業協會應遵守法律法規，在行業內部制定共同職業道德規範，對企業加強宏觀指導，引導企業加強自律，確保企業的共同利益；從總體上把握出口數量和價格，維護行業的競爭秩序，調解彼此的紛爭，對不守行業規定擅自以低於成本的價格出口的企業，應給予懲罰。

三、企業自身——微觀層面

企業作為經濟發展的主體，是一國經濟發展的重要基礎。因此，企業如何應對反傾銷也是非常重要的。本書認為企業應當在以下方面做出努力：

首先，充分瞭解反傾銷法律法規，完善企業自身管理制度。我們知道正是由於中國企業對反傾銷認識不足，使得中國成為反傾銷的重災區。對此，企業需要對 WTO 反傾銷規則及國外的反傾銷法律法規深入瞭解，積極運用法律法規保護自己的合法權益，爭取獲得有利地位；同時應當完善企業的管理制度，注重對平時的合同協議、商務信函、票據帳本、相關費用的收集歸類，在應對反傾銷調查時，可以短時間備齊這些資料以說服國外相關部門採取本企業所提供的資料和數據來判定是否存在傾銷以及傾銷幅度的計算，從一定程度上避免不公平待遇。

其次，積極應訴，維護自身合法權益。據統計，全球針對美國的反傾銷案只有 27%被予以肯定性裁決，而 35%的案件並未給予肯定性裁決。這是因為美國在被訴反傾銷時，積極應訴。可見，通過法律途徑積極應訴是能影響反傾銷最終裁定結果的。中國企業應遵從以下幾點：①在被訴反傾銷後，中國企業應當抓緊時間，迅速做出反應，及時應訴，有針對性地備齊應訴材料，積極配合反傾銷調查。②認真領會反傾銷調查問卷中所涉及問題的真實意圖，並認真填寫問卷。③聘請對貿易救濟法規有深入研究的專家作顧問、聘請對反傾銷案件有過處理經驗的資深律師進行抗辯。④由於「非市場經濟國家」逐步採取市場經濟制度，美國對待「非市場經濟國家」允許企業申請「市場導向型產業」。這就要求企業應當積極爭取「市場導向型產業」地位的認定，即使申請失敗也應具體分析微觀因素，力爭說服美國有關部門選擇合適的「替代國」。⑤雖然中國已加入世界貿易組織多年，但與發達國家相比，並不能熟練將問題提交到 WTO 的爭端解決機構處理，這就要求中國企業對 WTO 爭端解決機制的程序和運用有所注意和研究。如果裁決結果不滿意，企業應當訴諸 WTO 爭端解決機制，積極爭取機會，才能減少因反傾銷給企業帶來的不良影響。

最後，優化產品結構，調整海外行銷戰略。雖然中國的經濟發展水準得到了很大的提高，但是中國的產業結構和貿易結構層次仍然處於較低的層次。就目前產業結構來看，中國仍然是處於以工業為主導、第三產業發展滯後的局面；就貿易結構來看，中國出口產品中勞動密集型產品所占份額仍然較大，而資本密集型產品份額依舊較小。因此，因附加值低、技術含量低、價格低、質量低和標準低等問題而導致國外頻頻對中國出口產品反傾銷也就不足為奇了。為了改變這個局面，中國企業必須向國外學習先進技術，加強自主創新，應用新工藝、新技術，提高產品附加值，增強售後服務質量，提升出口產品及企業的國際競爭力；同時也可以避免中國出口企業為了占據國外的出口市場，不惜與本國同行業廠商打價格戰，結果讓國外的消費者受益，自己反而要遭受反傾銷的制裁，真正將經營理念從「以廉取勝」轉變為「以質取勝」。在行銷戰略上，企業可以調整合作投資戰略，適時在國外投資建廠，或者與國外的企業進行國際合作，以盡量避免或減少遭受到反傾銷的概率。與此同時，企業應調整出口市場的分佈，把目光投向其他國家，全方位開拓市場，既可以避免由於對某一國市場過度依賴而對日後中國出口貿易產生不利影響，又可以避免國外一些企業受到大量出口衝擊而把反傾銷的矛頭指向中國。

第四章　美國食品貿易法規對中國食品貿易的影響

第一節　美國食品安全標準貿易壁壘形成的背景

近年來，全球食品安全事件頻發，食品安全貿易壁壘盛行，食品生產與貿易的國際環境不斷惡化。作為食品進口大國，美國食品安全深受進口食品影響。面對日益惡化的食品安全貿易的國際環境，美國加大了食品安全立法保護力度，制定了一系列食品安全標準，標準的壁壘作用也不斷增強。

一、食品生產與貿易的國際環境惡化

(1) 國際食品安全事件頻發。

食品與人類的生活息息相關，它是人類賴以生存的物質基礎。隨著經濟水準的不斷攀升，人們對食品的質量越來越重視，食品安全逐漸成為國際熱門話題。

近年來，食品安全問題在全球爆發。對食品實行「從農田到餐桌」全程監管的美國，也爆發了毒菠菜和沙門氏菌感染事件。發達國家尚且如此，發展中國家就更不例外了，曾席捲東南亞的禽流感事件就是例證。

當前，國際食品安全現狀總體呈現出食品安全事件集中爆發、監控難度增大的趨勢。經濟全球化加速了國家產業分工，使食品供應鏈分佈更加廣泛，一旦發生食品安全事件，難以及時有效清查和處理。美國從約 150 個國家和地區進口食品，但食品安全檢測率不足 1%。德國出血性大腸杆菌事件花費近一個月時間才確認感染源。

另外，新型食品添加劑和化學品層出不窮，各國難以及時出抬新的監管規定加

以規範。食品安全問題並不僅僅是個別國家的國內問題，早已上升為全球性的問題。同時，各個國家的食品安全危機越來越多來源於國外進口食品或食品原料，同一污染源造成的食品安全事件在全球肆虐，引發國際騷動。與此同時，各國媒體在食品安全問題上推波助瀾，大肆渲染或誇大一國國內的食品安全危機，造成國際恐慌，導致一些食品出口國承受了巨大的經濟損失，遭到國際輿論的指責。當前國際食品安全現狀表明，食品安全已經成為影響國際政治和經貿發展的重要問題，成為決定國家形象的關鍵因素之一，更成為制約國家競爭力的方式和手段。受國際食品安全事件頻發的影響，各國紛紛築起食品安全保護的高牆，致力於完善國內食品安全保護法律體系，試圖減輕國際食品安全危機給本國帶來的打擊。

（2）食品安全貿易壁壘盛行。

全球食品安全問題引發了各國之間的貿易摩擦，導致相互之間的指責不斷，美國、加拿大、澳大利亞等國曾一度暫停進口部分日本食品，其他國家也加強了對日本食品放射性物質的監測。歐盟指責俄羅斯封殺歐盟蔬菜的行為違反了 WTO 規則，而俄羅斯則要求歐盟重新審議食品流通監管機制。諸如此類的食品貿易紛爭每天都在上演。眾所周知，食品貿易在國際貿易中佔有舉足輕重的地位。隨著科技水準的提升，世界各國之間的聯繫日趨密切，國際食品貿易也從早期的區域貿易向全球貿易轉變。食品貿易的全球化促進了各國之間的食品流通，豐富了人們的飲食生活，但同時也引發了激烈的貿易爭奪。基於頻繁的貿易摩擦和保護食品安全的考量，各國加強了國內的食品安全貿易保護。發達國家憑藉技術優勢不斷修訂新的技術法規和標準，提高了食品安全保護的門檻，並推動了國際食品標準的形成。以歐美為代表的發達國家擁有比較完備的食品安全保護法律體系，其中食品安全法規和標準發揮著重要作用。每年，歐美等國都會出抬大量新的食品安全法律法規，這些法律法規適用範圍廣、內容複雜，並且包含大量強制性食品安全標準，對發達國家國內食品和國外進口食品同樣適用。隨著食品安全標準的不斷修訂和擴充，發達國家國內的食品安全保護水準不斷提升，同時也給國外食品的出口造成了某種程度的阻礙，形成了食品安全貿易壁壘。由於歐美等國的食品法規和標準在保護食品安全、保護人類和動植物健康、保護環境方面發揮著積極作用，很多食品法規和標準在全球得到了推行，逐漸成為其他國家紛紛採納的國際標準。

當前背景下，傳統關稅貿易壁壘影響力正在逐漸減弱，以保護人類和動植物健康為目的的新型非關稅貿易壁壘層出不窮。在早期的國際食品貿易中，關稅貿易壁壘曾占主導地位，隨著貿易自由化理念的深入，新型非關稅貿易壁壘不斷增多。新型非關稅貿易壁壘以貿易保護的隱蔽性、操作的靈活性、效果的有效性在國際食品貿易的舞臺上扮演著重要的角色。新型非關稅貿易壁壘主要以食品安全標準貿易壁壘為主，同時還包括環境貿易壁壘和社會性貿易壁壘等。這些貿易壁壘的形式合法，均以保護環境和人類及動植物健康為目標；範圍廣泛，涉及食品安全領域的各個環節；內容複雜，大部分由食品安全法規、標準構成；手段隱蔽，名目眾多，變換頻繁，讓人防不勝防。

同時，《技術性貿易壁壘協定》（TBT 協定）和《實施動植物衛生檢疫措施協定》（SPS 協定）客觀上給予了某些食品安全標準貿易壁壘合法的成長空間。《技術性貿易壁壘協定》的主旨在於消除技術性貿易壁壘，促進貿易的自由化，但是，它也允許基於正當理由採取某些技術性貿易措施，這裡的正當理由主要表現為保護環境、保護人類和動植物健康等。《實施動植物衛生檢疫措施協定》也規定可以實施相關的動植物衛生檢疫措施，這些措施可能會對貿易產生限制，但是在保護動植物健康層面是合法和可行的。由此可見，《技術性貿易壁壘協定》和《實施動植物衛生檢疫措施協定》這兩個在世界貿易組織法律框架下的協定，在一定程度上為食品安全標準貿易壁壘留下了生存空間，從而也為國際食品貿易的發展帶來了新的衝擊和挑戰。

二、美國食品安全保護不斷強化

(1) 美國食品安全深受進口食品影響。

美國是食品進口大國，美國市場有 60% 的蔬菜、水果和 75% 的海產品依靠進口。美國農業部表示，在 2008 年至 2012 年短短四個財政年度，美國進口農產品的資金就增加了 240 億美元。可見，美國國內的食品安全深受進口食品影響。儘管美國食品安全保護法律體系已經相當完備，但是仍然不能避免食品安全事故的發生。每年，由於食源性疾病帶來的食品安全事故造成了美國國內大量的人員傷亡和財產損害，因此，美國政府和相關機構也在不斷致力於提升美國國內的食品安全保護水準。作為食品進口大國，美國特別注重加強對進口食品的管理，以確保進口食品的安全性。美國對進口食品有特殊的管理程序和相關配套制度，食品進入美國國內之前要經過重重考驗，由於進口程序是專門針對進口食品而實施的程序，其實施內容和方式都區別於美國國內食品的檢測檢驗，這於無形中提高和加大了美國對進口食品的檢測水準和力度。

自「9/11」事件爆發後，美國政府強化了食品安全方面的國內反恐機制，把對進口食品的管理提升到了戰略高度，通過了《2002 年公共健康安全與生物恐怖防範應對法案》。該法案規定了食品企業的註冊登記制度和進出口食品的預先通報制度。註冊登記制度要求所有國內外食品生產、加工、包裝和倉儲企業都必須在美國食品和藥品管理局進行註冊登記。而進出口食品預先通報制度則要求食品進口商在食品到達美國之前必須通知美國食品和藥品管理局，並且對通知的內容、時間和途徑做出了具體規定。這兩項制度對美國國內外食品企業、生產商同樣適用，並且具有強制性，一旦食品企業不遵循相關的法規條例，美國食品和藥品管理局就有權對其行使貿易禁令。

可見，受進口食品衝擊，美國政府早就開始加強對進口食品的管理，出抬了大量進口食品管理法規，形成了進口食品管理體系，極大提升了國內食品安全保護水準，使得美國這個進口大國能從容應對國際食品安全危機。

（2）美國食品安全保護法律體系日益完備。

美國作為世界上食品供應最安全的國家之一，其食品安全立法保護經歷了一段漫長的歷史變遷。1906 年，美國通過了第一部《食品和藥品法》，該法的出抬標志著美國國內的食品安全得到了有效保障。1938 年，美國國會又通過了《聯邦食品、藥品和化妝品法》，這部法律不僅是對已過時的《食品和藥品法》的徹底修正，也成為此後美國食品安全保護法律體系的基礎。一百多年以來，美國出抬了大量與食品安全保護相關的法律法規，但都是以《聯邦食品、藥品和化妝品法》為基本法律，對其進行修正或補充，從而形成了愈發完善的食品安全保護法律體系。

現行美國食品安全保護法律體系主要由兩大類構成：一類是綜合性法律，另一類是具體的法律規範。綜合性的法律主要包括《聯邦食品、藥品和化妝品法》《食品質量保護法》《公共衛生服務法》。其中，《聯邦食品、藥品和化妝品法》是美國的食品基本法，已經經過了無數次的修訂，是目前在世界同類法律中最為全面和系統的一部法律，該法也是美國食品安全立法領域的基石。其他具體法律主要包括《肉類檢驗法》《禽肉製品檢驗法》《蛋製品檢驗法》《包裝和標籤法》《嬰兒食品法》等。這些法律由美國不同的食品監管部門負責執行，多個部門協同把關，共同保護美國的食品安全。

（3）美國食品安全標準的壁壘作用不斷增強。

美國擁有完善的食品安全法律體系和監管體系，食品安全具有極高的公眾信任度，無論是國內食品還是進口食品，均需要遵循美國相關的食品安全法律法規。

近年來，美國不斷修訂國內的食品安全標準，食品安全標準的壁壘作用也不斷增強。具體而言，美國食品安全標準的壁壘作用主要體現為以下四個方面：

①美國食品安全標準的科技化含量高。美國的科技化水準高，美國制定的技術法規和標準嚴格、形式合法，其他國家的食品很難達到美國標準。迄今為止，美國已經制定和修訂了 30 多部食品安全方面的法律法規，食品安全標準也是逐年更新，內容紛繁複雜。由於美國掌握了先進的食品安全檢測技術，食品安全標準在世界上處於領先地位，當前國際食品領域的通用標準中，超過 80% 的食品行業標準都是美國制定的。不僅如此，美國還有很多食品安全標準高於國際食品安全標準，如農藥殘留限量標準，就比國際食品法典中的同類標準高出 4 倍。美國食品安全標準不僅數量多、內容複雜，其實施的方式和目的均符合國際和國內法律規定，其他國家尤其是一些發展中國家，一方面由於國內技術水準的落後，食品安全無法達到美國標準，另一方面也無法對美國食品安全的高標準和嚴要求實施貿易救濟措施，造成了對美食品出口的嚴重障礙。

②美國食品安全標準注重對環境的保護。美國對食品安全的保護更多地立足於保護本國環境、人類和動植物健康。隨著可持續發展觀念的深入，人們的環保意識

普遍增強，政府也加大了對環境的保護力度。美國政府出抬了大量的環境保護法規對食品安全領域的環保問題進行規制，如《動物福利法》《海洋動物保護法》等。國外有部分食品之所以難以進入美國市場，是因為不滿足美國國內的環境保護政策，或者對人類的健康造成某種程度的危害。

③美國食品標籤標準嚴格。美國是世界上食品標籤法規最完備的國家，先後出抬了《包裝和標籤法》《營養標籤和教育法》《食品營養標籤法》等。美國的食品標籤種類繁多，但層次分明，主要包括營養標籤、健康食品標籤、原產地標籤和有機食品標籤。每一類標籤都必須符合法律規定，否則食品就不能在市場上流通。尤其是營養標籤的規定，使得美國成為世界上第一個強制性食品營養標籤的國家，美國的食品營養標籤中必須標註 16 種營養成分，並且標籤內容的位置、大小、字體都有嚴格規定。這些規定不僅增加了國外食品生產商的生產成本，也成為阻礙食品貿易的一道屏障。

④美國食品安全質量管理體系完備。美國有一套以 HACCP 為基礎的食品安全監督體系。該體系貫穿了食品從原料生產以及種植到食品食用的全過程，對該過程中所有可能造成食品污染的因素進行綜合分析，以確保「從農田到餐桌」的食品安全。HACCP 是全球公認的食品安全質量保障體系，其實施有具體而複雜的步驟。目前，美國是全面推行 HACCP 管理體系的國家之一，它要求國外食品出口商必須提供 HACCP 證明，否則其食品不能進入美國國內，這在一定程度上阻礙了某些國外食品企業的食品出口。

不斷完善的食品安全保護法律體系，形成了美國食品安全的保護傘。美國食品安全法律法規並非停滯不前，而是在不斷修訂中逐漸完善。作為美國食品安全基本法的《聯邦食品、藥品和化妝品法》，時至今日，仍在不斷修正和完善。2011 年出抬的《食品安全現代化法案》可以說是過去七十多年以來對基本法最大規模的修訂，其中在進口食品的規定上，又有了新的突破，如加強了美國食品和藥品管理局對進口食品的管理權限，提升了對進口食品的檢測力度。

因而，儘管美國食品安全保護法律體系已經處於世界領先水準，但是仍在不斷進步和發展，這也是美國食品安全標準貿易壁壘不斷加強的根本原因。

第二節　美國食品安全標準貿易壁壘對國際食品貿易的影響

一、引發了國際食品貿易的連鎖反應

經濟全球化促使食品的生產、加工、運輸從一國擴展至全球，食品中包含的配料、添加劑等相關食品成分都有可能是在不同的國家生產的。美國《聯邦法典》中明確規定，食品包含組成食品的營養物質和食品添加劑，所有的食品和食品成分都

應符合美國法律的規定。對進口食品而言，其中某一類食品或食品添加劑遭遇美國食品安全標準貿易壁壘之後，會產生輻射效應，波及其他國家食品的生產或銷售。例如，美國卡夫食品是僅次於瑞士雀巢的全球第二大食品公司，卡夫食品在食品生產過程中對農產品的需求特別大，尤其是對糖類的需求極大，因此，糖價的輕微變動都會對公司整個營收造成很大影響。由於美國食品安全標準貿易壁壘的影響，美國國內糖價上漲迅速，公司支付給美國糖類供應商的價格提高到了世界糖類均價的兩到三倍，公司在農產品上的開銷成本也被迫提高。

除了食品成分引發的貿易連鎖反應外，某一類食品在一國遭遇貿易壁壘而禁止進口後，還會引起其他國家對這類食品的進口限制，這種進口行為引發的貿易連鎖反應也會對食品貿易產生巨大影響。美國是食品進口大國，大部分國家都與美國建立了食品貿易夥伴關係，美國設置食品安全標準貿易壁壘，依託先進的科學技術和檢測水準把不符合美國食品安全標準的食品拒之門外，必定會造成被拒食品在國際市場上的不良影響，從而影響一國食品企業的生存發展。

二、擾亂了國際食品市場的競爭秩序

美國食品安全標準貿易壁壘保護了國內食品市場，對其他國家的食品行業造成了沉重打擊。為了應對美國食品安全標準貿易壁壘，保護食品海外貿易，其他國家紛紛採取措施突破美國設置的食品貿易障礙，例如通過提高本國食品安全標準來達到美國食品安全標準的具體要求，但這一措施的實施不僅需要大量時間，並且對國家的整體經濟水準要求較高，因此，近期效果並不突出。大部分國家都採取了另一類直接有效的措施來克服美國食品安全標準貿易壁壘，即通過對國內食品行業或某一特定食品領域進行價格補貼或實施其他優惠政策，來提高食品在美國市場上的競爭力，從而彌補被美國食品安全標準貿易壁壘削減的成本優勢。由於每個國家對國內食品行業的宏觀調控政策不同，在不違反 WTO《反補貼協定》的前提下，各國紛紛加大了對國內食品行業的補貼力度，在一定程度上影響了國際食品貿易的市場競爭機制，可能會造成市場競爭機制的失靈。

此外，針對美國食品安全標準貿易壁壘，一些發展中國家採取了貿易報復措施，對國際食品貿易環境也產生了不良影響。例如，根據美國《生物反恐法》的具體規定，印度的海產品不符合美國食品安全標準，同時，印度出口至美國的食品中農藥殘留限量也違反了美國《聯邦食品、藥品和化妝品法》的規定，於是印度決定對美國食品安全標準貿易壁壘對印度農產品出口的影響展開報復性調查。

貿易報復行為可能會在一定程度上減輕食品貿易壁壘帶來的消極影響，但實質上是對國際食品貿易公平競爭環境的破壞。

三、嚴重損害了發展中國家的食品貿易利益

儘管美國食品安全標準貿易壁壘對發達國家和發展中國家的食品貿易利益都造

成了損害，但相對於發達國家而言，發展中國家受到的損害更為嚴重。德國、日本等發達國家食品生產的科技化程度高、食品安全標準嚴格，出口食品受美國食品安全標準貿易壁壘的影響較小。發展中國家食品安全標準體系不健全、食品檢測技術落後、食品企業質量管理機制缺失，削弱了應對美國食品安全標準貿易壁壘的能力。

當前，受美國食品安全標準貿易壁壘影響最大的發展中國家主要集中在亞洲，包括中國、印度等人口密度較大的國家。這些國家勞動力資源豐富，勞動力成本較低，食品的價格競爭優勢突出，在國際食品貿易中一直占據有利地位。然而，美國食品安全標準貿易壁壘迫使國外食品生產商增加生產成本，實際上提高了出口食品在國際市場上的銷售價格，發展中國家因此失去了依靠食品價格優勢獲取的貿易利益，嚴重削弱了發展中國家在國際市場上的食品貿易份額，影響到國內食品行業的整體發展。

美國食品安全標準貿易壁壘改變了進口食品的類型和地域分佈，發展中國家的勞動密集型食品難以進入美國境內，發達國家的高標準食品占據了美國市場，貿易不公平現象加劇，從而使發展中國家的食品貿易利益受到嚴重損害。

第三節　美國食品安全標準貿易壁壘對中國的影響

中國出口產品在美國頻頻遭受現行技術性貿易壁壘，給出口企業造成很大損失，其中比較常見的是美國食品和藥品管理局的產品扣留和美國消費品安全委員會的產品召回。

美國食品和藥品管理局可對產品實施扣留和自動扣留。一般而言，對來自一個國家或者地區的產品實施自動扣留的情況較少，只有當美國食品和藥品管理局認為來自該地域範圍的產品普遍存在不符合規定的情況下，才會發生自動扣留。被扣留的主要原因為：未經註冊批准和不符合生產的相關標準與規定、缺少證書材料，不符合包裝、標籤和說明的規定，限量超標，不符合衛生要求，含有有毒有害物質，不符合進口法律規定，人類受到危害等。

美國消費品安全委員會根據美國《消費品安全法案》於 1972 年設立，1973 年開始工作，是一個獨立的聯邦監管機構，負有「保護公眾免遭與消費品有關的、不合理的傷害與死亡風險」的職責。其管轄約 15,000 種用於家庭、體育、娛樂及學校或類似用途的消費品，但機動車輛、輪胎、船只、酒、菸草、火器、食品、藥品、化妝品、農藥及醫療器械等產品不在其內，分別受其他相關法案管轄。美國消費品安全委員會的工作依據消費品安全法案（CPSA）、聯邦危險品法案（FHSA）、危險品包裝法案（PPPA）、易燃材料法案（FFA）和冰箱安全法案（RSA）這五個法案進行。美國消費品安全委員會每年都要在市場上抽檢一定數量的消費品，調查因某消費品造成的傷害事件，並公開產品安全性問題的投訴電話、電子郵件地址、投訴表格提交等渠道，鼓勵公民參與對市面上出售的消費品進行監督，同時也鼓勵企業對自己的產品進行監控。一旦發現有潛在傷害性或已造成傷害的產品，經調查確認，即與製造商或經銷商聯合發布召回公告。

一、提高了中國輸美食品的市場准入標準

根據美國《聯邦法典》的規定，構成美國食品營養標籤壁壘、食品殘留物限量壁壘、食品 HACCP 管理體系壁壘和食品註冊通報壁壘的具體標準均為強制性國家標準，在全國範圍內普遍適用。進口食品必須滿足美國的強制性食品安全標準，否則無法進入美國境內。美國的食品安全標準科技化含量高、具體實施複雜、更新速度快，中國輸美食品很難達到美國的相關標準。

美國食品安全標準貿易壁壘在本質上提高了中國輸美食品的市場准入標準。據相關數據統計，1987 年以來，中國出口至美國的食品，有 25%左右是由於不符合美國食品營養標籤的規定而遭受扣留。例如，根據美國《聯邦食品、藥品和化妝品法》的規定，食品營養標籤中的「份餐量」規定為 30g，但是中國山東省淄博出口的雪花山楂條，錯誤地將淨含量 397g 理解為美國的份餐量，寧波糧油食品進出口公司經銷的雪菜罐頭，將份餐量定為 90g，超出了美國的規定含量。該例子說明，造成中國食品不符合美國食品營養標籤標準的原因，不僅在於中美文化差異導致的理解錯誤，更重要的是美國食品營養標籤標準嚴苛、實施困難。早年發生在中美兩國間的「蘑菇罐頭」事件，也反應了美國食品 HACCP 管理體系壁壘的市場准入限制。有報導稱，1989 年 2 月至 9 月，美國連續數次發生了食用中國蘑菇罐頭造成的食物中毒風波，美國食品和藥品管理局據此宣布對中國所有輸往美國的蘑菇罐頭實行自動扣留，由此還引起了加拿大、日本、西歐等國的連鎖反應，使中國蘑菇罐頭工業面臨極為嚴峻的局面。此後，美國食品和藥品管理局要求中國蘑菇罐頭生產企業採取整改措施，在美國諮詢公司的幫助下，建立企業 HACCP 管理體系，制訂從農場到成品全過程的 HACCP 計劃，並且諮詢公司必須依次對中國蘑菇罐頭的生產記錄、工廠情況進行審核，確保食品達到無菌要求，滿足美國的相關進口標準，然後將計劃提交美國食品和藥品管理局審核。這一措施使中國蘑菇罐頭遭受了美國長達 15 年的進口限制，對中國蘑菇養殖和加工業造成了巨大衝擊。

對中國食品出口企業而言，美國食品安全標準貿易壁壘的市場准入限制不僅阻礙了中國企業在國際市場上的公平競爭，更限制了企業生產規模的擴大和戰略結構的調整，對中國食品出口企業的長遠發展極為不利。對中國食品行業而言，美國食品安全標準貿易壁壘的市場准入限制，本質上是貿易保護的體現，不僅限制了自由競爭，更打擊了中國食品在國際上的影響力，制約了中國食品行業的良性發展。

二、削弱了中國出口食品的國際競爭力

美國食品安全標準貿易壁壘不僅提高了食品的市場准入標準，同時也提高了食品的生產成本，增加了食品的質量保障風險。中國食品能在美國市場上佔有一席之地，其主要原因就在於食品的價格優勢，由於中國的廉價勞動力資源和較低的原材料成本，使得中國物美價廉的食品受到了廣大美國消費者的青睞，但是美國食品安全標準貿易壁壘削弱了中國出口食品的價格競爭優勢，降低了中國出口食品的國際競爭力。

美國食品安全標準的實施必須依託先進的檢測技術，中國食品出口企業不得不支付高昂的檢測費用以應對美國的食品檢測，中國出口食品的總體成本不斷增加。例如，為應對美國的食品殘留物限量壁壘，中國企業必須按照美國的殘留限量標準依次檢測出食品中的相關殘留物，然後嚴格控制其殘留量。近年來，美國加大了對進口動物源性食品中農藥、獸藥等殘留物的檢測力度，禁止在動物源性食品中使用氯霉素、鹽酸克倫特羅、己烯雌酚等 11 種藥物，並且擴大了絕對禁止的藥物種類，提高了食品檢測的門檻。而中國高標準的食品檢測機構相對稀缺，檢測費用自然不低，這在很大程度上加重了企業的負擔，削弱了中國出口食品的國際競爭力。而美國的註冊通報程序由於內容繁雜、安全環節多，延長了中國食品的出口時間，尤其對保存期較短的食品相當不利，加大了其質量保障風險。例如，在預先通報程序中，美國的《進出口食品預先通報條例》規定了食品提前通知的時間，一旦沒按照規定時間提前通知美國食品和藥品管理局，食品到達美國港口時就會遭到扣留，或者轉移到海關倉庫進行暫時存放，待相關程序正常結束之後再進入美國境內，而此時一些生鮮食品很可能已經腐敗變質或超出其保質期，無法進入市場流通。美國食品安全標準要求國外食品出口企業提供合格、高質的安全食品，這增加了企業的生產成本，降低了食品的競爭力。作為發展中國家，中國食品在國際競爭中取勝的關鍵因素之一就是價格優勢，美國食品安全標準貿易壁壘迫使中國食品出口企業增加生產成本，削弱了中國食品的價格競爭優勢。

三、損害了中國食品出口企業的聲譽

美國食品安全標準的壁壘性只針對不符合美國食品技術法規和強制性食品標準的國外食品。對食品出口企業而言，食品能否順利輸往其他國家，不僅關係著企業的經濟利益，更關係著企業在國際上的聲譽。美國食品安全標準貿易壁壘對中國輸美食品的阻礙，已經嚴重影響到了中國食品出口企業的聲譽，降低了中國企業的國際信譽度。

由於中國輸美食品屢屢受到美國食品安全標準貿易壁壘的影響，一些出口食品企業的信譽度受到質疑，久而久之，企業在國際市場上的聲譽也受到削弱，加之國

外媒體的大肆渲染，導致中國製造的食品和中國企業被貼上了某種固定的標籤。尤其對於一些國內知名企業而言，一旦其食品未能通過美國的食品安全檢測，被美國拒絕入境或就地銷毀，其影響更是打擊性的，甚至可能影響到出口企業的生死存亡。因為消費者更關心他們所熟知的品牌，當品牌效力深入人心之後，任何輿論都將把它推向風口浪尖，成為眾人指責的對象。例如，根據美國《食品企業註冊條例》的規定，國外食品企業必須在美國食品和藥品管理局進行註冊登記，而美國的信息記錄系統相當發達，一些多次被美國拒絕入境的食品會被列入美國進口食品黑名單。一旦被列入黑名單，企業就必須採取更為積極主動的方式來證明其食品的安全性，如取得第三方檢驗機構的證明文件、獲得美國食品和藥品管理局的認證等，這些措施反過來又加劇了企業的經濟負擔。如果企業不採取任何措施消除其食品的黑名單效力，則有可能連帶降低該企業的信譽度，導致美國全面禁止從該食品出口企業進口任何食品，這種後果是難以想像的。

美國食品安全標準貿易壁壘影響了中國食品出口企業的國際形象，損害了中國的國際利益。以食品安全標準為基礎的貿易壁壘，已經成為美國保護國內食品安全，削弱他國食品和企業競爭力的主要方式。

四、加劇了中美兩國間的食品貿易摩擦

食品貿易自由是貿易自由原則在食品領域的具體體現，美國以保護國內食品安全為借口，制定大量嚴苛的食品安全標準，形成了食品安全標準貿易壁壘，這是對公平貿易和貿易自由原則的挑戰，必然會加劇各國間的食品貿易摩擦，引發國際食品爭端。2010 年，中美食品、農產品貿易達 213.65 億美元，占中國食品、農產品進出口總額的 17.5%。貿易量的增多在一定程度上會導致貿易摩擦增加，而中美食品貿易摩擦由來已久，如前文提到的早年發生在中美兩國之間的「蘑菇罐頭」案，以及近年來美國食品和藥品管理局以中國鰻魚、蝦、鯪魚等幾種水產品含有微量非法添加劑為由暫停其進口等事件，這些都只是中美食品貿易爭端的一小部分。隨著美國逐年更新相關的食品法規和標準，中美食品貿易摩擦有加劇之勢，這顯然不利於中美兩國間的食品貿易往來，在一定程度上限制甚至禁止了食品貿易的開展，破壞了中美兩國間的貿易夥伴關係，對中國食品出口貿易的長遠發展極為不利。

中國對美國食品出口規模不斷加大，對美國國內食品產業造成了衝擊，美國食品安全標準貿易壁壘在一定程度上緩解了美國國內食品產業的壓力，卻也加劇了中美食品貿易摩擦。美國的食品營養標籤壁壘、食品殘留物限量壁壘、食品 HACCP 管理體系壁壘和食品註冊通報壁壘分別給中國食品營養標籤的製作、殘留物限量的檢測、HACCP 管理體系的實施和食品的註冊登記工作帶來了障礙，中美食品貿易在這些領域衝突不斷。

第四節　中國食品安全監管存在的不足

一、監管行政手段單一

由於歷史發展的客觀規律和改革的漸進性，中國目前的食品安全監管體制具有特殊的混合特質，既有現代市場經濟理念的探索，又有過去計劃經濟的痕跡，監管方式也基本以強制為主，其不足主要體現在以下幾點：

第一，監管理念仍比較滯後。中國目前的監管主要依靠行政部門行使職權來實現，強制性、命令式、重管理、輕服務等處處體現了理念的滯後，有時甚至會出現過度介入市場，間接影響市場競爭的情況，尤其是對「納稅大戶、支柱產業」等帶有地方保護的色彩。

第二，監管方式單一。中國集中強化了政府監管的單一性、強制性和對立性，忽視了其他主體的主觀能動性，如行業協會、社會團體等。

第三，始終沒有把從「農田到餐桌」的全過程監管歸於一個部門。國際上普遍開展的質量認證並沒有在中國國內廣泛地推廣 來，如 GMP、GAP、HACCP 等。

在中國，消費者委託政府，政府委託具體的行政部門來監管食品質量安全。由於行政手段單一，監管部門不能完全滿足消費者的意願，委託人和代理人在相互制約、相互博弈的情況下，最終很難達到利益的均衡。通常，委託人的利益都會不同程度受損，博弈的結果就體現了食品質量安全的水準。

二、監管技術手段落後

第一，食品安全標準體系比較落後。中國的食品安全標準體系與國外相比存在較大的差距。中國現行的許多食品安全的國家標準和行業標準都是 20 世紀八九十年代制定的。由於缺乏時效性，有的標準幾十年都沒有修訂過，所以經常會出現國內標準低於國際標準的情況。據 WHO2012 年 7 月 4 日的消息，聯合國國際食品法典委員會設定的牛奶中三聚氰胺含量新標準為每千克液態嬰兒牛奶中三聚氰胺含量不得超過 0.15 毫克。而中國衛生部等五部委 2011 年發布的嬰兒配方食品中三聚氰胺的限量值為 1mg/kg，其他食品中的限量值為 2.5mg/kg，遠遠超出了國際標準要求。對某些新產品新技術，如轉基因食品，中國就由於缺少相關標準而導致監管真空。同時，中國也存在標準落實性差的情況。有的標準規定的檢測項目，因為檢測技術的落後或檢測設備的缺失等原因無法正常實施檢測。總之，加快中國標準的制定和修訂工作，已迫在眉睫。

第二，食品安全檢測體系不健全。由於中國是從 20 世紀 80 年代才開始出現食品檢測，短短幾十年的發展，再加上本身起步晚、起點低，因而目前檢測技術落後，與美國等發達國家相比存在較大差距。在食品工業中，中國目前有 1,000 多項國家標準、行業標準和500多項進出口食品檢驗方法行業標準，但僅僅有14.63%與國際標準接軌。

中國歷來搞突擊式或運動型的抽查偏多，抽查的重點一般都是最終產品，忽視了對中間環節的監測，使得檢測工作不能常態化、全程化。目前，中國許多食品企業沒有認識到食品檢測的重要性，缺少必要的實驗室配備，難以保障食品質量安全。另外，中國在食品安全檢測的科研方面也比較落後，沒有掌握國際先進的檢測技術，在科研的具體工作上做得也不夠。

第五節　中國食品監管能力不足的原因

中國對出口食品的監管能力的增長速度遠低於出口食品的增長速度，出現了監管能力不足的現象。執法隊伍力量薄弱、監督不力是食品安全事故頻發的重要原因。中國食品監管能力不足主要表現在：

一、食品安全監管的體制不合理

第一，分析中國對食品安全監管部門的配置，發現其具有較明顯的縱向關係和橫向關係。從縱向關係看，監管部門分別有垂直管理、半垂直管理和分級管理這三種關係。

從橫向關係看，各個監管部門分別對應著食品供應鏈的不同環節。尤其是半垂直管理單位，省以下機構難以得到當地政府和領導的配合與支持。省以下垂直管理，意味著所有經費開支都只能從省財政獲得，而省財政一般是按照全省的平均水準來保障人員的工資待遇，同時維持機構正常運轉的工作經費，對人員培訓、改進監管設備所需要的資金則難以保障。這極大地制約了監管職能的發揮和監管水準的提升。而且現代食品供應鏈變得越來越長，經常會跨越省區界限，在省級之間或各地區機構之間協調好關係，將是一個嚴峻的考驗。

第二，地方保護主義導致個別地方政府存在無效監管現象。根據信息不對稱理論，在市場經濟中，生產者追求利潤最大化，消費者追求實用性最大化，只有當生產者和消費者都擁有足夠的信息時，才能達到各自的目的。然而，由於食品質量安全的特殊性，往往是生產者、經營者掌控著較多的信息，而消費者處於不利的地位，並沒有全面瞭解食品安全信息。更有少數生產經營者為了取得更大的利潤，向社會散布虛假信息，將不合格產品賣給顧客。消費者無論是在選擇權，還是知情權上都處於劣勢，無法正確判斷食品的質量是否安全。更有少數消費者出於不同的目的，主動購買不合格食品，加劇了市場的混亂。地方政府在利益的推動下，往往會採取尋租手段來行使自己掌控的公共權力，如降低市場准入門檻、實行地方保護主義、消極執法、行政不作為等。這是代理人為了自身利益最大化，犧牲委託人利益的典型表現。

二、市場准入執行不到位

食品市場准入制度，是指食品生產企業必須具備國家規定的生產條件，才能保證其生產食品的安全與合格，所出廠的食品才能在市場上進行銷售。該制度旨在解決中國日益嚴峻的食品安全問題，從源頭把好質量關，為保障消費者利益，而在全國實施的強制性行政制度。雖然中國從 2003 年起就實施了 QS 標志制度，但是市場上仍有未加貼 QS 標志的食品在正常銷售，造成市場混亂。同時，中國早年的免檢制度也間接造成了一些食品安全事件的發生。雙匯正是由於免檢，缺少政府監督，而消費者由於信息不透明，很難發現其是否存在質量缺陷，單純的社會監督難以保障食品質量安全。這都是中國市場准入體制不完善的體現。

對中國近期發生的影響惡劣的食品安全事件進行綜合分析，可以看出信息不通暢是一個很重要的原因：首先，政府沒有做到及時發布預警信息；其次，各個監管部門之間的信息沒有共享，相互之間沒有做到有效溝通；最後，消費者找不到一個權威的平臺來獲取信息。由於生產者和消費者之間存在信息不對稱，消費者處於信息端的劣勢，對農藥殘留、重金屬等信息不能主動、及時獲取，只能憑藉市場價格的高低來判斷。反思一下，很多食品安全事件都是媒體先發現，監管部門後查處。這足以看出，單單依靠政府監管是不夠的，必須加強群眾的參與、社會的監督。只有生產者和消費者之間信息通暢，才能保障食品質量安全。

三、食品安全檢測體系分佈不均

中國由於食品安全檢測技術起步較晚，且分佈不均、水準落後，從某種程度上制約了食品安全監管。2003 年「非典」之後，國家給檢測機構配備了常規的檢測設備，如分析天平、氣相色譜、紫外可見、生化酶標儀等。中國目前有家檢測機構、第三方實驗室，也有官方實驗室。由於管理部門各自執法，相互之間不溝通，造成很大的資源浪費，比如重複購置相同的設備儀器，但缺少真正稀缺的應急檢測設備或多項目檢測設備，如紅外光譜等。中國的檢測水準與國際水準相比仍有較大差距，如農藥殘留方面，美國能檢測 360 多種農藥，中國目前只能檢測幾十種。

檢測能力分佈不均是中國普遍存在的一個突出問題。這種差別主要體現在城市和農村之間。中國省級和地市級的檢測機構大多設備先進，有專業檢測人員，技術水準較高，檢測週期短、效率高。縣級及縣級以下的檢測機構大多檢測能力較低，缺少專業人才，檢測數據往往缺乏權威性，作為參考數據的情況較多。先進快速的檢測技術是食品質量安全的有力保障，合理均衡檢測能力是政府必須解決的問題。

中國缺少一個專業的權威的平臺來統一全國的食品安全檢測機構。鑒於目前機構多、檢測水準不均、檢測能力不均等問題，中國急需建立一個食品安全檢測體系來規範市場，保障數據的絕對準確，不能有任何偏差。

四、責任追究機制不完善

行政法上的行政責任是指行政主體及其公務人員因違反行政法律規範而依法必須承擔的法律責任，不包括行政主體及其公務人員的法定義務。當前，對於監管人員的責任追究明顯處罰過輕。《中華人民共和國食品安全法》規定對出具虛假檢驗報告、未履行職責、濫用職權、玩忽職守和徇私舞弊等行為給予行政處分，構成犯罪的，依法追究刑事責任。監管人員構成犯罪的處罰轉移到了《中華人民共和國刑法》上，但《中華人民共和國刑法》並沒有具體規定有關食品安全監管人員犯罪的情形和處罰措施。另外，行政問責機制存在「安撫公眾」和「走過場」等現象。

五、食品行業安全監管參與不夠

行業自律是建立有效的食品安全保障的重要基礎。在很多發達國家，行業參與的深度和廣度是保障食品安全的基礎。但是，中國在這幾個方面的作用並沒有得到充分發揮。中國的食品安全監管體制是一個自上而下的體制。目前，中國很多標準的制定、法律法規的出抬、認證認可體系的建立、檢驗檢疫體系的建立並不是根據行業的現實情況出發的，這就造成了實際管理實踐中的虛化現象，很多具體管理措施在實踐中難以執行。同時，中國食品行業組織還沒有得到充分的重視和發展，食品行業與消費者的溝通也比較少，沒有充分發揮作用。

六、監管成本與經濟效益的矛盾

中國目前食品監管體系的監管成本與經濟效益的矛盾主要表現在以下兩個方面：

(1) 檢驗機構龐雜。

目前中國的檢驗機構包括三大體系：第一，農業部門在全國建設了多個國家級和部級農產品質量監督檢驗檢疫中心，並指導全國 1/3 的地市縣建立了以快速檢測為主的農產品質量安全檢測站。第二，質量監督檢驗檢疫部門在全國建有多個農產品、食品檢測機構，每個省、市縣都建有農產品、食品監督檢驗檢測機構。第三，商業部門在大型農副產品批發市場配備了專職人員以及衛生質量檢測設備。這種管理現狀的突出問題是食品安全檢驗檢測機構數量龐大，特別是這些檢驗檢疫人員分屬於不同的管理部門，在管理實踐中缺乏統一的規劃和部署，使得隊伍建設重複、檢測裝備投入不夠、技術水準低。

現實中往往會出現這樣的現象，同樣的檢測項目卻被不同的部門重複檢測，一方面加重了執法成本，另一方面加重了食品供應商的檢測成本負擔，不利於經濟效益的提高。

(2) 實驗室建設滯後。

整個食品安全監管體系中有一個非常重要的環節就是食品安全檢測實驗室的建設。實驗室的任務不僅是要推動食品安全檢測技術的發展和提高，更重要的是把各種食品監測數據聯繫起來，為國家相關主管部門制定正確的食品安全控制策略做依據，提高中國出口食品的質量安全的管理水準，維護出口食品給國家和人民帶來的經濟效益。

當前，中國食品安全檢測實驗室的建設一直比較緩慢，沒有構成一個完整的檢測和預防體系。很多用於出口食品監管檢測的標準物、試劑等易耗材料在資金不足的情況下難以購買，檢測工作無法正常開展。而且中國的食品檢測的主管機構社會服務能力較弱，在滿足不同市場主體需求方面還存在較大差距，實踐中必要的質量保證與責任約束難以形成。中國於 2005 年成立了中國實驗室國家認可委員會食品安全工作委員會，對於協調整個食品安全監管工作提供了較好的管理機制，具有較好的示範效應，但功能的逐步發揮還需要一個各部門協同的完善過程。

第六節　完善中國食品安全監管的對策建議

一、更好地發揮監管主體的作用

(1) 明確職責分工，加強協調配合。

第一，國務院應當賦予食品安全委員會作為最高協調機構的剛性地位，明確其全面指導和綜合協調的行政職能，使其充分承擔起統一領導全國食品安全的職責。具體來講，包括分析食品安全的總體形勢、研究部署下一步工作計劃、統籌安排細化工作、提出重大監管措施等。

第二，國家市場監督管理總局是全國食品安全監管體系的核心部門，必須細化和明確各個監管機構的具體職責，尤其是做好部門職責分工的銜接與協調，加強溝通配合。明確國家市場監督管理總局與其他食品監管部門的職責分工，搞好部門之間的協調配合，克服監管「越位」和監管「空位」等現象，真正實現高效的合作。

第三，大力加強縣級、鄉鎮和街道辦事處一級的食品監管機構建設，將監管力量適當向基層傾斜，增加基層人員的配備和檢測力量的配備，提高基層食品檢測的技術水準，從源頭加大監管力度。縣級以上地方政府要充分發揮其組織協調的職能，確保本行政區域內食品的質量安全。

(2) 充分調動地方部門的積極性。

中國地大物博，地區之間的差異性較大，中國可以適當借鑑美國的經驗，建立中央政府和地方政府聯合監管的方式。中國目前只有質檢系統的出入境機構屬於垂直管理，其餘的農業系統、質量技術監督部門等都是分級管理。分級管理系統的特點就是由本級政府決定各級監管部門的任命，各級政府分別負責本轄區內的食品安全，實行領導問責制，這就極大地發揮了地方政府在食品安全監管中的作用。這種從中央到地方的監管體制，在全國、省、市、縣都起到了較好的監督作用，監督食品的生產與流通。食品有國家標準、行業標準、企業標準，中央和地方在制定食品安全標準時，要保持協調一致。當有國家標準時，必須以國家標準優先。中央及地方監管機構嚴格按照國家標準對食品進行檢驗檢測，保持上下的配合一致，各地不得隨意亂用或降低標準，以保證食品正常的市場流通。當沒有國家標準時，可遵照行業標準或企業標準進行監管。

二、增強食品安全監管效能

（1）實現全過程管理，加強社會監督。

實現全過程管理，需要做好以下幾點：一是要狠抓源頭管理，在生產源頭上切實做好食品安全保障工作，通過相應的具體措施，如淨化環境和規範化肥、飼料、農獸藥及食品添加劑的使用，確保食品種養殖的環境和條件符合生產要求，從源頭把好質量關。二是強化生產過程的管理，從原料進廠到生產、加工、製造的整個過程都要符合食品安全要求。三是進一步完善市場准入制度，推廣質量認證，嚴格遵照現行的市場准入制度執行，對產品進行嚴格的檢驗檢測，絕對禁止不合格、不安全的產品混入市場，影響消費者的健康與安全。四是實行標籤管理等可追溯制度。為了與國際市場接軌及滿足 WTO 的要求，中國應積極推行標籤管理，要求包裝上市的預包裝食品必須符合 GB7718 的要求，標明產品的基本信息，同時標註經銷商的地址、聯繫方式等，便於產品的追溯；對轉基因或其他生物標示也要有嚴格的規定。

大力加強社會輿論的力量，發揮好監督作用。我們必須肯定社會輿論，其具有信息傳遞快、社會影響力大、作用時間長、公眾參與性強等很多優點與特點。我們要採取一些激勵手段來增強社會媒體與消費者的參與性，鼓勵媒體曝光、鼓勵消費者投訴、鼓勵民眾提供線索等，要營造出社會全體共同發現、查處安全隱患的積極氣氛，讓制假造假窩點無處藏身。

（2）合理推廣 HACCP 體系和認證制度。

第一，推廣 HACCP 體系的應用。HACCP 體系旨在預防和控制可能存在的或潛在的食品危害，通過科學分析整個食品生產加工過程，特別是可能產生危害的環節，確定關鍵限值和關鍵控制點，為每個關鍵控制點設置預防和監控措施。美國成功地將 HACCP 體系應用於食品工業的生產和安全管理之中，真正實現了從原料到成品的全過程監控，成為世界公認的最佳的安全控制模式。推行 HACCP 體系，具體來說就是將食品從原料進廠到成品出廠的全過程統一地進行規範制約，這樣不僅能有效的保證食品質量安全，又能突出過程中的重點，減少不必要的開支，降低食品安全的總成本。另外，HACCP 系統非常重視企業的檔案制度，要求整個食品供應鏈的每個環節都要做到規範記錄，用於隨時查詢和調用。

中國的食品生產加工企業有自己的特點，種類繁多、分佈廣泛，由於地區差異或條件限制等原因，各個企業在生產水準和技術能力上參差不齊，相應的監管模式也就千差萬別。由於食品工業本身涉及學科眾多，包括化學、生物學等，因而更加加大了食品安全監管的難度。目前，HACCP 體系在全國全面推開的空間還很大，我們可以效仿美國，做到預防為主，從源頭上預防食品危害的發生，從而保證食品的質量安全。

第二，科學推廣認證制度。認證制度主要分為產品的認證和體系的認證，質量體系認證可以促進 HACCP 和 GMP 等的應用，產品認證將有利於維護和提升產品品質及市場競爭力。認證制度對維護中國食品安全標準有著積極的意義。質量體系認證分為強制性和推薦性兩種，產品認證大多以自願為主。中國目前已成功開展的認證有很多，「無公害食品」「綠色食品」和「有機食品」是目前較常見的幾種食品認證。它們對產品要求的側重點不太一樣，對種養殖環境、生產條件、技術水準、成品質量等都有詳細的規定，認證標準也有細微的不同。產品取得認證將對該企業品牌、企業管理水準、企業產品質量等多方面帶來極大的積極的作用。但是對部分消費者來講，由於對認證知識瞭解較少，難免會出現理解偏差或認識上的偏離。對食品企業來講，必須講誠信、重誠信，不能只是在認證審核期間重視自己的生產條件、保證環境衛生等，在獲得認證資格後，還要長期保持良好的生產狀態，杜絕一切安全隱患。

為了更好地完善質量體系認證及產品認證在食品企業中的應用，更好地發揮其積極正面的作用，我們需要做到以下幾點：第一，理順各部門之間的關係，確保食品認證機構之間良好的溝通、交流與合作；第二，合理充分地利用資源，將所有關於產品認證的標準都統一起來，形成合力；第三，加強與美國等其他發達國家的交流與合作，尤其在行政管理、認證認可、科研技術等方面，縮短與發達國家的距離；第四，與發達國家合作，科學借鑑國外的先進經驗，建立企業產品的相互認可，增加企業及產品的公信度；第五，對於申請認證的食品企業、認證機構或第三方機構都要定期或不定期地對企業及產品進行檢驗檢測，對已獲得認證的企業更要實行有效的跟蹤管理。做好以上五點，有利於提高中國食品的質量安全，有利於確保中國食品質量的標準符合性。

三、完善食品安全法律法規體系

(1) 加大對食品安全法律的制定和修訂力度。

建議針對較敏感或較複雜的食品進行單獨立法，如乳製品、水產品、蜂製品等。雖然中國現行的食品安全法律體系是以《中華人民共和國食品安全法》為核心，建立了許多與之相配套的實施條例、管理辦法等作為支撐，但仍然有大量可以填補的空間。我們應該將法律涵蓋至食品的所有類別，並針對每一項法律，制定與之相配套的實施細則，增加法律的實踐性和具體性，在中國建成一個完整的、協調的食品安全法律體系，為監管人員執法提供強有力的法律保障。

（2）嚴格執法、加大懲罰力度。

第一，嚴格法律責任追究制度。食品安全關係百姓民生，容不得半點馬虎。一旦出現食品安全問題，必須嚴懲。如果處罰太輕，不僅不能起到震懾作用，反而會助長違法者的囂張氣焰，繼續甚至更惡劣的制假販假，坑害百姓。為清理整頓食品市場，規範食品生產銷售者的行為，嚴格遵守法律法規和行為規範，我們可以追究違法者的民事責任，以罰款作為賠償。對某些情節惡劣的、造成重大影響的違法者，除了進行嚴厲的懲罰賠償外，還可以追究其刑事責任，讓違法者付出慘痛的代價。

第二，加大行政處罰力度，首先，加大對違法食品生產企業的行政處罰力度，將情節惡劣、後果嚴重的食品企業直接納入黑名單，禁止其再從事與食品相關的生產，並對其違法行為處以重罰。其次，加大對食品監管人員的責任追究制度。監管人員的監督制度分為內部監督和外部監督：內部監督是指監管部門內部的監督，是上級部門對下級部門的監督、上司對下屬的監督和單位內部不同部門間的監督；外部監督是指食品安全委員會的監督、監察部門的監督和廣大社會的監督。加強內部監督需要強化紀律、加強考核。加強外部監督需要加強來自外部的力量，如加強信息的公開透明，加強公眾參與性，加強食品安全委員會的統籌領導作用，鼓勵廣大群眾揭露違法犯罪行為等。同時，要將責任細化到每個人，實行責任追究制，誰監管、誰負責，對構成違法犯罪的公職人員絕不包庇，按照法律規定，追究其刑事責任。

四、健全食品安全技術保障體系

（1）整合檢測機構、擴大覆蓋面。

第一，整合現有的食品檢測機構、避免資源浪費。本書在前面闡述了中國目前食品檢測市場的亂象及普遍存在的資源浪費的問題，建議整合中國現有的所有官方檢測機構，創建出高效的、權威的食品安全檢測體系。在中央各部門之間、中央與地方之間、地方各部門之間都要進行檢測機構的整合，首先肯定各部門各地方已經建成的檢測網，在充分發揮其優勢的基礎上，再分別針對國內和國外不同的要求進行分配，最終達到效用最大化。總之，要順應時代的發展需要，合理整合實驗室資源，嚴格實驗室資質管理，實現實驗室資源共享，力爭建成全國性的、統一協調的、高效合作的食品安全實驗室檢測體系，滿足整個食品供應鏈的檢測需要；提升中國整體的檢測技術水準，尤其是要將國家級重點實驗室建成具有國際領先水準的檢測機構，同時促進檢測機構的市場化和社會化，大力鼓勵第三方實驗室的發展壯大。

第二，擴大檢測覆蓋面，尤其要延伸至農村。目前，中國在農村仍存在許多監管空位，只有實現全方位的監測覆蓋，才能確保全面有效地將食品安全監管落到實處。實驗室檢測是保證食品安全監管的重要技術支撐，必須正確認識強基礎的重要性。中國應盡快在全國範圍內設置一個專門的科研機構，該機構主要負責統一協調、培訓指導、數據分析、信息交流等工作，選擇分配能充分代表全國平均水準的監測點，長期定點監測食源性疾病和食品污染物；同時，盡快成立獨立、權威的食品公共實驗室，加大對實驗室的硬件投入，以提高其檢測能力，為科學高效的監管食品質量安全提供有力的技術保障。

(2) 規範食品安全標準體系。

第一，規範法律法規與標準的一致性。規範一致性是指將中國法律法規與相關標準銜接起來，在法律法規中明確規定標準制定事宜，如制定的主體、制定的依據、制定程序、制定目標、實施力度等。

第二，加大對國際食品標準的研究和借鑑。國際標準的制定通常是在科學的基礎上，綜合世界各國的標準之後，制定的比較寬泛的標準，並沒有想像中那麼苛刻。中國在制定和修訂標準時，要綜合考慮多方面的因素，既要本著促進貿易的原則，又要努力提高食品的安全性能，既要節約時間，又要考慮經濟成本，目的只有一個，就是在重視國際標準的基礎上，制定出與國際接軌的標準。如果中國標準嚴重滯後於國際標準，某些不法商販就會鑽這個標準差的空子，進口一些低劣食品在中國市場上大肆兜售。所以，國內標準必須及時更新，與國際標準保持一致性。中國應重視研究國際標準的必要性，適當借鑑國外先進經驗和做法，制定出符合經濟發展和人民需要的食品安全標準。

第三，鼓勵發展行業標準和企業標準。國外發達國家非常重視行業協會或商會等社會組織的作用，且其已發展的比較完善，並且在某些特定行業發揮著很重要的作用。由於中國食品種類繁多且每年新增量也較大，涉及整個食品供應鏈的每個細小環節，國家強制標準難以面面俱到，這時就需要行業標準或企業標準及時彌補空缺，起到必要的保護作用。有部分企業為了提高自己的信譽，提升在市場的競爭力，會以比國家標準更高的規格嚴格要求自己，規範企業行為，保證產品質量。因此，中國應該鼓勵發展行業協會或商會等社會組織，同時鼓勵發展制定行業標準，鼓勵企業進行體系認證和產品認證，鼓勵發展制定企業標準，還應該鼓勵行業標準和企業標準高於國家標準的情況。這樣才能更好地維護食品安全，繁榮食品貿易。總之，健全的食品安全標準體系應當將各層次的標準有機結合在一起，科學合理地應用於廣泛的食品安全監管體系之中。

第五章　中國應對美國食品貿易法規的措施

美國食品安全標準貿易壁壘對中國食品出口貿易的影響日益加劇，中國必須正確應對美國食品安全標準貿易壁壘。中國政府和食品出口企業要同時採取應對措施，減輕美國食品安全標準壁壘對中國的危害。具體而言，政府應發揮主導作用，以管理者的身分加快中國食品安全標準的研究制定工作，同時加強對 TBT 協定和 SPS 協定的研究，建立食品安全標準貿易壁壘預警機制，也要以談判組織者的身分促進中美貿易談判，緩解中美貿易摩擦；企業應發揮協調作用，提高應對美國食品安全標準貿易壁壘的能力，加強食品信息溝通，提高出口食品質量，完善人才培養機制，充分利用 WTO 爭端解決機制維護自身的合法權益。

第一節　發揮政府的主導作用

一、完善中國的食品安全標準立法體系

中國食品安全標準立法體系是以《中華人民共和國食品安全法》為主導，並由《中華人民共和國產品質量法》《中華人民共和國標準化法》《中華人民共和國農產品質量安全法》《中華人民共和國動物防疫法》等單行法及其相關行政法規、部門規章構成的有機整體。儘管中國現已頒布的涉及食品安全的法律法規多達幾十部，但中國食品安全標準立法體系仍缺乏系統性和完整性，相關法律條款相對分散，食品安全單行法調整範圍也比較狹窄。標準是食品安全監控的重要手段。中國食品安全法規不健全，直接導致中國食品安全標準缺失。因此，為應對美國食品安全標準貿易壁壘，中國必須完善食品安全標準專項法規，並制定與國際接軌的食品安全標準，從而構築中國的食品安全標準立法體系。具體而言，中國應從以下幾個方面對

食品安全標準立法體系進行完善。

(1) 完善食品營養標籤成分標準和形式標準。

中國出口到國外的食品，特別是特產食品，有些沒有營養標籤。這與中國食品企業的標籤製作能力不高有關，由於中國食品企業主要依靠低成本生產的價格優勢打入國際市場，因而忽略了對食品營養標籤的製作。美國的食品營養標籤法規完善、保護程度高，其強制性營養標籤的規定使得中國一部分食品在營養標籤上達不到美國標準，阻礙了中國食品對美國的出口。《預包裝食品營養標籤通則》於 2013 年 1 月 1 日正式實施，其規定了強制性食品營養標籤，提高了中國食品行業的整體標籤製作水準，增強了中國應對美國食品營養標籤壁壘的能力。《預包裝食品營養標籤通則》明確規定了中國食品營養標籤的形式，對營養標籤的形狀、標示內容、順序、字體等都進行了規範化管理，營養標籤的格式趨於標準化，中國食品營養標籤標準與國際標準趨近。但是,《預包裝食品營養標籤通則》只規定了 6 種標籤的基本格式，而美國食品營養標籤格式高達 16 種，並且《預包裝食品營養標籤通則》只規定了蛋白質、脂肪、碳水化合物和鈉四種核心營養成分，而美國食品營養標籤中規定了 16 種營養成分。中國食品營養標籤標準與美國仍存在差距，為此，中國還需繼續豐富營養標籤中營養成分的種類，不斷完善中國的食品營養標籤標準，突破美國的食品營養標籤壁壘。

(2) 完善食品殘留物限量分類標準。

當前，中國規定食品中農藥、獸藥殘留限量標準的法律主要有《中華人民共和國農產品質量安全法》《中華人民共和國農藥管理條例》。與國際食品法典委員會的《食品中污染物最高限量標準》相比，中國的殘留物限量標準數量和國際標準大致相當，但是分類沒有國際標準細緻、明確。中國許多限量標準都沒有得到法律的規制，一些標準的分類也缺乏科學依據。中國仍需加強食品中殘留物限量標準的制定，不斷擴大標準的種類，形成覆蓋面廣、內容豐富的殘留物限量標準體系。美國精細的殘留物限量標準分類給中國食品生產帶來了挑戰，影響了中國對美國的食品出口貿易。中國應盡快統一農產品分類體系，按照農產品分類劃分具體的殘留物限量標準，同時熟悉美國食品中殘留物限量分類標準的具體規定，跟蹤其發展動態，從容應對美國食品殘留物限量壁壘。

(3) 完善食品 GMP 和 SSOP 標準。

美國對進口食品全面實施 HACCP 管理體系，中國企業需盡快建立統一的食品 HACCP 管理體系。中國可以借鑑美國的做法，為食品生產企業在融資或稅收方面提供優惠政策，便於企業有充足的資金購置相應設備；同時，在食品生產企業中宣傳食品 HACCP 管理體系的科學化，提高企業的重視程度。國家應該對食品 HACCP 管理體系在中國的實施情況進行有效監測，盡快在食品生產企業中全面覆蓋 HACCP 管理體系。當前，中國對食品 GMP 標準進行規制的法律主要是《食品企業通用衛生規範》，該規範是參照國際食品法典委員會的《食品衛生通則》制定的，具有

GMP 總則的效力。此外，中國還對 19 類食品加工企業制定了特殊的衛生規範，這些規範共同構成了中國食品企業的 GMP 標準體系。儘管中國擁有和國際標準相近的 GMP 體系，但是 GMP 標準卻沒有得到全面實施，主要在於標準的可操作性不強。實施 GMP 體系需要企業具備良好的基礎，中國大部分的中小型企業並不具備相應的基礎，同時，中國 GMP 體系的內容比較寬泛，針對性不強，操作起來沒有實際性。因而，應盡快完善中國食品企業的 GMP 體系，制定科學的和有針對性的具體標準。如中國飲料企業 GMP 規範主要適用於碳酸型飲料，對其他類型的飲料如果汁型、乳酸菌型飲料無法適用，應盡快對類似的規範進行重新修訂，推動企業建立統一的 GMP 生產規範。中國的 SSOP 標準主要指對食品加工企業規定的具體衛生操作規範，由於 SSOP 的內容比較分散、操作性強，並且中國對 SSOP 的研究不夠深入，因而中國並未形成統一的 SSOP 體系，而是作為 GMP 的具體操作細則。中國需加強對 SSOP 的立法工作，盡快建立起統一的 SSOP 體系，以應對美國食品 HACCP 管理體系壁壘。

（4）完善食品信息證明標準。

目前，中國的食品安全信息存在諸多漏洞，主要體現在信息內容狹窄、信息採集能力弱、信息管理主體分散等。儘管《中華人民共和國食品安全法》設立了食品安全信息統一公布制度，但是食品安全事件仍然頻發，可見，中國的食品信息管理機制有待進一步加強。國內食品信息的不完備直接影響到出口食品的競爭力，尤其是輸美食品要面臨註冊通報壁壘，而國內食品信息的整體環境顯然對出口食品不利，因而，中國有必要採取相應措施進行應對。國家質量監督檢驗檢疫總局審議通過的《出口食品生產企業備案管理規定》於 2011 年 10 月 1 日正式實施，該法案的實行對建立良性的食品信息管理機制有一定的幫助作用。《出口食品生產企業備案管理規定》主要規範出口食品生產企業的備案工作，包括企業的營業執照、對食品進口國的承諾聲明、生產條件、衛生控制體系和其他資質證照等的備案，該法案第六條明確規定「出口食品生產企業未依法履行備案法定義務或者經備案審查不符合要求的，其產品不予出口」。可見，該法案有助於中國食品生產企業進行食品信息的自我完善，提高了應對美國食品註冊通報壁壘的能力。但是，該法案的適用範圍僅限於食品生產企業，並不包含食品的加工、儲存及運輸企業，並且，食品信息僅限於企業信息，對出口食品信息涉及較少，而美國的食品註冊通報標準中包括大量的食品信息。因而，中國需繼續完善食品信息管理機制，把食品信息的管理納入法制化的軌道上來。

二、加強對 TBT 協定和 SPS 協定的研究

當前，對食品安全標準貿易壁壘進行規制的國際協定主要包括 TBT 協定和 SPS 協定。WTO 體制下形成的 TBT 協定和 SPS 協定，將 WTO 成員採取的技術性貿易措

施納入強制性多邊貿易框架下，為協調國際食品貿易關係奠定了基礎。美國作為WTO成員，其食品安全標準貿易壁壘受TBT協定和SPS協定的規制，因此，加強對TBT協定和SPS協定的研究，有利於中國合理分析美國食品安全標準貿易壁壘，從而有效維護中國在國際食品貿易中的正當利益。

根據TBT協定的基本規則，TBT協定對美國食品安全標準貿易壁壘的規制主要體現在以下幾個方面：第一，根據TBT協定第2條第1款、第2條第10款第3項的規定，美國食品安全標準不得違反非歧視原則，即美國食品安全標準給予進口食品的待遇不得低於國內類似食品，並且國外食品企業申請美國認證時，對其要求的費用、等候時間不能歧視。第二，根據TBT協定第2條第2款、第5條第2款第3項及第6項的規定，美國食品安全標準應避免造成不必要的貿易障礙，即美國食品安全標準的實施在目的或效果上均不會給國際食品貿易造成不必要的障礙。不必要的貿易障礙是指超出了實現保護人身健康和安全、保護動植物的生命和健康等目標的必要限度，即TBT協定承認在一定情況下採取的沒有超出必要限度的貿易措施，而這種措施可能造成某種程度的貿易障礙。第三，根據TBT協定的前言及第2條第6款的規定，美國食品安全標準應符合協調性原則。美國食品安全標準的制定和實施應盡量以現有的國際食品安全標準為依據，以減少國家間的差異對貿易造成的障礙。相對於TBT協定而言，SPS協定的規定更具有可操作性。SPS協定對美國食品安全標準貿易壁壘的規制同樣包括不得違反非歧視原則和應符合協調性原則兩個方面。此外，SPS協定還有其他的規制內容：第一，根據SPS協定第3條第3款、第5條第7款的規定，美國對進口食品實施高於國際標準的食品安全標準時，必須有科學依據或者是以SPS協定規定的風險評估為基礎，如果沒有充分的科學依據，也來不及進行風險評估，可以根據可獲得的信息採取臨時措施，臨時措施的標準可高於國際食品安全標準。第二，根據SPS協定第5條第1款的規定，美國食品安全標準的實施應以相關的風險評估為基礎，風險評估主要包括對病蟲害的風險評估和對食品中存在的添加劑或污染物的風險評估，通過評估可能產生的生態或經濟後果，確定對食品安全的保護水準。從TBT協定和SPS協定對美國食品安全標準貿易壁壘的規制內容可以看出，美國食品安全標準貿易壁壘受到諸多限制。中國在應對美國食品安全標準貿易壁壘時，應具體分析美國食品安全標準的制定和實施是否符合TBT協定和SPS協定的具體規則，積極運用世界貿易組織的規則維護本國的正當貿易利益。

三、建立食品安全標準貿易壁壘預警機制

中國沒有專門應對食品安全標準貿易壁壘的法律機制，《中華人民共和國對外貿易法》中規定了中國應對貿易壁壘的一般性措施，對食品安全標準貿易壁壘同樣適用。然而，美國食品安全標準貿易壁壘具有靈活性和複雜性，《中華人民共和國

對外貿易法》中的一般性措施難以有效減輕美國食品安全標準貿易壁壘帶來的負面影響。因而，針對美國食品安全標準貿易壁壘，中國應建立一套專門的預防應對機制。具體而言，政府相關職能部門需對美國的食品安全法律法規及時進行解讀，便於中國食品出口企業迅速調整出口方針；對列入美國食品處罰清單的商品需實行特殊管理，重點分析遭遇美國處罰的原因，並發現出口食品潛在的危害性，及時採取監督、預防和糾正措施。此外，企業應加強和政府部門的信息交流，遭遇美國食品處罰措施後，要及時向政府反應處罰情況，便於政府進行信息的採集；瞭解美國食品安全標準貿易壁壘的最新發展，避免遭到美國的連續處罰。簡言之，要及時高效地應對美國多變的食品安全標準貿易壁壘，中國應盡快建立食品安全標準貿易壁壘預警機制，加強政府和企業的聯繫，積極採取應對措施。

四、積極促進中美貿易談判

在處理中美食品貿易糾紛的過程中，中方要積極與美方談判，通過磋商來協商解決兩國間的貿易糾紛，同時，加強兩國間的高層對話，建立相關食品交流機制和工作組，如中美已建立了中美商貿聯合委員會和中美戰略與經濟對話等平臺。相對於 WTO 繁瑣的解決機制，這些在 WTO 之外的糾紛解決機制更具有實效性，在處理中美兩國的食品貿易糾紛中發揮了重要作用。對美國限制中國食品出口的少數歧視性案件，中方要運用 WTO 規則捍衛自己的正當利益，必要時可向 WTO 爭端解決機構提起訴訟。

鑒於美國當前的食品安全標準貿易壁壘越來越難以攻克，並且美國食品安全標準對國際食品安全標準也有一定的導向作用，中國應積極參與國際食品安全標準的制定和研究工作，加強雙邊和多邊談判，改進食品安全國際標準，建立公正、合理的食品安全貿易規則，爭取為中國的食品出口營造一個公平的國際競爭環境。

此外，中國還應繼續推進區域經濟一體化組織的建立，構建以中國為中心的區域經濟集團，提高中國的國際競爭力和在國際談判中的地位，爭取主動權，積極維護中國的合法利益。

第二節　充分調動地方部門的積極性

中國地大物博，地區之間的差異性較大，中國可以適當借鑑美國的經驗，建立中央政府和地方政府聯合監管的方式。中國目前只有質檢系統的出入境機構屬於垂直管理，其餘的農業系統、質量技術監督部門等都是分級管理。分級管理系統的特點就是由本級政府決定各級監管部門的任命，各級政府分別負責本轄區內的食品安全，實行領導問責制，這就極大地發揮了地方政府在食品安全監管中的作用。這種從中央到地方的監管體制，在全國都起到了較好的監督作用，監督食品的生產與流通。食品有國家標準、行業標準、企業標準，中央和地方在制定食品安全標準時，要保持協調一致。當有國家標準時，必須以國家標準優先。中央及地方監管機構應嚴格按照國家標準對食品進行檢驗檢測，保持上下的配合一致，各地不得隨意亂用或降低標準，以保證食品正常的市場流通。當沒有國家標準時，可遵照行業標準或企業標準進行監管。

第三節　提高食品企業的安全管理水準

作為中國食品業的生產主體，雖然食品加工企業為國家經濟發展、為百姓生活做出了重要的、積極的貢獻，但是我們同時也看到，與原料生產、流通環節相比，目前中國的食品安全問題在生產加工環節最為突出。

由於食品生產企業數量眾多、准入門檻較低，一直以來，食品行業小、散、亂的問題突出，絕大多數食品安全問題出在小企業、小作坊甚至黑窩點。但是，隨著南京冠生園的月餅事件，三鹿、蒙牛、伊利等的三聚氰胺事件，雙匯的健美豬事件，金浩的毒茶油事件等一連串食品安全事件曝光後，中國大中型食品企業的食品安全管理問題也不可避免地被放到了聚光燈下。這充分表明，現階段安全管理仍是中國食品業的全行業問題。歸納起來，食品企業安全管理存在的突出問題是：

第一，食品安全管理體系不健全。在不同企業、不同地區、不同時段，屢屢出現相同或類似的食品安全問題，比如三聚氰胺問題、瘦肉精問題。這就說明加工企業食品安全管理體系仍然不夠健全。

第二，質量控制以及食品安全管理制度落實不到位。客觀來講，很多加工企業特別是大中型食品企業質量控制及食品安全方面的基本管理制度都是健全的，絕大多數企業都通過了 QS、ISO 系列、HACCP 等管理認證，還有許多綠色食品、有機食品、無公害食品等認證。但是在實踐中我們可以看到，這些認證多是為了產品上市、產品出口、企業宣傳的需要。達到這些目的後，多數企業在實際運行中落實不到位。否則，何以連食品最基本的安全要求都做不到？

第三，企業經營者和從業人員的食品安全和質量意識水準參差不齊。目前，國內加工企業在食品安全方面表現出了比較明顯的差距。這種差距不僅是由設備、廠房等硬件的差距造成的，還是由食品企業經營者乃至從業人員的食品安全意識和質量意識的差距造成的。

第四，產業鏈各環節上的企業在食品安全上協作、溝通不夠。雙匯出現的「瘦肉精」事件的根源是生豬飼養環節出現了問題。同樣，以三鹿為首的「三聚氰胺」事件的根源癥結也是原奶供應環節出現了問題。這些都反應出在同一產業鏈條上，不同環節、不同利益主體，在食品安全問題上的整體管理、集體協作、高效溝通機制還沒有形成，為了利益各管一段甚至不惜置上下游企業於風險之中。

因此，為提高安全管理能力和應對美國技術壁壘的能力，中國食品企業主要從以下幾個方面開展工作：

一、建立可持續發展的商業模式

（1）解決好發展戰略問題。

很多食品企業，特別是食品安全出大問題的企業，在企業戰略制定方面普遍存在「貪大求快」的問題，比如前文分析過的乳業三鹿、肉類食品業的雙匯。企業做大，固然有規模效益高、抗風險能力相對較強等優勢，但在市場多元化、需求日益多樣化的今天，並不是只有大才能生存，只有大才能獲得盈利，也不是只有大才能打造百年老店。企業有大小，市場有細分。汽車行業中的勞斯萊斯是中國食品企業的榜樣。一場金融危機，幾乎使全球汽車行業的老大——年產汽車近 700 萬輛的通用汽車公司破產；但只做高端，按訂單生產的勞斯萊斯，雖然年產量不到 2,000 臺，卻安然無恙。中國食品企業切忌一味求大，歐洲食品工業發展可以給我們很好的啟示。在白羽肉雞加工、大規模快速消費深加工食品方面，歐洲產業集中度很高，企業規模也大；但在奶酪、香腸等傳統食品製造方面，很多中小企業憑藉可靠質量、獨特工藝和品牌優勢，佔有了各自的細分市場，也取得了很好的發展。

（2）解決好企業內外資源整合問題。

完善產業鏈、從源頭抓起是食品企業組織、整合各種生產資源要素的基本出發點。食品企業要尊重行業規律，研究產業鏈特點，採取自建、規範的合同外包等形式控制原料供應環節，通過控制源頭來保證食品安全，不可像服裝企業、IT 企業等那樣，片面追求重渠道、重品牌的輕資產模式。當然，這裡我們不是建議每一個食品企業都像中糧集團那樣，打造全產業鏈，什麼都自己投資做，那樣大而全也不是未來的發展方向，但必須要通過互相參股、有效契約等形式實現全程可控。

（3）解決好競爭和協作關係問題。

在食品行業內，我們經常看到一幕幕「同行是冤家、上下游合作夥伴是盤剝對象」的大戲。比如：以家樂福為代表的大型連鎖超市挾渠道之優勢，通過進店費、店慶費等多種名目盤剝食品供應商，以致發生康師傅、福臨門退出家樂福等事件。惡性競爭、盤剝產業鏈夥伴的做法，最終必導致雙輸或多輸。食品產業鏈上，同行業企業應樹立良性競爭的理念，上下游企業要加強協調協作。今後，行業協會應該更加規範，在這方面發揮積極正面的作用。

二、打造誠信經營、質量至上的企業文化

企業經營如做人。人只有守信、遵守公德，才能在社會立足，才能求得個人發

展，實現自身價值。企業只有誠信經營、質量至上，才能在市場立足，才能取得發展，打造百年老店。同理，企業要做到誠信需要將自律和他律相結合。他律主要來自外部約束，只能解決行為層面問題。自律來自企業內部，來自每一個人的內心，只有自律才能最終解決認識層面問題。在企業經營管理中，特別是食品企業安全管理中，要想解決包括企業家在內所有員工的自律問題，抓好企業文化建設是核心。作為企業管理的重要組成部分，企業文化的重要性已被中外企業廣泛認同。企業文化建設決定了企業的經營哲學、價值觀念和企業精神，也決定了包括企業家在內所有員工的思維方式和行為模式。

企業文化建設不是空對空，企業文化建設是紮實做事而不是自我標榜，是企業家帶頭身體力行而不是宣傳口號。民以食為天，食以安為先，安以質為本，質以誠為根。中國食品企業文化建設，應解決好以下三個核心問題：

第一，要解決知行合一問題。中國明代哲學家王陽明提出了知行合一的思想，強調「知中有行、行中有知」，強調不僅要認識（知），還應當實踐（行）。在企業文化建設上，現階段的中國企業要切實克服「兩張皮」、說一套做一套的問題。號稱以「誠是立身之本，信是興業之本」為核心價值觀的三鹿在誠信問題上向消費者和社會又交出的是一份怎樣的答卷？反觀沒有高舉「德行天下」之類口號的同仁堂，一直秉承「炮制雖繁，必不敢省人工；品味雖貴，必不敢減物力」的企業文化。這充滿敬畏的兩個「必不敢」，堅持了三百多年，不但使同仁堂真正成為百年老店，而且使同仁堂在全球化的今天形成了獨特的核心競爭力，不斷煥發新的生機。

第二，要解決食品企業文化的基本要素問題。有人類就有食物消費。作為人類歷史上最悠久的行業，也是永遠的朝陽行業的食品業，有著自身獨特的文化積澱。但看看我們很多食品企業的文化，並沒有真正去傳承、提煉總結應有的文化要素，要麼是空洞的政治化的團結求實，要麼是跟風趕潮的創新。食品企業在文化建設中，更應該突出誠信經營、質量至上、踏實做事、志存高遠等基本文化要素。

第三，要解決企業家精神問題。要做到知行合一，要做到把誠信經營、質量至上等價值觀融入員工的心靈和行為規範中去，融入產業鏈和價值鏈中去，首先需要企業家以身作則、帶頭實踐。只有食品企業的領導者具備了真正的企業家精神，具備了誠信、合作、敬業、寬容、服務等精神品質，才能做到抵禦誘惑、守住底線，才能做到自覺承擔社會責任，真正打造百年老店。中國是人口大國、食品大國、美食之邦，但卻沒有國際級的食品企業，很重要的一點是缺乏國際級的、真正的企業家，這一點實在讓國人和食品業從業人士感到遺憾。

三、完善企業的食品安全控制體系

對於食品企業而言，建立起完善的食品安全控制體系是實現產品安全的基本保證。從北京華都集團三十多年的實踐經驗來看，一家食品加工企業的全流程食品安全控制體系建設，主要應推行 HACCP 安全衛生預防控制體系，或 HACCP 與 ISO 相結合的控制體系。

傳統的食品控制方法主要為成品的抽樣檢驗和現場檢查，以成品的檢驗結果作為判定食品是否合格的標準。隨著食品安全標準提高，HACCP 體系得到完善和推廣。HACCP 體系是對食品生產的全過程進行控制，對從原料生產採購、加工、運輸、儲存和銷售的所有環節進行危害分析，鑑別其存在的顯著危害，確定關鍵控制點，按照科學的方法進行監控，從而做到「從農場到餐桌」全過程食品安全風險控制。中國食品企業 HACCP 體系重點應突出以下三個關鍵環節：

第一，原（輔）料安全控制。原（輔）料的優劣直接決定了食品的質量高低，原（輔）料的安全性也決定了產品的初始安全性。三鹿、雙匯都是在外部採購的原材料環節出了問題，以致最終釀成大禍。

食品企業原（輔）料安全控制主要包括：①供應商准入制度，主要是建立數量合理、規模適度、風險可控的供應商隊伍；②原（輔）料檢驗制度，主要是供應商提供必要的國家機構和供應企業自檢報告，本企業要對其進行必要的復檢、抽檢或必要的第三方送檢；③追溯制度，主要是原（輔）料留樣以備出現問題時，追溯至問題批次及問題供應商。

第二，生產加工安全控制。食品企業生產加工安全控制，重點是確保 GMP 和 SSOP 的實際執行。GMP 是良好作業規範的簡稱，是政府食品衛生主管部門用法規或強制性標準的形式發布的，包括環境、硬件設施和衛生管理等方面的原則性要求。在中國，非出口食品企業通過衛生註冊、登記就相當於通過了 GMP 認證。

SSOP 是衛生標準操作程序的簡稱，是企業為了達到 GMP 所規定的衛生要求而制定的企業內部的衛生控制文件。SSOP 各個方面的內容都應該是具體、具有可操作性的，還應該有一整套相關的執行記錄、監督檢查和糾偏記錄。由於是企業內部文件，中國食品企業，特別是非出口企業往往內容不全，缺乏執行、監督、糾偏記錄機制，也經常導致加工環節一些食品安全問題的發生。

第三，儲存、流通安全控制。食品生產完成後，通常要經過廠家儲存、運輸、商家銷售三個環節才能到達最終客戶。在這個過程中，仍然可能發生非人為甚至人為的污染、超保質期等食品安全問題，特別是要求冷鏈儲存、銷售的低溫食品、冷凍食品。因此，企業要充分利用 GPS、條形碼等現代信息技術，建立完善的產品入庫、出庫、運輸、交貨管理制度，做到批次清楚、貨證相符，從而保證儲存和運輸符合衛生要求，防止污染，一旦出現問題也可以實現源頭追溯。

除了按 HACCP 體系完善上述關鍵環節控制外，食品企業還應該建立完善的消費者信息反饋體系，及時接收零售商、消費者對食品的衛生、質量以及口味等方面的信息反饋，及時處理消費者投訴，並及時進行生產和管理改進。

四、加強食品企業的信息溝通

信息缺失是困擾中國食品出口企業的重要問題，中小型食品出口企業的信息系統不發達，無法及時瞭解美國食品安全標準貿易壁壘涉及的具體標準，限制了中國食品出口企業對美國的食品出口。因此，中國出口企業要建立相應的食品信息獲取機制，保持信息的及時和有效性，準確掌握美國食品安全標準和國內政策，根據美國的市場變化及時調整食品出口戰略，改進食品生產技術。例如，面對美國的肯定列表制度，中國食品企業要熟悉美國《聯邦法典》中對具體食品農藥、獸藥殘留限量的具體標準，規避列表上的絕對禁止殘留物，控制殘留物的限量指標。

目前，美國對中國出口的蔬菜規定的必檢殘留物為六種，而對中國出口的動物源性食品則主要加強氯霉素、磺胺類、呋喃類等殘留物的檢測。對於這些基本信息，中國食品企業必須及時掌握，從而調整出口策略。無論是食品生產、加工、儲存或是銷售企業，面對美國的食品安全標準貿易壁壘，企業不僅要完善食品信息，更要承擔起保證食品信息準確的責任。具體而言，食品生產企業要對食品的生產信息負責，加工、儲存、銷售企業要對食品的加工、儲存、銷售信息負責，保證食品在生產和流通中有確定的責任承擔主體。這樣不僅可分散處罰的力度，對食品企業而言也更加公平，能促使它們正確應對美國的食品安全標準貿易壁壘。

五、提升出口食品的質量競爭優勢

由於美國的食品安全標準貿易壁壘給中國食品出口企業增加了沉重的經濟負擔，導致企業的出口成本顯著增加，而中國出口企業的食品大部分因價格低廉備受青睞，如此一來，價格優勢必然會受到影響，企業的正常貿易往來也會發生變化。因而，中國需盡快轉變出口企業的盈利模式，提高出口食品的質量競爭優勢，而不單靠價格優勢占領市場，奠定食品在美國市場的品牌效力。例如，中國遭遇美國食品殘留物限量壁壘的領域主要是農產品領域，包括蔬菜和一些動物源性食品，主要原因就在於美國嚴苛的最高殘留物限量標準。由於中國農作物的種植和管理以家庭為單位自主進行，在農藥殘存量等問題上沒有給予足夠重視，使用農藥、殺蟲劑過於頻繁，在面對美國苛刻的農藥、獸藥殘留標準時，只能被拒之門外。美國的食品殘留物限量壁壘也給中國農產品的出口敲響了一記警鐘，國際食品貿易格局已經發生了巨大變化，如果中國食品出口仍然墨守成規，必然會在國際競爭中慘遭淘汰。因而，在食品殘留物限量標準上，對於美國的步步緊逼，中國確實應該採取必要的措施來加強食品的國際競爭力：首先，為應對美國的農藥和獸藥殘留限量壁壘，最根本以及最有效的做法就是提高中國農產品的出口質量，這就需要引進新技術，加強科技創新，提高農產品的科技附加值，進而提升農產品的國際競爭力；其次，需要加強對農戶的科技培訓，提高生產者的素質，使農產品的生產過程科學化；最後，要優化中國農產品的出口結構，因地制宜地避開美國苛刻的檢疫措施，如一些企業嘗試把生鮮製品改為熟製品出口，不但提高了食品的附加值，而且巧妙地規避了美國的食品安全標準貿易壁壘。

六、完善企業的人才培養機制

由於美國的食品安全標準反應的是美國人的生活方式和價值選擇，因此中國食品企業在對美國食品安全法規進行解讀時必然存在偏差，無法達到美國國內食品生產商的認知水準，在應對食品安全標準貿易壁壘時會無所適從。食品出口企業必須盡快提升食品從業人員的文化素養，對他們進行專門的食品知識培訓，同時普及美國的食品文化，增進他們對美國食品行業的瞭解，尤其要加強對美國食品安全標準的學習，掌握正確的食品安全信息。例如，由於美國 HACCP 管理體系明確要求企業必須建立人才培訓制度，使企業內部具有一定數量的 HACCP 體系技術操作人員，而中國企業相關制度缺失，因而需盡快在企業內部創辦人才培養研修班，進行 HACCP 管理體系核心內容的授課，並建立相應的人才儲備體系，為企業培養專業的 HACCP 技術人員，從而形成企業內部的 HACCP 人才培養機制。

七、充分利用 WTO 爭端解決機制參與訴訟

SPS 協定和 TBT 協定是多邊貿易規則中正式有效的法律文件。這兩個協定作為 WTO 組織文件體系的主要組成部分，對締約雙方都具有國際法上的約束力。因而，對違反這兩個協定的行為都可以通過爭端解決程序訴諸 WTO 爭端解決機構。中國食品出口企業在應對美國食品安全標準貿易壁壘時，應充分利用 WTO 爭端解決機制維護自身合法權益，對美國違反 WTO 規則的行為提起訴訟。WTO 爭端解決機制在很大程度上類似於國內法的司法程序，擁有常設的爭端解決機構、專門分析法律問題的上訴機構等，其準司法性十分明顯。中國食品出口企業在參與訴訟的過程中，要熟練掌握 WTO 貿易規則，具體分析美國食品安全標準貿易壁壘對中國食品出口企業造成的危害，積極提出有利的訴訟主張，爭取合法權益，敦促美國承擔相應的國際責任和義務，促進中美食品貿易的正常往來。

八、建立健全促進食品企業增加科技投入的激勵機制，培育企業成為食品安全科技投入的主體對象

食品行業總體的技術性要求不是很高，食品企業之間的同質競爭在所難免。食品安全是食品企業的生命，打造食品安全是企業的最重要使命，推行企業標準化管理是食品安全的重要保證。三流企業賣產品，二流企業賣技術，一流企業賣標準。企業的科技投入也推動標準化的發展，標準化為企業自主創新搭建了平臺。自主創新的速度決定了標準更新的頻率，自主創新的程度決定了標準競爭力的強弱。

加大科研投入，增強產業集中度，提高生產效率、降低能源消耗，開發科技含量高、附加值高的優質新產品，提高精、深加工產品的比重，實現產業升級，是食品工業的根本出路。而一味以低價位為競爭手段，犧牲消費者的利益，無視食品的安全、衛生，忽視消費者對食品口感、風味的需求的企業注定將被市場拋棄。食品企業一定要未動先謀，主動適應市場變化。

第四節　健全食品安全技術保障體系

一、美國食品安全技術保障體系

美國的食品產業龐大，且在安全方面有著出色的記錄，被認為是世界上最安全的食品供應。美國人在日常生活中對食品安全的信任度也很高。這種安全感來源於時刻高效運轉的聯合監管體系、完備的法律法規、先進的檢測手段、完備的安全評估技術以及每年數億美元的科研投入，當然還有美國人強烈的法律意識。美國進行食品管制的政府機構是美國食品和藥品管理局、農業部食品安全檢驗署、農業部動植物衛生檢驗檢疫局以及環境保護署。美國十分重視食品安全科技支撐體系及其發展戰略的研究，1997 年所發布的《食品安全行動計劃》，將食品安全科技作為優先科學研究領域。其食品安全科技管理體系的構成呈現如下特點：

(1) 食品安全管理機構的合理設置。

參與美國食品安全管理的機構主要有食品和藥品管理局、美國農業部、人類和健康服務部、食品安全與監測服務部、動植物健康監測服務部和環境保護署等幾個部門。此外，國家健康研究所、疾病控制預防中心、農業研究服務部、國家研究教育及服務中心、監測包裝及畜牧管理局、美國法典辦公室、農業市場服務部、經濟研究服務部、國家水產品服務中心等幾個部門也擔負著研究、預防、監測、制定標準、教育和對突發事件做出應急對策等責任。食品安全檢驗署主要負責肉、家禽和蛋製品的安全；食品和藥品管理局負責食品摻假、存在不安全因素隱患和標籤有誇大宣傳等工作。另外海關部門也定期檢查和留樣監測進口食品。美國食品安全管理體系有如下特點：立法、執法和司法三部門權力分離、工作透明、決策科學和公眾參與。美國憲法規定食品安全管理體系由立法、執法和司法三個部門負責。國會頒布立法部門制定的法規，委託執法部門強行執法或修訂、實施法規；而司法部門則對由強制執法、監管工作或一些政策法規引起的爭端糾紛做出公正裁決。美國最高法律、法規和總統執委會採取了與公眾相互交流的工作方式。

美國的食品安全監管機構實行的是從上到下垂直管理，採取品種監管為主的方式，即按照產品種類進行職責分工。不同種類的食品由不同部門管理，各部門分工明確，各司其職，強有力地保障了食品安全，而且部門之間有著良好的合作關係，既分工，又合作。

在食品質量安全監督管理工作方面，聯邦政府不依賴於各州的政府部門，它們向全國各地駐派大量的調查員，並在全美國設立多個檢驗中心或實驗室。下屬具有食品質量安全監督職能的機構都不具有促進貿易的職能，從而免受地方和部門經濟利益影響和干擾。但在一些具體問題上，聯邦政府與一些州政府簽訂協議，授權當地一些檢驗機構按照聯邦政府提供的方法檢驗食品，並由聯邦政府支付費用。

（2）健全的法律體系。

美國食品安全監管具有健全的法律體系，從 1906 年美國第一部與食品有關的法規《食品和藥品法》開始，美國政府制定和修訂了 35 部與食品安全有關的法規。目前，美國食品安全相關的主要法律有：《食品質量保護法》（FQPA）、《聯邦肉類檢驗法》（FMIA）、《禽類產品檢驗法》（PPIA）、《蛋產品檢驗法》（EPIA）、《聯邦食品、藥品和化妝品法》（FFDCA）和《公共健康服務法》（PHSA）等。其中，《聯邦食品、藥品和化妝品法》是美國關於食品和藥品的基本法，該法已成為世界同類法中較全面的一部法律。

（3）重視食品安全的風險評估分析。

在預防性措施方面，科學性和危險性評估分析是美國制定食品安全政策的基礎。鑒於多年來對食品中化學危害的管理經驗，美國制定了許多關於藥品、殺蟲劑、添加劑及其他對人體存在潛在危害的物理和化學危害的法規。近年來，聯邦政府更加關注食品「從田間到餐桌」全程的安全性，從而降低微生物致病原的危險性。然而要真正減少食源性致病原和食源性疾病的發生，需要多方機構的共同參與。1997 年美國總統發出關於食品安全的倡議，要求所有聯邦機構負責食品安全的危險性管理，建立機構間危險性評價協會，鼓勵研發預報模型和其他手段，推進了微生物危險性評價的發展。

在食品安全風險管理方面，美國強調風險的評估與管理。受數據和科學知識的限制，風險評估也不是絕對的準確。風險評估實質就是應用科學手段檢驗食品中是否含有不利於人類健康的因素，然後分析這些因素的性質與特徵、影響範圍、時間、人群及程度。風險管理是為了防範風險所採取的措施，就是一系列的規定和標準。而美國政府特別強調風險信息交流和傳播在風險評估與風險管理中的重要作用：其一，進行及時有效的信息發布和信息傳播使消費者和相關組織能夠及早進行預防，使社會大眾健康免於受到不安全食品的危害；其二，通過風險信息交流，可以提高風險分析的明確性和風險管理的有效性。風險分析程序也向民眾公開，發揮群策群力的作用，接受社會大眾的評論和建議。

（4）預警系統技術的應用。

美國危險性預警系統是食品和飼料中某些成分的控制系統。在通過立法實施該禁令時，政府遵照現行的行政管理條例，在聯邦註冊公告中解釋採取該行動的原因，其中包括危險性說明。另一預警是食品添加劑、殺蟲劑和動物藥品在上市前的審批制度。產品在生產企業提供行政管理機構滿意的安全證明之前不能上市。企業提供的評價資料應能確定添加劑的暴露量，包括其中所有可能存在的混雜物。管理機構根據化學物的級別和暴露量考慮評價試驗程度，並且用文件記錄所有評價過程。最後的結論和詳細的解釋在聯邦註冊公告上公布。對決定有異議的人可以提交申訴材料要求舉辦聽證會，而在申訴失敗後，可以在法庭上對政府的批文再次申訴。

(5) 強調「從農田到餐桌」的全程監控。

美國對食品安全監管強調圍繞「從農田到餐桌」的整個過程，實行生產全過程的監控。由於美國實行的是以品種監管為主的監管模式，從而使得對某種食品的「從農田到餐桌」的全程監管的責任主體明確，即由一個部門負責與該種食品有關的所有活動，包括種植、養殖、生產加工、銷售、進出口等的監管，避免出現監管真空。這有利於發現監管過程中存在的薄弱環節，從而使監管切實有效。

此外，美國率先發展了 HACCP 的監管模式。美國於 1972 年首先成功地應用 HACCP 對低酸罐頭生產過程中的微生物污染進行了控制。美國食品和藥品管理局和農業部等有關機構分別先後對 HACCP 的推廣應用做出了一系列強制性規定，並要求建立一個以 HACCP 為基礎的食品安全監督體系（Food Safety Inspection Model Based upon HACCP）。1995 年，食品和藥品管理局頒布了《水產品 HACCP 法規》(21 CFR Part 123)；1996 年，食品安全檢驗署頒布了《致病性微生物的控制與 HACCP 法規》(61 FR 38805)，要求國內的進口肉類食品加工企業必須實施 HACCP 管理；1998 年，食品和藥品管理局提出了《應用 HACCP 對果蔬汁飲料進行監督管理法規》草案（63 FR 20486）。1997 年 6 月，國際食品法典委員會通過了《HACCP 應用系統及其應用準則》，並號召各國積極推廣應用。實際上，在國際食品貿易中，許多進口國已將 HACCP 作為對出口國的一項必需的要求。國際糧農組織於 1994 年起草的《水產品質量保證》文件中規定應將 HACCP 作為水產品企業進行衛生管理的主要要求，並使用 HACCP 原則對企業進行評估。

(6) 加強食品安全管理能力。

美國政府一方面組織機構內部優秀科學家加強對前沿問題的研究，另一方面與國際組織保持密切聯繫（如世界衛生組織、國際聯合流行病機構和糧農組織等），從中分享最新的科學技術，也通過技術諮詢、合作研究等各種形式，充分利用政府部門以外的科學家資源，使他們能為食品安全管理工作服務。

(7) 聯邦政府是實現「從田間到餐桌」食品安全目標的保障。

聯邦機構會盡可能地利用資源，有效地保護公眾避免食源性疾病。同時，聯邦機構鼓勵食品安全活動，對企業和消費者促進食品安全的活動給予協助。美國政府認為企業應該作為當事人和當事人的一部分對食品安全負有主要責任。企業應按食品安全法規生產食品。政府的職責是制定合適的標準，同時監督企業按照這些標準和食品安全法規進行生產食品。目前，美國正在測試新的肉禽類監測模式，以此來決定植物資源在食物鏈中的轉換，包括食品的運輸、貯藏和零售，消費者是否需要提供其他的保護。聯邦食品安全機構定期同州或其他機構成為合作夥伴，鼓勵改善生產活動，發展和促進食品安全措施，發展良好農業生產規範，減少殺蟲劑的殘留和微生物危險性。美國對突發事件的反應能力是穩定且不斷提升的。美國食品安全管理機構參與的 FoodNet，旨在確定引起常見食源性疾患的食品組成情況、食源性疾病的發生頻率和嚴重程度及對新的細菌、寄生蟲和病毒等食源性致病原進行描述。FoodNet 將收集的潛在食源性疾病的資料報告給予國家食品機構合作的州和地方衛生行政部門，然後確定這些食源性疾病的發生過程和性質，再發布公開的、恰當的警告，並對相關的產品盡可能採取強制行動。

二、中國進出口食品安全科技支撐體系與美國的差距

中國雖然已經建立了一大批國家標準和行業標準，頒布了一系列法規和規程，啓動攻關項目對一些共性技術問題進行了研究，對一些成果進行了示範研究，初步建立了全國性污染物監控網。但是，中國的食品安全科技的整體水準仍處於較低水準。這已經成為當前發展中國食品安全保障體系的瓶頸。中國進出口食品安全科技體系與美國的差距主要表現在以下幾個方面：

(1) 檢測技術。

實驗室檢測方法通常分為兩類：篩選方法和確證方法。篩選方法，是用於篩選目的的方法。這類方法用於測定一種或一類待測物，靈敏度能滿足殘留檢測的要求。這類方法的樣品處理能力高，常用於大量樣品中潛在的陽性樣品的篩選、篩選方法的目的在於避免假陰性結果。確證方法是用於確證目的的方法。確證方法的目的在於避免假陽性結果。對於限量規定為不得檢出的物質，如果樣品中待測物被明確確證，則分析結果為陽性。對於建立了最高殘留限量的物質，如果試驗樣品（使用任何校正因子以後）中待測物含量超過最高殘留限量，則分析結果為陽性。對於限量規定為不得檢出的物質，經確證樣品中不存在待測物，則分析結果為陰性。對於已建立最高殘留限量的殘留物，樣品中待測物測定含量低於最高殘留限量，則分析結果為陰性。

美國的農產品安全檢測技術日益呈現出快速化、系列化、精確化和標準化的特徵。其快速檢測方法靈敏度高、特異性高、適用範圍較寬、檢測的費用低。多殘留分析方法在發達國家已經得到廣泛應用。美國多殘留方法可檢測 360 多種農藥。目前，中國農業環境監測機構能檢測項目約 140 個，差距非常明顯。這在相當大的程度上限制了對中國農產品中危害的溯源及鑒定能力。特別針對農產品中污染物種類多、樣品量大、時間緊、危害嚴重的特點，亟須有自主知識產權的快速、簡便、高通量的檢測技術。中國還亟須開發對農產品中農用化學物質、生物污染物和環境污染物的控制技術和高通量檢測技術，以及研製快速高通量的農用化學品、生物污染物和環境污染物檢測儀器和設備，以保障人類和農產品安全。

中國現雖在農藥、獸藥、有機污染物、食品添加劑、飼料添加劑、違禁化學物質和生物毒素等化學有害物質的關鍵技術方面有較大突破，但是一些快速的檢測技術，如酶聯免疫檢測試劑盒、生物納米技術、多殘留檢測技術、質量控制技術等與國際水準仍然有較大的差距。依據中國國情，中國在近期應重點發展快速檢測技術，同時有選擇性地研究與研製部分高、精、尖檢測方法，開發部分先進的儀器設備，加快研製檢測所需要的消耗品，重點開發農產品安全監控中急需的有關安全限量標準中對應的農藥、獸藥、重要有機污染物、食品添加劑、飼料添加劑與違禁化學物質、生物毒素、重要人獸共患疾病病原體和植物病原的檢測技術和相關設備。

食品安全控制問題的關鍵是檢測的時效性和準確性。在食品生物安全關鍵技術方面，過去幾十年中，食物鏈已發生了相當大且迅速的變化，變得非常複雜和具有國際性。儘管食品安全水準在整體上已有了顯著提高，但是各國的進展不同步，而且因微生物污染、化學物質和有毒物質造成的食源性疾病在許多國家屢有發生。國家間進行受污染食物的貿易增加了疫情傳播的可能性，對重要病原體檢測技術、人獸共患疾病的檢測技術，各國都予以高度關注。對病原微生物的檢測，目前中國各出入境檢測機構多採用 PCR 類檢測技術。該技術在食品檢測中檢測敏感性較低、時效性和準確性差，因而無法進行危險性分析和快速應對。對於中國最常見的十幾種食源性病原體的檢測，中國仍然得靠傳統方法，只能單一定性監測，不能多重定量檢測，嚴重影響了食品通關的速度。因此，中國亟須加快建立食源性致病菌分子分型電子網絡的步伐，迅速提高對食源性致病菌的檢測能力。

(2) 新技術、新工藝、新資源加工食品的安全性評估。

新技術、新工藝、新資源加工食品的生產工藝應安全合理，生產加工過程中所用原料、添加劑及加工助劑應符合中國食品有關標準和規定。

與食品不衛生導致的食品傳統安全風險相比，食品新技術所誘發的安全風險隱蔽性更強、危害性更大、涉及面更廣。

與美國相比，中國在新技術、新工藝、新資源加工食品的安全性研究與評估方面存在較大差距。中國保健食品原料往往是多種植物的混合物，有效因子含量、功效不明確，缺乏安全性評價。中國對一些新型食品添加劑、包裝材料、酶制劑以及轉基因食品的安全性問題缺乏研究與評估。

(3) 全程控制技術。

中國食品企業中 HACCP 的應用起步較晚。質檢系統（原出入境檢驗檢疫局）多年來對水產品、禽肉、畜肉、果蔬汁等行業的出口企業推行了 HACCP，並取得了初步成效，促進了中國食品的出口貿易。

中國與美國在這方面的差距在於：①缺乏一套適合於中國的、按行業區分的 HACCP 實施指南；②缺乏評價和認證個別企業 HACCP 系統的技術準則；③實施 HACCP 的企業數量很少（吳永寧，2007）。如果直接引用國外的現成模式，存在如下幾個方面的缺陷：①美國的 HACCP 模式不適應於中國食品生產企業大量勞動密集型的加工特點。如中國的水產品和蔬、果類罐頭的加工，往往依賴於大量的人工操作，類似漂洗、分級、分選、修剪這樣的工序時常就是這個情況；大量人工操作的結果，有可能帶來加工中比自動化生產更多的生物學、化學和物理性危害。②美國的 HACCP 模式不適應於中國食品原料的生產方式。中國食品生產企業用於加工的原料，其生產的產業化程度較低，大量來源於千家萬戶粗放型的操作，即便現在時髦的「公司+農戶」形式，也難以完全避免粗放型原料生產帶來的各種弊病。如粗放的生產管理、相對落後的生產技術，以及多種原料來源，造成原料安全質量方面的不一致性。農藥獸藥殘留、寄生蟲以及物理性異物等食品安全危害，都可能隨著原料進入食品加工過程。③美國的 HACCP 模式不適應於中國消費者的消費方式。美國的消費者偏愛生食或半熟食，在對肉食的選擇方面多喜歡冰鮮肉或肉製品；中國消費者喜愛熱食，凡食品多習慣於下鍋煮熟後食用，而在肉食選擇方面，又偏愛食用新鮮肉。

中國特有的產業模式導致食品安全的全程控制體系比較難以實施，目前 HACCP 和 GMP 的推廣使用幅度在全國食品行業來說還不是很大，有的也流於形式。另外，還有很多小企業、小作坊基本不受監控。一旦有食品安全問題，最多做到「事後懲罰監控」，未能做到防患於未然，即過程監控。

目前，中國缺乏食品安全控制的信息平臺，缺乏面向廣大消費者、生產者的教育、培訓和信息諮詢系統以及大規模的食品安全預警機制。由於缺乏統一協調和有效管理，資源沒有充分利用，僅有的檢測設施和技術也沒有充分利用。

由於至今缺乏真正科學意義上的農產品質量安全預警與引導系統，因而無法對影響農產品質量安全的危害因素實現即時採集、分析與處理、提示與引導，難以真正做到「早發現、早報告、早預防、早控制」。

造成中國應對食品和消費品安全問題被動局面的主要原因之一是中國食品和消費品檢測資源、食品和消費品數據資源以及食品和消費品相關信息資源分散、共享平臺建設滯後。面對突發事件，中國難以在最短時間內調集包括食品和消費品檢測方法、限量指標、配套標準、檢測機構等在內的關鍵資源，難以在最短時間內對食品和消費品中有毒有害物質進行風險評估確認，難以在最短時間內對相關食品和消費品安全數據進行採集、分析和預警，更難以預先對食品和消費品中有毒有害物質進行識別，從而導致中國應對食品和消費品安全問題的預警、分析和應對能力還遠遠不足，食品監管的針對性和有效性較差。由於信息不能共享，公眾沒有合理、公開的途徑獲得食品和消費品安全信息和數據，使得他們對政府和社會的疑慮增強，增加了社會不穩定因素產生的概率。

三、健全中國食品安全技術保障體系的對策建議

隨著經濟全球化進程日益加速，食品安全不僅事關消費者健康，而且影響國際食品和農產品貿易，成為國際社會關注的焦點問題之一。美國通過調整和修訂政策

法規，將食品安全列入優先領域，不斷增加科技投入，強化技術研發，保障食品安全。解決食品安全問題，需要全社會的努力，不論是政府還是食品生產經營者、科學工作者、大專院校、媒體、消費者，應一起努力才能解決食品安全問題。

（1）整合檢測機構、擴大覆蓋面。

第一，整合現有的食品檢測機構、避免資源浪費。目前，中國食品檢測市場呈現亂象、普遍存在資源浪費，因此建議將中國現有的所有官方檢測機構整合，創建出中國高效的、權威的食品安全檢測體系。在中央各部門之間、中央與地方之間、地方各部門之間都要進行檢測機構的整合。首先，肯定各部門各地方已經建成的檢測網，在充分發揮其優勢的基礎上，再分別針對國內和國外不同的要求進行分配，最終達到效用最大化。

第二，擴大檢測覆蓋面，尤其要延伸至農村。目前，中國在農村仍存在許多監管空位，只有實現全方位的檢測覆蓋，才能全面有效地將食品安全監管落到實處。實驗室檢測是保證食品安全監管重要的技術支撐，因此必須正確認識強基礎的重要性，盡快在全國範圍內設置一個專門的科研機構，該機構主要負責統一協調、培訓指導、數據分析、信息交流等工作，選擇分配能充分代表全國平均水準的監測點，長期定點監測食源性疾病和食品污染物。同時，盡快成立獨立、權威的食品公共實驗室，加大對實驗室的硬件投入，提高檢測能力，為科學高效的監管食品質量安全提供有力的技術保障。

（2）規範食品安全標準體系。

第一，規範法律法規與標準的一致性。規範一致性是指將中國法律法規與相關標準良好地銜接起來，在法律法規中明確規定標準制定事宜，如制定的主體、制定的依據、制定程序、制定目標、實施力度等。

第二，加大對國際食品標準的研究和借鑑。國際標準的制定通常是在科學的基礎上，綜合世界各國的標準之後，制定的比較寬泛的標準，並沒有想像中那麼苛刻。中國在制定標準時，要綜合考慮多方面的因素，既要本著促進貿易的原則，又要努力提高食品的安全性能，既要節約時間，又要考慮經濟成本，目的只有一個，就是在重視國際標準的基礎上，制定出與國際接軌的標準。如果中國標準嚴重滯後於國際標準，某些不法商販就會鑽這個標準差的空子，進口一些低劣食品在中國市場上大肆兜售。所以，國內標準必須及時更新，與國際標準保持一致性。中國應重視研究國際標準的必要性，適當借鑑國外先進經驗和做法，制定出符合經濟發展和人民需要的食品安全標準。

第三，鼓勵發展行業標準和企業標準。國外發達國家非常重視行業協會或商會等社會組織的作用，且已發展得比較完善，並且在某些特定行業發揮著很重要的作用。由於中國食品種類繁多且每年新增量也較大，涉及整個食品供應鏈的每個細小環節，國家強制標準難以面面俱到，這時就需要行業標準或企業標準及時彌補空缺，起到必要的保護作用。有部分企業為了提高自己的信譽，提升市場競爭力，會以比國家標準更高的規格嚴格要求自己，規範企業行為，保證產品質量。因此，中國應該鼓勵發展行業協會或商會等社會組織，同時鼓勵發展制定行業標準，鼓勵企業進行體系認證和產品認證，鼓勵發展制定企業標準，還應該鼓勵行業標準和企業標準高於國家標準的情況，這樣才能更好地維護食品安全、繁榮食品貿易。總之，健全的食品安全標準體系應當將各層次的標準有機結合在一起，科學合理地應用於廣泛的食品安全監管體系。

（3）加強檢驗檢疫核心技術研究。

中國食品和農產品出口的主要不合格原因是農藥獸藥殘留超標、葡萄球菌超標、添加劑超標、品質缺陷。農產品中，植物飼料、種子、非食用動物油脂的不合格率偏高，主要不合格原因是與合同不符、汞超標、夾帶雜草/草籽、雜質超標、品質缺陷。總的來看，中國出境貨物不合格率較低，存在問題較多的主要是初級產品。中國特有的產業模式導致食品安全的全程控制體系比較難以實施，目前 HACCP 和 GMP 的推廣使用幅度還不是很大，有的也流於形式。另外，有很多小企業、小作坊基本不受監控。一旦有食品安全問題，最多做到「事後懲罰監控」，未能做到「防患於未然」。

中國在進口食品中所面臨的形勢是不容樂觀的。第一，食品安全事件不光在中國發生，在世界任何一個地方都可能發生或大或小的食品安全事件。這些問題的發生，導致我們進口食品的風險進一步加大。第二，中國的標準比較少、比較低，導致進口食品的准入門檻比較低。第三，隨著貿易的自由化，中國對進口食品的關稅在下降、配額在取消，從而導致越來越多的食品能輕而易舉地進入中國市場。第四，非法進口擾亂了正常的貿易秩序，給中國進口食品的安全帶來很大隱患。第五，中國食品的市場潛力很大、消費群體很大，各個國家爭前恐後地想把它們的食品打入中國市場，這樣就使食品安全的技術問題政治化，往往成為高層互訪的重要問題。甚至有的元首在和中國黨和國家領導人會談的時候，都會涉及比如蛋的問題、肉類的問題等非常具體的意見，使得中國在這個方面承受著很大的壓力。有力的檢驗檢疫措施將為中國在國際貿易中獲得更多的主動權。

（4）完善第三方檢測及認證機構。

認證認可作為國際通行的產品、服務、管理體系的質量保證和管理手段，在推動中國經濟協調發展、構建和諧社會中擔負著重要使命。第三方檢測及認證機構，獨立於政府、獨立於食品企業，專門提供食品安全服務，以檢驗、審核、認證為主要業務，負責提供公正的檢測報告，依據標準對食品企業進行嚴格審核並在相關國家機構的授權下為企業頒發認證證書。

政府在食品安全體系建設與運行中扮演重要角色，但是，食品安全工作僅僅靠政府是遠遠不夠的。在歐美等發達國家，通過第三方認證機構的認證活動來加強農產品、食品生產和經營企業安全體系的建設已經成為保障食品安全的重要手段，同時也降低了行政成本，有利於分散行政風險。

在保障食品質量與安全工作方面，檢測與認證是一個非常重要的環節，食品企業為證明自身產品的質量及安全，必須出示相關的檢測報告及採購商或進口要求的認證證書。這些工作，一方面由政府相關機構完成，一方面則需要由第三方檢測認證機構完成。而隨著全球經濟一體化趨勢的發展，那些有著豐富經驗的全球性第三方檢測認證機構的實力日益凸顯，尤其涉及出口的食品企業，必定會尋求這些機構的幫助。近年來，越來越多的國際檢測認證機構進入中國，為大量的中國食品企業提供全面的服務，如美國國家衛生基金會（National Sanitation Foundation，NSF）等。這些檢測認證服務機構由於建立早、實力強、擁有國際性品牌，其檢測和認證具有較高的權威性，因此受到很多發達國家尤其是歐盟成員的認可，並且成為很多境外採購商指定的檢測和認證機構。

認證是當前國際通行的農產品和食品質量安全管理手段，其最具有特色且起著重要作用的功能有四個。一是有利於推進標準化的貫徹實施，便於規範農產品種養過程及食品加工、銷售等環節，促使農產品及食品的生產者、經營者及相關管理者樹立標準意識和質量意識。二是判定農產品、食品是否符合標準，是由處於公正地位的專業化的認證機構做出的。它以不同於農產品種植、養殖方和食品加工方（即第一方）與批發商、經銷商（即第二方）的第三方身分，對獲得認證的產品持續符合標準和技術規範的要求提供證明，並承擔保障認證結果公正和有效的責任。三是有利於解決當前國際農產品及食品貿易遇到的技術壁壘，通過農產品、食品認證的國際互認，便於中國農產品、食品順利走出國門。四是開展認證，適應了政府職能轉變和機構改革形勢，有利於政府從直接實施產品質量安全檢驗檢測等行政審批性質（直接承擔著質量安全的責任）的工作中解脫出來，減少政府的責任和風險，因而對於深化行政管理體制改革，提高政府效能，從源頭上預防和治理腐敗，也具有重要意義。

目前，中國管理農產品、食品質量安全的方式方法有很多。中國應對農產品認證制度進行整合，按照農產品、食品生產供應鏈建立中國農產品和食品質量安全認證的框架；同時，實施現有的無公害農產品、綠色食品、有機食品認證制度，既滿足一般消費者對質量安全的基本要求，又適應不同消費層次的需求。

第六章　典型案例評析

案例一　武漢小蜜蜂食品有限公司首次出口美國遭遇反傾銷及其應訴的案例分析

中國養蜂業具有悠久的歷史，據有關資料統計，中國有蜜蜂 700 萬群左右，年產蜂蜜 20 餘萬噸，其中年出口 10 餘萬噸，穩居世界第一。中國蜂蜜主銷日本、美國等國家和地區，年均創匯 1 億多美元。此外，蜂蜜的加工和出口對中國農作物天然授粉和農民致富起到了不可替代的積極作用，現今蜂蜜產業從業人員高達 10 餘萬人，被譽為「甜蜜的事業」。湖北是蜂蜜生產和出口大省，年出口約 2 萬噸，占全國出口總量的 20%以上，多年名列全國之首。小小蜜蜂惠及湖北千萬農戶，「釀」出數億元年產值，促進了地方經濟的發展和人民生活水準的提高。但是，中國蜂蜜產品貿易又一直是貿易摩擦的重災區，深受反傾銷、等貿易管制措施的侵害之苦，給「甜蜜的事業」蒙上了「苦澀的陰影」。

一、案例簡介

武漢小蜜蜂食品有限公司（以下稱「小蜜蜂公司」）是一家集科研、生產、銷售為一體的股份制民營企業，是國家農業產業化重點龍頭企業，於 1997 年成立，位於武漢市江夏區廟山開發區。該公司主要從事農產品加工，其主要產品為蜂產品和葛頭兩大系列，有 20 多個品種，出口市場主要為日本、美國、歐盟、東南亞等 20 多個國家和地區，年創匯 1, 000 萬美元以上，產值過億元。

據《湖北日報》披露，從 2001 年開始小蜜蜂公司參與了對美國蜂蜜反傾銷的應訴。2001 年 5 月，小蜜蜂公司首次向美國出口幾十噸蜂蜜，即被告知為傾銷商品，須向美國政府繳納 24%~183.3%的特別關稅。附加說明稱，這是美國 2,000 多家蜂農集體向美國商務部提起的訴訟，稱中國企業向美國傾銷蜂蜜，其中包括武漢小蜜蜂食品有限公司。

首次向美國出口蜂蜜，怎麼就成了傾銷？小蜜蜂公司決意向美國商務部討說法。小小民營企業，與美國商務部打官司，可不是一件容易的事。且不說聘請美國律師、往返美國提供材料、接受美國有關方面問卷調查及實地核查的複雜性，僅各種費用初算，公司要花費 200 多萬元。該公司董事長說：「加入世界貿易組織後，中國企業在國際貿易活動中應享受平等待遇，應訴反傾銷是中國企業的權益，我們必須據理力爭。」於是，這家成立不久的民營企業開始了與美國商務部打官司的漫長道路，也為湖北農產品應訴反傾銷帶了個好頭。

針對小蜜蜂公司的反傾銷應訴，武漢市外經貿主管部門及時組織相關企業學習 WTO 規則，同時帶領該公司有關人員專程前往北京向商務部匯報，積極參加由中國食品土畜進出口商會組織的反傾銷應訴，最終獲得了單獨稅率，取得了這場「洋官司」的初步勝利。按照「誰應訴誰收益」原則，湖北地區只有武漢小蜜蜂公司一家企業可以出口蜂蜜到美國，該公司抓住機遇，迅速占領市場，努力擴大出口規模。2002 年，該公司出口蜂蜜 3,600 多噸，創匯 350 多萬美元。2003 年僅 1 月至 5 月出口蜂蜜創匯達到 295 萬美元，同期增長幅度為 332%，取得了驕人的成績，並帶動了一批農民增產增收，受到地方各級政府的嘉獎。

二、案件關鍵點分析

1. 特殊案件

從上一部分的簡單敘述可以看出，武漢小蜜蜂公司的反傾銷案是一宗特定條件下的特殊案件，與一般的反傾銷應訴案件具有共性又有個性。

眾所周知，美國市場是中國蜂蜜出口市場中貿易保護主義最強大、保護時間最長的市場。1993 年以來，中國蜂蜜多次歷經了美國「反市場擾亂」「反傾銷」的打擊。直到 2000 年 8 月，中美雙方政府簽訂的《美國對中國蜂蜜反傾銷中止協議》結束時，美國才取消了對中國蜂蜜出口配額等限制措施。但隨後美國蜂農組織立即向美國商務部申請發起新一輪蜂蜜反傾銷訴訟，美國商務部當即立案啓動新一輪調查，終裁稅率為 26%~183.3%。美國貿易保護措施的再度實施，致使中國對美蜂蜜出口驟減，2001 年同比減少 33%，2002 年又減少 56%。

為何武漢小蜜蜂公司可以出口美國市場，重新啓動反傾銷訴訟程序呢？這就是該案的特殊之處。因為美國對調查期間出口蜂蜜的中國不同企業徵收差別特別關稅，未獲平均稅率的應訴企業和未應訴企業按全國統一最高稅率即 183.3%徵收。部分與武漢小蜜蜂公司類似的公司在反傾銷調查期間未曾向美國出口蜂蜜因而無法應訴，但如果這些企業要進入美國蜂蜜市場，就要按 183.3%的最高稅率被徵收反傾銷關稅。這類情況顯然是不合理的，有悖公平貿易原則，因而就出現了所謂的新出口商行政復審制度，為新出口商繞過高額的全國統一反傾銷稅率，進入美國新市場提供了機會。武漢小蜜蜂公司正是利用這一法律制度，抓住這一契機試探性出口小批量蜂蜜，在被徵收最高反傾銷稅率之後狀告美國商務部，提請新出口商復審，以獲得單獨稅率維護企業利益。

2. 新出口商

所謂新出口商是指在原反傾銷調查期間沒有向進口國（地區）出口過涉案產品的涉案國（地區）的出口商、生產商。新出口商復審即在原反傾銷措施生效後對新出口商要求為其單獨確定反傾銷稅率的審查。一般而言，申請新出口商復審的條件相對簡單，新出口企業大多可以滿足。但是，符合申請復審條件並不一定等同於勝訴，並非意味著可以獲得單獨稅率。

新出口商復審源於 WTO 的法律制度。根據 WTO《反傾銷協定》的規定，目前 WTO 各成員相繼建立了新出口商行政復審制度，對在實施反傾銷措施之後的新出口商給予法律救濟，以保證公平貿易法律原則的有效實施。可見，若新出口企業充分利用新出口商行政復審，便有可能避開高額的統一稅率，從而獲得比那些所謂老出口商相對較低的單獨反傾銷稅率甚至是零稅率，由此贏得競爭優勢開拓目標市場。

3. 法律焦點

分析武漢小蜜蜂公司的新出口商復審實戰經驗，參照中國其他行業已發生的類似案件，在美國、歐盟等發達國家和地區要想通過新出口商復審獲得優惠、較低的單獨稅率，除通常的應對反傾銷問卷調查、實地核查等事項措施外，出口企業還必須在下述兩個方面做實文章：一是必須證明政府對其出口行為沒有法律上的控制，二是必須證明政府對其出口行為沒有事實上的控制。這一問題的核心均在於美國、歐盟等發達國家和地區至今仍不承認中華人民共和國的市場經濟地位，認為中國是非市場經濟國家或轉型經濟國家。因此中國企業申請新出口商復審時需要接受單獨稅率測試，證明企業符合獲得單獨稅率的標準，才能被調查機關接受裁定單獨的傾銷幅度和較低的反傾銷單獨稅率，否則就要繳納高額的全國統一反傾銷稅率。

總結在美國提請新出口商復審的經驗，美國調查機關在確定新出口商的出口行為在法律上是否受政府控制時主要考慮三個因素：①是否存在任何削弱或分散對企業控制的立法；②是否存在任何其他中央或地方政府削弱或分散對企業控制的措施；③是否存在與單個出口商的營業執照和出口許可證相關的限制性約束。要證明上述三點，出口企業須提交《中華人民共和國公司法》《中華人民共和國對外貿易法》以及企業營業執照等，以證明中國政府對其出口行為不存在法律上的控制。

同時，出口企業還要證明其出口行為在事實上不受政府的控制。在分析該問題時，美國調查機關通常還要考慮四個因素：①出口商確定出口價格時是否獨立於政府，無須政府的批准；②出口商是否能保有銷售收入並且能獨立做出有關利潤分配和虧損彌補的決定；③出口商是否有權進行談判、簽署合同和其他協議；④出口商是否能獨立於政府自主選擇管理層。

在申請新出口商復審以期獲得優惠單獨稅率時，除政府法律上的控制外，新出口商能證明政府對其出口行為不存在事實上的控制尤其重要。因此，新出口商首先要搞清楚調查機關的調查要求和證據要求，在提供材料時注意不得提供虛假的材料，否則就會功虧一簣，失去機會。

三、案例啟示

1.「洋官司」並不可怕

隨著中國出口規模的高速增長，國外對我出口產品反傾銷不斷升級，案件也越來越多。然而，面對國外的反傾銷調查，國內仍有不少企業缺乏運用國際法律規則保護自身權益的法律意識，存在「等、靠、要」的思想，只想搭便車而不願意站出來，因而延誤了應訴時機，導致最終被徵收高額反傾銷稅或被迫退出該市場。武漢小蜜蜂公司應訴反傾銷的成功經驗告訴我們：贏了反傾銷就是贏得了市場。「洋官司」並不可怕，關鍵在於要熟悉國際規則和相關國家的法律法規。正如武漢小蜜蜂公司董事長所堅信的：「我們一定能贏得這場官司，因為我們沒有傾銷商品。」不懼「洋官司」、敢於應訴的理念最終維護了武漢小蜜蜂公司的利益。因此，出口企業在遭受國外反傾銷調查時，萬萬不可消極等待、觀望，甚至「前怕狼後怕虎」，要團結一心、眾志成城，高舉維權之劍，積極大膽應訴，維護自身的正當權益。

2. 策略應訴是關鍵

武漢小蜜蜂公司對美出口蜂蜜反傾銷案的經驗還啟示我們：出口企業招致反傾銷在積極應訴的同時，還應該做到「策略應訴」，即理性地對待應訴，把握戰略和戰術的結合，找到案件的關鍵突破口，為最終的勝訴奠定基礎。

武漢小蜜蜂公司首先積極爭取武漢市商務局和湖北省商務廳的大力支持，爭取到中國食品土畜進出口商會的全力支持，在專家的指導下尋找到了最佳的路徑，樹立了應訴的信心並熟悉和掌握了相關法律規則，在此基礎上找到了主動出擊的突破口。該公司利用美國的新出口商行政復審制度，繞開高額的全國統一反傾銷稅率，通過獲得比其他中國蜂蜜出口企業相對較低的單獨稅率，贏得其他出口企業所不具備的競爭優勢，開拓美國蜂蜜新市場。

3. 熟悉規則、遵守規則、在例外規則中找商機

WTO 法律規則博大精深，各國法律制度更是紛繁複雜。出口企業在經營活動中遵循國際規則與進出口國的法律制度是前提。但眾多國際多邊協定的形成過程均是討價還價、艱苦而漫長談判的結果，所以自然形成了大量的例外規則。發達國家通過這些例外規則不斷獲取實質利益，發展中國家也通過這些例外規則對國內工業進行保護，促進國內經濟的發展。反傾銷手段的頻繁使用嚴重扭曲了國際貿易，導致資源的浪費及其他一系列嚴重後果，發展中國家深受其害。

以上武漢小蜜蜂公司的應訴策略的嘗試是成功的，既遵守了反傾銷規則，又成功地應用好了例外規則。新出口商復審已經成為中國出口企業在錯過原始的反傾銷調查之後，避開高額的全國反傾銷稅率，進入當事國市場的法律利器。面對國外對中國出口產品反傾銷的大潮，廣大出口企業應勇於應訴、理性應訴、策略應訴，善於運用新出口商復審這一法律武器，進入海外新市場，維護企業權益，擴大出口規模，增加出口效益。

案例二　中國暖水蝦遭遇美國反傾銷的案例分析

2004 年 2 月，美國國際貿易委員會建議對原產於中國等 6 個國家的冷凍和罐裝暖水蝦徵收高額反傾銷稅。消息傳出，在中國水產業，特別是蝦產業中引起了強烈震動，使中國蝦產品出口嚴重受阻。2004 年 4 月，中國漁業大省浙江全面停止對美出口蝦產品。2004 年 3 月至 6 月，廣東蝦產品對美國出口僅為 1, 010 噸，降幅達 85. 9%。此 4 個月出口量比前 2 個月下降 37. 6%。2004 年，中國向美出口海產蝦 6. 61 萬噸，同比下降 18. 84%；金額 3. 386 億美元，同比下降 23. 78%。而 2004 年美國蝦產品進口量在 50 萬噸的水準，中國蝦產品佔有率為 13. 2%。自 2004 年下半年開始，中國幾乎失去了美國蝦產品市場。這是中國進入世界貿易組織後，在國際貿易中遭受的第一起有關水產品的反傾銷調查。當塵埃落定之後，我們有必要重新審視此案，為今後的水產品國際貿易提供借鑑。

一、案例介紹

2002 年 1 月，以佛羅里達半島沿海地區為代表的美國南部阿拉巴馬、佛羅里達、佐治亞、得克薩斯、路易斯安那、密西西比、北卡羅來納、南卡羅來納 8 個州養蝦業的 47 家企業組成「南方蝦業聯盟」，以本國蝦產業利益受到進口蝦威脅為由，商議對原產於泰國、中國、越南和部分南美國家在內的 16 個國家的進口對蝦提起反傾銷立案調查訴訟申請，並聘請律師搜集證據。2002 年春季，由於異常低溫，墨西哥灣野生對蝦捕獲量減少，過少的捕獲量意味著賺錢的機會較少，使美國南方蝦類產業長期以來面臨的生產下滑問題凸顯出來。

2002 年 7 月，美國對蝦加工商也加入「南方蝦業聯盟」，該聯盟的企業總數達到 217 家，使涉案產品的範圍從原料蝦擴大至對蝦加工品。2000 年，由西弗吉尼亞聯邦參議員羅伯特 · 伯德提出並獲通過的《伯德修正案》允許將關稅收入補貼給最先提出傾銷訴訟的美國企業。2001—2003 年，美國向提起傾銷訴訟的美國企業補貼了 8 億美元。有關業界人士預計，在本次蝦反傾銷案中，即使僅對目前 50%的六國進口蝦數量徵收 15%的反傾銷稅，關稅總額也將達到 1. 8 億美元。按此計算，參與和積極支持本次反傾銷訴訟案的 217 家捕蝦業者，每家可從徵收的反傾銷稅中平均分得 82.9 萬美元的補償金。這就是美國企業積極申訴的重要原因。

2003 年 8 月 8 日，美國「南方蝦業聯盟」決定向美國國際貿易委員會申請對進口蝦進行調查，對以中國為首，包括巴西、泰國、委內瑞拉等 12 個對蝦出口國提起反傾銷訴訟。2003 年，美國聯邦政府以救災款（disaster assistance）的名義資助國內捕蝦業者 3,500 萬美元。

2003 年 12 月 31 日，美國「南方蝦業聯盟」正式致函美國國際貿易委員會，要求對亞洲和拉美幾個國家的冷凍和罐裝暖水蝦徵收 25.76%~63.68%的反傾銷稅，稱「由於外國蝦養殖業者的不公平競爭，美國捕蝦者和蝦加工者已經不能維持基本的生產，正處於全行業虧損的境地」。該聯盟提供的數字顯示，2000—2002 年，進口蝦急遽增長導致美國蝦加工企業大量裁員，兩年間蝦捕撈產值從 12.5 億美元降至 5.6 億美元，下降了 50%以上。在墨西哥灣沿岸的一些港口，捕撈蝦的港口交貨價約為 3.3 美元/磅，比兩年前低了近 50%。路易斯安那州政府將 35 萬美元的聯邦資金撥付給參與提出反傾銷訴求的蝦捕撈企業用以支付律師費用，該州的一些官員公開力勸蝦捕撈業者向聯邦政府申請《伯德修正案》資金。

2004 年 1 月 4 日，美國國際貿易委員會發布公告，啓動對原產於中國、巴西、厄瓜多爾、印度、泰國和越南的冷凍和罐裝暖水蝦的產業損害調查程序。涉案產品海關編碼為 03061300、16052010。2004 年 1 月 21 日，美國國際貿易委員會舉行聽證會，聽取支持徵稅方和反對徵稅方為時 1 小時的陳述。

2004 年 2 月 17 日，美國國際貿易委員會初裁認定，原產於巴西、中國、泰國、印度、越南、厄瓜多爾的冷凍和罐裝暖水蝦損害了美國以海洋捕撈為主的蝦產業，建議對上述國家的蝦產品徵收高額反傾銷稅。2004 年 7 月 6 日，美國商務部發布公告，對原產於中國和越南的冷凍和罐裝暖水蝦做出反傾銷初裁：除中國湛江國聯水產品有限公司外，中國暖水蝦生產商和出口商的傾銷幅度為 7.67%~112.81%；越南暖水蝦生產商和出口商的傾銷幅度為 12.11%~93.13%。此外，美國國家海洋漁業服務署以宣傳野生捕撈蝦的行銷費用的名義資助「南方蝦業聯盟」400 萬美元。

2005 年 1 月 6 日，美國國際貿易委員會對原產於巴西、中國、厄瓜多爾、印度、泰國和越南的冷凍和罐裝暖水蝦做出產業損害終裁：原產於上述六國的冷凍暖水蝦對美國國內產業造成了實質性損害；原產於中國、泰國和越南的罐裝暖水蝦沒有對美國國內產業造成損害；原產於巴西、厄瓜多爾和印度的罐裝暖水蝦造成的損害屬於微量。

2005 年 1 月 26 日，美國商務部發布公告，修改此前做出的對原產於中國、巴西、厄瓜多爾、印度、泰國和越南的冷凍和罐裝暖水蝦的反傾銷終裁結果並發布反傾銷徵稅令。美國商務部在修訂後的裁決中沒有將罐裝暖水蝦包含在徵稅範圍之內。其中，中國應訴企業中獲得單獨稅率的企業為 39 家，占總數的 73.58%，比初裁增加了 18 家。獲得單獨稅率的企業平均稅率為 53.68%。平均稅率與初裁變化不大。

湛江國聯水產品有限公司的單獨稅率被重新確定為0.067,6%。中國應訴企業有53家，在當時占中國對蝦出口企業總數的51%。也就是說，有49%的企業沒有應訴，而較長期地放棄了美國蝦產品市場。

2005年4月21日，美國商務部反傾銷執行辦公室公布了非市場經濟國家反傾銷單獨稅率申請模板和所需證明文件。美國商務部認定，中國、越南、烏克蘭、白俄羅斯、摩爾多瓦、阿塞拜疆、格魯吉亞、亞美尼亞、吉爾吉斯斯坦、塔吉克斯坦、土庫曼斯坦和烏茲別克斯坦為非市場經濟國家。非市場經濟國家的出口商只有在法律和事實上提供充足的證據說明出口活動不受政府控制，才可以獲得單獨的傾銷幅度。

政府在事實上未對出口活動進行控制通常取決於以下四個因素：①每個出口商是否未在政府的控制下、未經政府授權單獨制定出口價格；②每個出口商是否根據銷售情況獨立做出有關利潤分配和融資的決定；③每個出口商是否有權進行談判、簽署合同和其他協議；④每個出口商是否在確定管理層方面享有自主權。在進行上述檢驗後，應訴企業可以申請單獨稅率。實際上，正是由於中國被美國認為是非市場經濟國家，在蝦產品反傾銷案中，中國所受到的傷害也最大。

2005年4月25日，美國商務部法律顧問Theodore Kassinger同來訪的印度商務部領導人Elangovan和Menon會談之後，美國國際貿易委員會決定重新考慮對印度和泰國這兩個受到海嘯侵害的國家執行反傾銷稅。

在被調查的6個國家中，印度和泰國這兩個養蝦大國被終止調查。巴西和厄瓜多爾的絕大多數企業仍然可以向美國出口冷凍蝦。越南有4家企業可以向美國出口對蝦。中國有1家企業可以向美國出口對蝦。美國對中國和越南基本關閉了蝦市場的大門。中國是本次案件受影響最嚴重的國家。

受本次案件影響，中國一些大型對蝦加工企業已經停產，更多的企業處於半停產狀態，很多企業開始轉產。由於對蝦龍頭企業數量劇減，一大批對蝦養殖戶也開始轉產。很長一段時間，從中國南方到北方的南美白蝦養殖熱、加工熱、出口熱被就此節制。但是，由此帶來了更為嚴重的問題：中國由此而出現的剩餘勞動力、剩餘生產力又都投入已經明顯過剩的羅非魚的養殖、加工和出口之中。當水產品出口中的第一品牌——對蝦出口受阻後，緊接著我們又用自己的手把羅非魚推向反傾銷的風口浪尖。

二、案例特點分析

1. 擴大適用「緊急情況」條款

2003年5月19日，申訴方申請涉案產品存在「緊急情況」。2003年5月27日，應訴方就申訴方的「緊急情況」申請進行抗辯。由於申訴方在美國商務部做出初裁的法定時限的前20日提出申請，根據美國法典19CFR351.206的規定，美國商務部須在傾銷初裁做出前做出「緊急情況」的初裁。

根據美國商務部反傾銷條例的規定，應根據下列標準確定涉案產品的進口是否在短期內大量增加：①進口產品的數量和價值；②季節趨勢；③進口量占國內消費量的百分比。關於「涉案產品在短期內大量進口」的條件方面，美國商務部通常是以申訴方提交申請之日前的一段時間（通常為不少於 3 個月）與提交申請書之後的相同一段時間進行對比，如果提交申請書後的一段時間的進口量比提交前一段時間的進口量增長 15%，則認為涉案產品在短期內被大量進口。

確定涉案產品是否有傾銷的歷史時，美國商務部通常會調查其國內以及其他國家的反傾銷案對於目前正在被調查的產品是否曾經有徵收反傾銷稅的情況。美國商務部政策辦公室負責調查在美國之外是否有其他國家對被調查產品採取過反傾銷措施，信息來源主要是世界貿易組織反傾銷措施委員會發布的各成員提供的報告。本案申訴方沒有提供這方面的證據，美國商務部也不清楚涉案產品是否存在傾銷的歷史，因此，美國商務部不能認定涉案產品有傾銷的歷史。

在關於「進口商已知或應知出口商以低於正常價值出口到美國，且此類傾銷會造成損害」的條件方面，美國商務部以估算涉案產品的傾銷幅度的大小作為認定依據。

如果在涉案產品的出口商直接將產品出口給美國國內的非關聯公司的情況下估算出的傾銷幅度大於或等於 25%，或者在涉案產品的出口商通過美國國內的「關聯企業」將產品出口給美國國內的非關聯公司的情況下估算出的傾銷幅度大於或等於 15%，商務部則推定進口商已知或者應知涉案產品存在傾銷。

在對上述法律標準進行分析後，美國商務部認為進口商、出口商或生產商已知或應知涉案產品存在傾銷。美國商務部表示，2002 年 12 月至 2003 年 8 月與 2003 年 9 月至 2004 年 5 月比較，進口量增長了 51. 57%。由於強制應訴企業和申請單獨稅率企業提交了緊急情況信息，美國商務部做出初裁，認定進口商已知或應知出口商正在以低於正常價值的價格出口涉案產品並由此給美國國內產業造成實質性損害。

因為涉案產品在申請書被提交後的相當短的一段時間內的進口量比此前一段時間的進口量增長超過 15%，同時，進口商已知或應知出口商正在以低於正常價值的價格出口涉案產品並由此給美國國內產業造成實質性損害。因此，2004 年 7 月 16 日，美國商務部做出緊急情況初裁，所有涉案企業，除湛江國聯水產股份有限公司和汕頭紅園食品有限公司公司外，都存在緊急情況。

美國商務部對緊急情況做出的初裁和終裁都是肯定的，裁定涉案產品存在緊急情況的直接法律後果是，可以對實施臨時措施前 90 日內的進口涉案產品追溯徵收反傾銷稅。因此，在本案中大面積適用緊急情況對企業的影響是非常大的。

儘管在 2005 年 1 月 6 日，美國國際貿易委員會的 6 名委員一致就緊急情況做出了否定性裁決。但值得我們注意的是，緊急情況的適用在調查期間保護國內產業和阻止涉案產品進入美國具有不可替代的作用。

2. 全面收緊單獨稅率

（1）拒絕單獨稅率申請企業的比例大。

美國商務部初裁中有 21 家企業獲得單獨稅率，32 家企業未能獲得單獨稅率，未能獲得單獨稅率企業的比例占申請單獨稅率企業的 61%。在中國應訴企業的抗爭下，美國商務部在終裁中只給予 35 家中國企業單獨稅率，拒絕給予其他 18 家企業單獨稅率，拒絕申請的比例占申請單獨稅率企業的 34%。儘管 2005 年 1 月 26 日，美國商務部對其終裁進行了修正，但只有 39 家中國企業獲得單獨稅率，仍有 14 家中國企業未能獲得單獨稅率。未能獲得單獨稅率企業的比例占申請單獨稅率企業的 26%。

（2）申訴方極力推動採用聯合稅率。

申訴方根據美國 2004 年 9 月 20 日公布的對非市場經濟國家單獨稅率修訂徵集意見，要求對中國應訴企業適用聯合稅率。申訴方聲稱，依據目前對來自非市場經濟國家單獨稅率申請的做法，美國商務部只將單獨稅率給予應訴的出口商，而不給未應訴的生產商（生產商如向美國出口，則適用普遍稅率），這種做法使生產商可以通過獲得較低稅率的出口商向美國出口，以達到規避較高反傾銷稅的目的。

申訴方建議美國商務部將出口商與在調查期內與其有代理出口關係的生產商捆綁在一起，並適用統一的反傾銷稅率。申訴方進一步要求美國商務部加大聯合稅率的適用範圍，應適用於所有非市場經濟國家案件的所有涉案企業。

美國商務部在初裁中沒有採納申訴方的意見，主要理由是美國對非市場經濟國家的單獨稅率政策修訂還處於徵集意見期，所以不能作為本案處理非市場經濟國家的單獨稅率問題的依據。

從美國的裁決意見中可看出，如果美國正式實施修正後的對非市場經濟國家單獨稅率政策，美國商務部很可能對中國的應訴企業採用聯合稅率，而採用聯合稅率對中國企業將非常不利。

實際上，美國商務部在 2004 年 12 月 28 日公布了對非市場經濟國家單獨稅率政策的變化，並繼續徵求公眾意見。總之，美國國內申訴企業的呼聲以及美國商務部在單獨稅率上的政策趨勢在一定程度上限制了中國應訴企業申請單獨稅率。

（3）替代國價格不公正。

美國視中國為非市場經濟國家，根據生產要素來計算中國涉案產品的正常價值。在計算正常價值時，美國商務部計算的生產要素包括（但不限於）：生產率、原材料、能源和其他資源的消耗，有代表性的成本。按照生產要素的計算方法，在本案中，美國商務部根據中國涉案企業提交的其在調查期內投入的生產要素數量，乘以相應的印度（印度為替代國）產品價格，再加上一定比例的製造費、銷售及管理費、利潤和一定的包裝費用，即為中國涉案產品的正常價值。在生產要素的替代價格方面，暖水蝦的替代價格是雙方爭議的焦點。在計算正常價值時，帶頭、帶殼暖水蝦的價格在計算正常價值時的比例非常大，是計算是否存在傾銷的重要因素。根據使用替代價格的條件，美國商務部指出，申訴方和應訴方提供的替代價格都不能滿足條件。

2004 年 5 月 21 日，中國應訴企業提供的替代價格是來自印度海產品協會在調查期內發布的、按照不同地區帶頭蝦的大小規格詳細統計的價格。印度海產品協會是代表印度蝦出口企業和加工企業的組織，在印度主要的蝦生產地都有分支機構。此外，印度海產品協會公布的價格是美國反傾銷調查期內的價格，反應了真實的蝦購買價格。申訴方指出，印度海產品協會公布的價格不是真實的市場交易價格，只是該協會建議企業銷售的最低價格。同時，申訴方還指出，印度海產品協會的價格只提供給其會員，而無法從公開渠道獲得。

隨後，中國應訴企業向美國商務部提供了兩份替代價格：一份是美國水產品合格證理事會網站上公布的印度蝦加工企業按規格支付的原料蝦價格，另一份是印度兩家最大的蝦生產公司對原料蝦的平均採購價格數據。

但是，美國商務部最終採納了申訴方的建議，使用印度 Apex 食品有限公司在 2002 年 5 月—2003 年 5 月的財務報表上的原料價格數據作為替代價格。而該財務報表的數據是該公司 2002 年度採購的全部水產原料。這些原料中不僅包括了 20%以上加工過的去頭蝦，還包括了其他海產品（如龍蝦）。美國採用了此家公司的蝦的價格作為替代價格，但實際上，該價格不具備最低限度的代表性。此外，本案調查期為 2003 年 4 月至 9 月，而美國商務部選取的印度這家公司財務報表價格為 2002 年 5 月—2003 年 5 月，不在調查期內。美國商務部所選擇的替代價格不符合代表性和同期性的原則。這種不公平的替代價格導致中國涉案企業適用的反傾銷稅不合理、不合法。

（4）商務部與國際貿易委員會對涉案產品的裁決方式衝突。

美國商務部在初裁、終裁中都把冷凍和罐裝暖水蝦作為涉案產品，並計算其傾銷幅度。美國國際貿易委員會的初裁也沒有區分冷凍暖水蝦與罐裝暖水蝦。裁決結果表明，冷凍暖水蝦和罐裝暖水蝦都對美國國內產業造成了損害。而在終裁中，美國國際貿易委員會卻把冷凍暖水蝦和罐裝暖水蝦分開裁決：2005 年 1 月 6 日，美國國際貿易委員會對中國的冷凍暖水蝦和罐裝暖水蝦做出產業損害終裁。美國國際貿易委員會 4 名委員認定，涉案產品為兩種相似產品，即冷凍暖水蝦和罐裝暖水蝦。其中，冷凍暖水蝦對美國國內產業造成實質性損害，罐裝暖水蝦未對美國國內產業造成損害。根據美國國際貿易委員會的終裁，美國商務部對原產於中國的冷凍暖水蝦發布反傾銷徵稅令，而不對罐裝暖水蝦發布反傾銷徵稅令。

儘管中國對美國出口的罐裝暖水蝦的數量很少，但是，美國國際貿易委員會的裁決引起的法律問題值得涉案企業關注，因為計算傾銷幅度時是把罐裝暖水蝦和冷凍暖水蝦放在一起進行計算的。既然美國國際貿易委員會最終裁決罐裝暖水蝦沒有對美國國內產業造成損害，那麼，如何處理在計算傾銷幅度時已經計算的罐裝暖水蝦的價格和數量、確定什麼樣的傾銷幅度對中國涉案企業才是公平的等相關問題都是涉案企業應該考慮的。2005 年 1 月 26 日，美國商務部發布公告，對終裁結果進行修正：4 家強制應訴企業中只有聯合太平洋集團公司的反傾銷稅發生了變化，從 84.93%修正為 80.19%；獲得單獨稅率的企業的反傾銷稅從 55.23%降至 53.68%。2005 年 2 月 1 日，美國商務部根據修正後的終裁結果發布反傾銷徵稅令。中國涉案企業對美國商務部發布的徵稅令不服，並向美國國際貿易法院提起上訴。

三、案例啟示

第一，反傾銷並不是政府行為，而是企業行為。用市場經濟的觀點看，政府是為企業服務的，圍著企業轉，為企業解決困難，而不是企業圍著政府轉。正是由於中國被認定為非市場經濟國家，所以，中國企業受到的影響最大。也正因為如此，該事件也具有了政治色彩。那麼，如何從這一困境中突圍？只有一條路，那就是在所謂的「非市場化國家」的環境中，創造出市場化的企業，即確立起現代公司制度的企業。企業在所有的商業行為中，應該刻意營造商人的光環，而不是政府的光環。行業要有自己的組織，企業要有自己的組織，這種組織不是政府的組織，也不是政府的某一個部門控制的組織，而是市場化的、能夠自己說了算的組織。

第二，行業要建立起專業性的預警體系，企業更要建立起企業自身的預警體系。通過這次美國蝦反傾銷案，我們可以看到，整個事件美方醞釀了三年，而我們很多企業對此毫無反應。企業的產品研發是重要的事情，但比產品更重要的是對產品所處市場的研究，是信息的篩選、搜集、整理、提煉。企業必須要養「閒人」，要有沒有經濟指標的人，要有不圍著產品轉的人，要有專門研究市場的人。信息時代的網絡化並不是簡單地建立公司網站，不是讓別人能夠搜索到自己，更不是擺譜，而應是能夠隨時知道潛在的競爭對手正在做什麼。信息人員不是電腦操手，而是具有職業敏感度的市場分析人員、市場情報人員。湛江國聯水產品有限公司於 2002 年得到案件的相關信息後，立即組織人員做好防範工作，保全原始記錄，在強制調查中從容應對，填寫了 3,000 多份問卷，最後勝出。雖然代價是 1,000 多萬元的應訴費用，但相對於 1 億美元/年的出口額，確是九牛一毛。

第三，單一產品的公司、單一市場的公司、單一客戶的公司都是經營風險極高的公司，都是不穩定的公司。一旦市場發生變化，這樣的企業隨時都會面臨絕境。多元化的策略，無論是在國際還是國內貿易中都是非常必要的。當企業產品處於成熟期時，尤其應當如此。多元化的策略，主要是指企業既應該有成熟期的產品，也應該有成長期的產品，還要有開發期的產品。在本次蝦產品反傾銷案中，一家南方企業因為僅有對蝦一個產品，生產線只能生產出口產品，且只有美國一個市場，結果在 2004 年 6 月不得不全面停產。而此前其半年出口額就已經達到 2,000 多萬美元，2003 年 9 月新建流水線才剛剛投產，損失慘重。多元化的策略還表現在多元化的市場上。雖然湛江國聯水產品有限公司在本次蝦反傾銷案中以零關稅勝出，但是，按照多元化思想，其不僅應該逐步提高在美國市場的佔有率，更應該將目光投向其他市場，如日本、南美、歐盟和東南亞等。

第四，產品質量是企業生存的根本。湛江國聯水產品有限公司此次以零關稅勝出，很多人想知道為什麼。其實，根本的原因在於產品過硬的質量、在於生產環境的全面現代化、在於員工的出色表現。美國商務部代表在現場核查中對湛江國聯水產品有限公司優秀的生產環境、嚴格的全程質量管理表示欽佩。所以，湛江國聯公司勝出不是美國的選擇，而是市場的選擇。

第五，尊重市場規律是我們應對反傾銷的最有力的武器。政府有關部門、很多省市往往熱衷於人為地確定優勢產業帶、優勢產品群，形成一哄而上、又一哄而下的局面，結果事與願違。優勢產業的形成不是人為決定的，而是市場決定的。人為決定的事情，多數會被市場無情地改變和修正。政策導向應該集中在科技含量高、附加值高、核心競爭力高的產品、產業、資金投入上。科學的發展觀要求政策導向更加關注環境保護、水資源的充分利用、產品生產全過程有害物質的嚴格控制、相關產業的可持續發展上。

市場規律要求我們，政府必須與企業脫鉤。企業的事情企業辦、行業的事情行業辦、政府的事情政府辦，各司其職。

案例三　蘋果枝反傾銷案

一、案例介紹

1. 背景

20 世紀 90 年代，中國濃縮蘋果汁加工業異軍突起，濃縮蘋果汁產量和出口量急遽增加，1998 年產量達到了 9.09 萬噸，出口量達到 8.05 萬噸，出口占到了生產量的 88%。美國是中國濃縮蘋果汁最大的出口市場，約占全國出口總量的 40%～50%。但是由於中國濃縮蘋果汁加工業發展過快，各地濃縮蘋果汁加工企業重複建設嚴重，導致生產相對過剩。國內企業在生產和出口上缺乏協調和統一，於是在國內市場尚未打開之前競相出口、低價競銷，在短期內對美國出口量迅速增加，從 1995 年的 3,000 噸增長到 1998 年的 40,000 噸，增幅超過 1,200%；在美國濃縮蘋果汁市場的佔有率也從 1995 年 1%上升到 1998 年 18%，而同期中國濃縮蘋果汁的平均出口價格卻迅速下降，從 1995 年 7.65 美元/加侖下降到 1998 年的 3.57 美元/加侖，下降幅度超過 53%。中國出口的大量低價濃縮蘋果汁對美國蘋果種植業和加工業帶來了較大衝擊。從 1995 年到 1998 年，美國濃縮蘋果汁價格下降了 50%，蘋果的價格也從 1995 年的 153 美元/每噸下降到了 1998 年 55 美元/每噸，下降了 64%。據美國農業部估計，1995 年到 1998 年，美國蘋果種植業的損失超過 1.35 億美元。

1998 年，中國蘋果豐收，中國濃縮蘋果汁的出口進一步擴大。面對這種情況，美國蘋果協會主席納期於 1998 年年底開始聯合美國同類企業起訴中國濃縮蘋果汁低價傾銷，並在 1999 年年初向美國商務部遞交申請，要求對中國濃縮蘋果汁徵收高達 91.84%的反傾銷稅。該消息很快傳到國內，在中國食品土畜產進出口商會的組織和聯合下，中國近 50 家蘋果汁生產廠家於 1998 年年底和 1999 年年初兩次聚會商討對策，會上大家一致同意把對美出口價格上調，不再相互惡性競爭。

按美國反傾銷法規定，起訴書必須先經由美國國際貿易委員會初審，通過後才能由商務部再審，應訴時間不超過 20 天，終裁時間為一年。由於中美兩國政府協調，美國商務部初裁立案時間從 1999 年 1 月推遲到當年 6 月。

2. 案件經過

任何一個反傾銷案都要經過一個複雜的調查裁決過程。本案主要經歷了以下四個過程：①反傾銷的提起；②初裁及其調查；③終裁及其調查；④徵收反傾銷稅。

（1）反傾銷的提起。

1999 年 6 月 7 日，五家美方企業聯名向美國商務部提交了正式申請書，控告中國的非冷凍濃縮蘋果汁在美國傾銷。美方企業聲稱從中國進口的非冷凍濃縮蘋果汁正在或可能以低於正常價值的價格向美國出售，而且這些進口給美國的某一產業造成了實質性的損害和威脅。

1999 年 6 月 27 日，美國商務部根據美方企業提供的信息，認為以不公平的價格從中國進口的非冷凍濃縮蘋果汁存在傾銷行為，決定受理此案，對來自中國的非冷凍濃縮蘋果汁進行反傾銷調查。

調查期間為 1998 年 10 月至 1999 年 3 月，調查內容為中國對美國出口的冷凍濃縮蘋果汁的數量、價格及對美國國內市場的影響。

（2）初裁及調查。

在調查期內對美國出口過非冷凍濃縮蘋果汁的中國生產和出口企業共有 40 多家，其中菸臺北方安德利果汁有限公司（以下簡稱北方安德利）、陝西海升鮮果汁有限公司（以下簡稱海升）、三門峽湖濱果汁製造有限公司（以下簡稱湖濱）、山東中魯果汁有限公司（2001 年 3 月組建為「國投中魯果汁股份有限公司」）（以下簡稱中魯）、東岳菸臺果汁進出口公司（以下簡稱東岳）、青島南南食品有限公司（以下簡稱南南）、陝西咸陽富安果汁有限公司（以下簡稱富安）、西安亞秦果品有限公司（以下簡稱亞秦）、陝西機械設備進出口公司（以下簡稱陝西機械）、陝西對外經濟貿易發展公司（以下簡稱陝西外經）、長沙市工礦產品進出口有限公司（以下簡稱長沙工礦）和山東省食品進出口公司（以下簡稱山東食品）12 家企業聘請了律師進行應訴。

美國國際貿易委員會通過對涉案商品進口數量變化、價格變化以及對美國國內產業的影響等幾個方面的調查，於 1999 年 7 月 22 日做出初步裁定，認為從中國進口的非冷凍濃縮蘋果汁對美國的非冷凍濃縮蘋果汁產業造成了實質性損害。

在美國國際貿易委員會做出初步裁決之後，由美國商務部對中國非冷凍濃縮蘋果汁是否低於正常價值進行調查。

1999年7月22日，按照美國商務部的要求，12家應訴企業提供了1998年10月1日至1999年3月31日期間向美國出口的涉案商品的詳細清單。

1999年7月27日至29日，美國商務部發信至中國食品土畜產進出口商會索要以下信息和文件：①調查期間向美國出口的非冷凍濃縮蘋果汁的總量；②調查期間除了12家應訴企業外其他向美國出口過非冷凍濃縮蘋果汁的企業名單和每個企業的出口數量；③向非生產性出口企業提供產品的生產企業名單。1999年8月11日，中國食品土畜產進出口商會提供了在1998年10月至1999年3月向美國出口的非冷凍濃縮蘋果汁的總量和其他18家出口商詳細的出口情況和聯繫方式。

由於涉及的出口商數量太多，美國商務部決定把調查對象限定在5家最大的生產和出口企業（按數量排序），這五家必須接受調查的企業分別是北方安德利、海升、東岳、南南和陝西機械。1999年8月17日美國商務部向這五家生產和出口企業發放了完整的調查問卷，8月18日通過律師或中國食品土畜產進出口商會向其他應訴企業和所有主動要求給予分別稅率的企業發放了分別稅率問卷，內容包括這些企業非冷凍濃縮蘋果汁的銷售數量和金額、公司結構、所有權和從屬關係。當日，湖濱和中魯主動申請接受調查。1999年9月9日，湖濱和中魯被接受為自願的調查對象。1999年8月23日陝西外經放棄了應訴。

1999年9月15日，美國商務部邀請利害關係當事人就替代國的選擇發表各自的觀點，並提供公開可獲得的信息來估算產品要素的價格。1999年9月27日，美方企業和中方企業都做出了回應。1999年10月4日至6日，美方企業和中方企業各自就替代品的價值提交了不同觀點。1999年10月4日至6日，美國商務部收到了來自5個要求必須接受調查（北方安德利、海升、東岳、南南、陝西機械）和2個自願接受調查的被告（湖濱和中魯）的調查問卷的A、C、D部分。1999年9月21日，富安、亞秦、長沙工礦和山東食品遞交了分別稅率調查問卷。1999年10月，美國商務部發放了補充的調查問卷，並於1999年10月和11月收回。1999年10月14日至20日，美國商務部收到了來自美方企業關於問卷的答覆。

1999年11月3日，美國商務部對緊急情況做出初步裁決，除中魯和東岳外，其他被告均被裁定存在緊急情況。

1999年11月15日，美國商務部就中國的非冷凍濃縮蘋果汁是否低於正常價值做出初步裁決，認為中國的非冷凍濃縮蘋果汁正在或可能以低於正常價值的價格向美國出口。各企業的初裁傾銷幅度見表6.1。

表6.1　　初裁傾銷幅度

出口/生產企業	加權平均傾銷幅度（%）	緊急情況
菸臺北方安德利果汁有限公司	0	存在
陝西海升鮮果汁有限公司	18.58	存在

表6.1(續)

出口/生產企業	加權平均傾銷幅度（%）	緊急情況
三門峽湖濱果汁製造有限公司	54.55	存在
山東中魯果汁有限公司	9.85	不存在
東岳菸臺果汁進出口公司	14.97	不存在
青島南南食品有限公司	44.24	存在
陝西機械設備進出口公司	35.29	存在
西安亞秦果品有限公司	28.71	存在
陝西咸陽富安果汁有限公司	28.71	存在
長沙市工礦產品進出口有限公司	28.71	存在
山東省食品進出口公司	28.71	存在

初裁還涉及以下主要內容：①擴大了被調查產品的範圍，把添加了維生素和礦物質的非冷凍濃縮蘋果汁列入被調查產品的範圍。②對分別稅率做出裁決，11 家應訴企業全部符合分別稅率標準，其中沒有對全部反傾銷調查問卷進行答覆的企業（因為它們沒有被選擇應答或者沒有主動申請應答）的稅率按照要求答覆的企業（不包括北方安德利，其稅率為0）的稅率的加權平均值計算。③其他企業由於沒有應訴，均被假定為由政府控制，而被裁定為一般稅率。在本案中其稅率等於應訴企業中被徵收最高反傾銷稅企業湖濱的稅率 54.55%。

（4）對以低於正常價值出口的企業按傾銷幅度交納保證金。

1999 年 11 月 24 日，中方企業指出在初步裁定中，美國商務部在計算所有被告的一般銷售管理費用（SG&A）、經常開支比例、湖濱的海洋運費和在決定未接受調查公司的緊急情況時存在明確的行政錯誤。

1999 年 12 月 27 日，美國商務部聯邦日志上公布了其修正後的初步裁定，主要內容有：①把稅則號更正為 2009.70.00.20 和 2106.90.52；②同意延期終裁，最晚推遲至 2000 年 4 月 6 日，並延期臨時措施；③對湖濱公司的傾銷幅度做出了更正，從初裁的 54.55%降低至 29.89%。

（5）終裁及其調查。

2000 年 1 月 10 日，陝西機械向美國商務部聲明不再接受調查，退出應訴。

2000 年 1 月和 2 月，美方企業就菸臺北方安德利果汁有限公司、陝西海升鮮果汁有限公司、三門峽湖濱果汁製造有限公司、山東中魯果汁有限公司、東岳菸臺果汁進出口公司、青島南南食品有限公司提交的調查問卷進行查證，並於 2000 年 2 月和 3 月發布了查證報告。

按照美國商務部的要求，2000 年 2 月 25 日至 28 日，美方企業和中方企業就替代品的價值各自提交了補充信息。2000 年 3 月 9 日至 14 日，美方企業和中方企業提交了案件和舉證簡（filed Case and rebuttal briefs）。

2000 年 4 月 6 日，美國商務部就中國的非冷凍濃縮蘋果汁是否低於正常價值做出最終裁決。各企業的終裁傾銷幅度見表 6.2。

表 6.2　　仲裁傾銷幅度

出口/生產企業	加權平均傾銷幅度（%）	緊急情況
菸臺北方安德利果汁有限公司	0	不存在
陝西海升鮮果汁有限公司	12.9	不存在
三門峽湖濱果汁製造有限公司	28.54	存在
山東中魯果汁有限公司	9.4	不存在
東岳菸臺果汁進出口公司	9.96	不存在
青島南南食品有限公司	15.36	存在
西安亞秦果品有限公司	15.36	不存在
陝西咸陽富安果汁有限公司	15.36	不存在
長沙市工礦產品進出口有限公司	15.36	不存在
山東省食品進出口公司	15.36	不存在

終裁的主要內容還涉及以下幾個方面：①由於陝西機械不允許美國商務部驗證其信息的可靠性，並退出調查，所以不再被看作應訴公司，而適用一般稅率；②由於使用最佳可獲得信息計算的稅率高於應訴者的最高稅率，所以被用作一般稅率；③海關將要求出口企業按傾銷幅度提供擔保或現金押金。

在中方企業的要求下，2000 年 4 月 17 日，美國商務部召開了公開聽證會。2000 年 4 月 18 日美國商務部收到了來自中方企業提交的關於終裁中存在行政錯誤的報告。美國商務部承認其在終裁中計算國際運輸費用替代價值時存在行政錯誤，並對終裁做了如下修正，見表 6.3。

表 6.3　　修正後的終裁傾銷幅度

出口/生產企業	加權平均傾銷幅度（%）	修改後的加權平均傾銷幅度（%）
菸臺北方安德利果汁有限公司	0	0
陝西海升鮮果汁有限公司	12.9	12.03
三門峽湖濱果汁製造有限公司	28.54	27.57
山東中魯果汁有限公司	9.4	8.98
東岳菸臺果汁進出口公司	9.96	9.96
青島南南食品有限公司	15.36	25.55
西安亞秦果品有限公司	15.36	25.55

表6.3(續)

出口/生產企業	加權平均傾銷幅度(%)	修改後的加權平均傾銷幅度(%)
陝西咸陽富安果汁有限公司	15.36	14.88
長沙市工礦產品進出口有限公司	15.36	14.88
山東省食品進出口公司	15.36	14.88

2000年5月30日，美國國際貿易委員會做出裁決：以不公平的價格從中國進口的非冷凍濃縮蘋果汁對美國的非冷凍濃縮蘋果汁產業造成了實質性損害。

3. 徵收反傾銷稅

2000年6月5日，美國海關對中國的非冷凍濃縮蘋果汁徵收了最高為51.74%的反傾銷稅，進口商要求按從中國進口的非冷凍濃縮蘋果汁的反傾銷稅率交現金押金；對1999年11月23日以後進口的中國非冷凍濃縮蘋果汁具有追溯效力，徵收反傾銷稅，對最終裁決徵收反傾銷稅的稅額小於初步裁定徵收臨時反傾銷稅的稅額部分予以返還。公司特定的反傾銷稅率僅僅作為海關來年收取現金押金的依據。如果要求行政復審的話，最終反傾銷稅將按對未來12個月實際的進口價格進行行政復審的結果徵收。

二、案例啟示

1. 遭遇反傾銷的原因

從上述案例分析，我們可以得出中國農產品遭受反傾銷的原因主要有以下幾點：

①產業結構不合理，導致農產品生產相對過剩；

②各企業缺乏統一的協調，無序競爭、低價競銷；

③出口農產品價格低廉，出口市場過於集中；

④對國外相關產業造成了實質性損害，或對這些產業構成了損害威脅；

⑤中國企業應訴不積極，搭便車現象嚴重；

⑥中國的非市場經濟地位；

⑦美國反傾銷法中的「替代國」方法具有不可預見性，美國當局在執行的時候或多或少存在一些任意性和歧視性。

2. 應訴經驗教訓

通過案例分析，我們可以獲得許多寶貴的經驗教訓，主要可以歸納為以下幾點：

非市場經濟地位及替代國方法擴大加深了中國企業遭受反傾銷的廣度及深度，使中國沒有傾銷的產品也容易被判為傾銷，低幅度傾銷的產品可能被判為高幅度傾銷。撤銷中國的非市場經濟地位，或者爭取有利於中國的替代國是取得低稅率的基礎。

積極應訴、充分準備是反傾銷應訴取得勝利的最基本條件。由於中國許多被訴產品沒有傾銷或只存在低幅度傾銷，因此積極應訴、充分準備往往能使企業取得較為理想的結果；相反，如果不應訴、企圖搭便車，企業就會被徵收高額反傾銷稅，並最終喪失整個市場。

由於行業協會的功能優勢，行業協會能在申訴、應訴中發揮積極作用，直接影響申訴、應訴的結果。在國外，行業協會已經成了反傾銷申訴、應訴的主體；在國內，行業協會通過協調企業與企業之間、企業與政府之間的關係促進了反傾銷應訴的勝利。

由於中國企業不熟悉國外法律並缺乏應訴經驗，因此聘請國外優秀律師成了反傾銷應訴勝利的關鍵環節。按照對方反傾銷法律規定收集證據，用事實說話，不要存在想當然的想法，然後以理力爭，可以大大增加獲勝的機會。

由於反傾銷是中國企業面臨的一個相對較新的貿易問題，國內缺乏相關的專業人才，企業應訴經驗不足，對國外相關反傾銷法律也不夠熟悉，因此，應加快培養這方面的專業人才。

由於國外反傾銷調查程序的時間限制、訴方的故意拖延及隱瞞事實、國外執法機構對中國企業的不公正待遇以及中國企業應訴能力不高及應訴態度不夠認真，因此中國企業沒能做充分應訴準備，有些應訴權利被無形地剝奪了。

在對國外的反傾銷應訴中，堅持以下原則有利於取得應訴勝利：①盡可能提出多種供仲裁機構使用的替代價格方案，這樣即使最優方案沒有被採用，也不至於使用對方的方案，而使用有利於中方企業的次要方案；②與調查期越接近的數據越容易被仲裁機構採用；③重視先例的作用，從中總結應訴經驗，並作為應訴的證據。

美國反傾銷法中的「替代國」方法具有不可預見性，美國當局在執行的時候或多或少存在一些任意性和歧視性。因此在一些比較模糊的問題上，美國商務部和國際貿易委員會往往會採取有利於美方企業的替代價格，偏袒美方企業，最大限度地擴大中方企業的傾銷幅度。

中國市場經濟體制發育不夠完善，企業會計制度還不完整，有些地方不符合國際標準，從而使中國企業生產成本及銷售價格不被國外接受，因此必須使中國會計制度盡快與國際接軌。

中國企業在產品遭到反傾銷之後企圖通過各種方法規避反傾銷，但是許多國家已經建立了較完善的反規避法，因此規避不是應對反傾銷的長久之路。

3. 對策與建議

通過案例分析，要最大限度地避免反傾銷起訴，我們必須從以下幾個方面進行準備：

（1）合理調整中國農業內部產業結構。

加入世貿組織後，中國農業的內部產業結構需要按國際比較優勢進行重大調整，許多不具有比較優勢的產品可能會遭受巨大的衝擊，許多具有比較優勢的產品會因國際市場的開放而擴大商機。但是如果只注重眼前利益，調整力度過大，各企業勢必一擁而上，產量迅速上升，在國內市場變化不大、國際市場還未充分打開的情況很可能出現產品的相對過剩。加上中國的大國效應，中國國內產量的急遽增加會導致國際市場價格迅速下滑，占他國的市場份額也會迅速增加，從而容易造成傾銷，也容易被當地行業提起反傾銷起訴。因此，政府要按市場容量和發展前景從宏觀上進行調控，制訂長遠發展規劃，合理調整中國農業的內部產業結構。首先，迅速加強和壯大現有的地方企業，提高其質量和效益，增強其國際競爭能力，而不是盲目引進，在同一地區重複建新廠；其次，要加快淘汰落後、過剩的生產能力，加強行業協調管理，加強企業自律。

（2）組建和完善行業協會，規範行業發展，整頓出口秩序。

中國農產品遭受反傾銷的一個主要原因是出口秩序混亂，各企業無序競爭、低價競銷，但是我們一味地把責任推卸在企業身上是不對的。因為中國企業眾多，幾乎處於自由競爭狀態，單個企業或幾個企業幾乎沒有市場力量，價格會隨著供求變化劇烈波動。在供大於求的情況下，總有一兩個企業會主動降價，所以價格下降是一種必然。如果哪個企業不降價，產品就不可能賣出去，從而形成惡性的降價競爭。而在國家放開出口經營權之後，靠行政干預已經不可能解決這個問題了。唯一的辦法是在國家的引導和幫助下有針對性地建立全國範圍的行業協會，行業協會通過各種激勵機制和行業規章來約束管理各企業的經營及出口行為，改變國內企業無序競爭、低價競銷的混亂局面。行業協會至少可以在以下幾個方面有所作為：①要求各企業按照行業自律控制出口總量；②積極開發新市場，從新市場尋求出路；③制定農產品出口最低限價；④由核心組組成核查小組對農產品出口情況進行核查，核查小組接受舉報或依照海關統計核查低價出口企業，查實後由核心組做出處理決定；⑤開展相關的國際研究。

（3）提高農產品質量，避免價格陷阱。

中國出口農產品的特徵是價格低廉，出口企業之間的競爭也往往是價格競爭，而不是質量競爭。這對一個行業的長遠發展來說是非常不利的，也往往容易引起反傾銷訴訟。有時候國外企業還可能利用這個弱點給中國企業設圈套，先利用中國國內行業無序競爭以及成本低等特徵，拚命壓低中國產品的價格，然後以中國產品低價傾銷為由進行反傾銷起訴，把中國產品趕出該國市場，如節能燈案。因此要想避免反傾銷，各企業必須提防價格陷阱，時刻注意國際市場價格，向國際市場價格靠攏，對一些敏感商品決不能以是否獲利進行簡單定價。各企業應在提高產品質量、爭創名牌上下功夫，走質量興國之路。

（4）注重國內市場，積極開拓國際市場，避免對當地產業造成巨大衝擊。

中國產品遭受反傾銷的一個直接原因是對當地產業造成了巨大衝擊。我們可以從兩個方面著手，避免對外國當地產業造成巨大衝擊。首先，注重國內市場的開發。中國是世界上最具潛力的消費市場，隨著中國經濟的發展，這個潛力將被不斷地釋放出來。比如果汁業，隨著居民生活水準的提高，國內的果汁需求市場急驟擴張，潛力巨大。其次，各企業之間應該相互協調、配合，全方位、多層次地開拓國際市場，改變出口市場過於集中的局面，避免對當地產業造成衝擊。

(5) 積極改變中國的非市場經濟地位。

按中國入世議定書的規定，一旦中國按照世貿組織有關成員的國內法規確立了市場經濟地位，該議定書中有關非市場經濟方法的規定即應終止。雖然世貿組織各成員的國內法規各不相同，取得市場經濟地位的方法也各異，但只要我們充分做好有關準備工作，選擇好時機與突破口，解決此問題並非毫無可能。比如美國，根據中國入世議定書的有關規定，美國在中國入世後的 15 年中仍可在反傾銷調查中對中國產品適用非市場經濟方法，但議定書的有關規定為中國公司在美國反傾銷案件中爭取適用其價格與成本提供了更大的機會。按照議定書的有關規定，只要被調查的中國公司能夠清楚表明有關工業是在市場經濟條件下製造、生產及銷售有關產品，美國就應當適用中國公司的國內價格與成本；並且美國一旦依其國內法確定中國某一工業或行業是在市場經濟條件下運行，美國在以後的反傾銷調查中對該工業或行業就不得再適用非市場經濟方法。值得注意的是，該議定書的用詞是「清楚表明」，而非「充分證明」等標準。雖然該標準的具體宣言還有待澄清，但就一般的法律意義而言，此種標準相對於其他的法律證據標準是比較寬鬆的。這就為中國公司要求美國在反傾銷調查中適用其國內價格及成本提供了國際法上的依據。因此，從法律理論上講，中國公司在以後的反傾銷案件中，更易於獲取分別稅率的裁決。

(6) 建立反傾銷預警機制。

通過案例分析，我們發現進口國提起反傾銷都會有一個醞釀過程。如果中國能夠建立一個反傾銷預警機制，及時瞭解對方的動向，並做出調整，如控制出口節奏、適當提高出口產品價格，則可以使中國企業在其他國家欲提起反傾銷調查前獲得信息並做好準備，同時又可把部分尚未提起的反傾銷調查消滅於萌芽狀態，從而減輕反傾銷對中國出口造成的壓力。

中國的反傾銷預警機制雖已初見成效，但目前仍很不完善，因此必須從三個方面著手盡快完善中國的反傾銷預警機制，即市場預警機制、政策預警機制和政府企業間的協調機制。市場預警機制是預警機制的核心，就是從市場的銷售、價格、數量等信息判斷市場的狀況。如果中國的某種出口商品價格出現異常波動，與前期價格相差甚遠，市場預警機制可以迅速把信息反饋給出口企業，便於企業迅速制定相應對策。政策預警機制主要探測外國的貿易政策、政策取向是否由寬鬆轉向保護，產品標準是否發生變化。政府企業間的協調機制則主要負責企業和政府之間信息的溝通。政府的有關職能部門有著豐富的反傾銷應訴經驗，還掌握著大量的信息，能有效地為企業提供幫助、指導。在反傾銷預警機制中，國外進口商的作用不可忽視。一方面，國外進口商與中國出口企業在利益上是一致的，二者能及時、有效地溝通。另一方面，國外進口商熟悉本國市場狀況，消息靈通，中國出口企業可充分利用國外進口商發揮反傾銷預警機制的作用。

在發揮政府、行業協會作用的同時，企業應是反傾銷預警機制的主體。因為企業是市場的主體，對市場變化比政府、行業協會敏感；另外，無論政府如何指導、行業協會如何組織，最終反傾銷官司仍要由企業來打。

4. 如何應對反傾銷起訴

企業通過積極防範能有效地減少反傾銷案件，但是遭受反傾銷起訴不可避免。如果受到了傾銷起訴，我們就應該通過積極應訴取得反傾銷的勝利。通過案例分析，我們可以得出從以下幾個方面積極應對能最大限度地取得反傾銷應訴的勝利的結論。

（1）堅持「誰應訴誰受益」的原則，鼓勵企業積極應訴。

政府應針對國內企業不敢應訴的心態，研究建立應訴與受益對稱機制；積極探索多種籌集資金的方式，研究建立行業內應訴基金，對積極應訴企業提供資助。根據「誰應訴誰受益」的原則，通過行業協會的自律、自訴、自組、自享，徹底改變「一家應訴、多家受益」的現象，解決應訴企業擔心費用高而猶豫不決導致利益受損的問題。對於應訴不積極，甚至想搭便車的企業，有關部門應採取一定的懲罰措施，減少或取消其出口配額和數量，情節嚴重的暫停其進出口經營權，決不允許其坐享其成。目前，除歐盟外，其他國家和地區已經普遍採取了給予中國應訴企業分別裁決待遇的做法，也就是集體應訴、分別裁決。它直接影回應訴利益的分配，可以充分調動企業應訴的積極性，從根本上解決中國企業應訴率低的問題。

（2）充分發揮仲介組織與政府在應訴中的作用。

反傾銷往往針對的是一個行業，牽涉的企業較多，而且反傾銷還涉及一些政治問題，因此光憑單個企業很難取得應訴勝利，必須充分發揮仲介組織與政府在應訴中的作用。政府的工作應該是加強對外交涉的力度，努力為出口貿易營造良好的外部環境，做好規劃指導工作。各地仲介組織，包括進出口商會及行業協會，應進一步加強行業自律和互律，協同政府部門組織和協調會員參與應訴工作。仲介組織應做好對會員企業的預警服務，就預防國外的進口限制措施、規範出口經營秩序向政府提出建議，加強對會員企業的出口應訴培訓等。當企業遭受反傾銷起訴時應當組織聯合涉案企業進行積極應訴。

（3）組織反傾銷應訴基金會。

目前，中國參與反傾銷應訴的組織者都是進出口商會，一個案子發生了，往往需要經過瞭解涉案企業出口情況、召集相關企業開會、宣傳政策並徵求意見、確定應訴企業、確定委託律師等前期程序。只有明確有人支付應訴費後，應訴工作才真正開始啓動。因此，如果能夠組織一個反傾銷應訴基金會，將會大大提高應訴效率。由於中國現行招標商品基本上是有償使用的，出口配額使用費的金額巨大，建議每年拿出 1%~2%作為相關部門專門用來支付反傾銷的應訴費用。事實上，中國已設立了中央對外貿易發展基金，但商會沒有基金使用主動權，只能靠政府下撥使用。因此，應給予有關商會自主掌握合理應訴基金的權力，一旦接到反傾銷調查，立即選聘律師，通知所有相關企業準備材料，進行有理、有據、有節的答辯；不再要求企業先出資後答辯，相信相關企業都會踴躍應訴。如果反傾銷應訴敗訴，則所有應訴費用從基金中列支；如果勝訴，有關商會可根據情況，確定年度配額數量，由應訴企業有償使用，可採用協議招標方式分配。

(4) 聘請中外律師共同辦案，提高應訴效率

由於中國律師對反傾銷規則瞭解不深、辦理反傾銷應訴案件的經驗不足，以及各國司法權等問題，聘請國外優秀律師成了反傾銷應訴不可缺少的條件，但是我們也應該認識到中國律師的優點，比如他們一般都比較瞭解中國企業，便於與企業進行溝通等。因此，可以聘請中外律師共同辦案，互為補充、取長補短，提高應訴效率。

(5) 爭取分別裁決待遇，甚至是市場經濟地位。

國外的替代國方法具有歧視性、不可預見性和任意性，嚴重地扭曲了中國企業的實際生產及銷售情況。因此中國企業應該按世界貿易組織的規則努力爭取市場經濟地位，至少應該爭取分別裁決待遇。當然，由於西方國家企圖用反傾銷來扼制中國的對外貿易，中國很難在短時期內取得市場經濟地位，但目前許多國家已經承認中國是市場經濟或市場經濟轉型國家，因此如果中國企業能夠提供充分證據，取得分別裁決還是比較容易實現的。

(6) 積極選擇有利於我方的替代國。

替代國是計算中國產品正常價值的基礎，而在一個案件中往往有多個備選替代國，按不同的替代國計算的正常價值差別很大，也直接影響傾銷幅度的大小。因此，我方應訴小組在美國商務部調查前或調查中，應盡可能地多收集有關商品生產國或出口國的資料和數據，積極選擇對中國有利的第三國，並主動向美國商務部建議用該第三國作為我們的替代國。如果有確鑿證據，成功的可能性極大。

(7) 爭取無損害結案。

外國當地產業提起反傾銷申請的一個主要原因是受到來自中國產品的潛在威脅。如果我們能夠證明中國產品不會對外國市場形成衝擊，不可能對當地同類產品的產業造成損害或損害威脅，就有可能獲得無損害結案。如果中國產品的確會對該國產業構成損害威脅，那麼我們就應該主動與對方協商，承諾出口數量和出口價格，讓對方主動撤訴。

(8) 加強人才建設。

人才尤其是優秀人才奇缺是中國反傾銷面臨的一個突出問題，因此要加強產業安全方面的宣傳、培訓和國際交流，在政府和企業裡加速培養一大批精通世貿規則的高級專門人才，特別是培養從事反傾銷、反補貼、保障措施調查和應訴的高級人才。

(9) 企業要建立完善的管理體制及符合國際要求的財務制度。

反傾銷調查問卷要求提供調查期內詳盡的相關數據，涉及面廣，甚至會要求提供每一張發票。只有具有完善的管理體制和財務制度的企業才可能及時提供如此詳

細的資料。否則按各國反傾銷調查程序規定的時間限制，很容易耽誤應訴資料的提交。而且企業財務制度必須符合國際會計標準，這樣我們的財務資料才會被國外法庭接受。

（10）加強反傾銷案例研究，累積應訴經驗。

雖然中國的反傾銷研究尚處於起步階段，但國際反傾銷已有上百年的歷史，因此一方面可以從中國遭遇的反傾銷實踐中累積應訴經驗，另一方面可以借鑑國外成功的案例，進行研究，加快中國反傾銷及應訴研究。

（11）要有長期的思想準備。

中國果汁企業在這次反傾銷應訴中取得了較好成績，但這並不表明從此就可以高枕無憂。按照國際慣例，反傾銷裁定徵稅有效期為 5 年，但在這期間及 5 年以後雙方仍可以根據新出現的情況申請復審，以確定新的稅率。因此企業要有長期的思想準備，在提高產品的檔次和附加值上下功夫，以減少國外的反傾銷困擾。政府應採取必要的行政措施，限制低價蘋果汁出口，同時引導企業提高產品質量，拓寬信息和銷售渠道。

案例四　美國對中國大蒜徵收反傾銷稅案例分析

一、案例介紹

2008 年 1 月 2 日，美國商務部對原產於中國的新鮮大蒜採取普遍稅率 376.67% 的反傾銷措施。

大蒜是中國農產品出口的主項之一，年產量 600 萬噸左右，其中一半產自山東，僅濟南就有七八家專營大蒜出口的企業。近年來，中國大蒜屢屢遭遇進口國不合理的反傾銷，目前已有美國、加拿大、南非、巴西、墨西哥等國家對中國大蒜實行高反傾銷稅，嚴重影響了中國大蒜的正常出口。

美國對中國大蒜的反傾銷始於 1994 年 2 月。在以美國大蒜協會為主導的起訴商對中國大蒜提出反傾銷訴訟後，美國商務部於 1994 年 2 月對原產於中國的新鮮大蒜進行反傾銷立案調查。1994 年 9 月 26 日，美國商務部做出終裁，對中國出口的大蒜普遍稅率為 376.67%；1994 年 11 月 16 日，美國商務部針對中國大蒜正式在聯邦通告上發布反傾銷令。

根據美國相關法規，反傾銷令頒布後每滿一週年為一輪行政復審的復審期，大蒜產品的復審期即為每年 11 月到下一年 10 月。美國對反傾銷稅的徵收採用回溯課徵的方式。在每一個復審年度美國商務部均可以根據當事人的申請，對前 12 個月的進口進行審核，以確定一個準確的稅率來清算上一輪的反傾銷稅，並據此向進口商預徵下一輪的傾銷稅保證金，這也就是所謂的年度行政復審制度。

縱觀近幾年大蒜反傾銷終裁加權平均稅率，我們可以很直觀地看出稅率的遞增預示著這種貿易保護趨勢的抬頭。

反傾銷稅率（或傾銷幅度）與替代財務比率成正比關係：財務比率越高，反傾銷稅率越高。在第 11 輪、12 輪復審中，美國商務部採用的財務比率替代數據來自印度的一家茶葉公司——LIMTEX 的報表，這家公司的綜合財務替代比率數值約為 11%。而在第 13 輪終裁的財務比率計算過程中，美國商務部加入了印度 TATA TEA 與 ADF 公司的報表數據（這兩家公司的綜合財務替代比率數值分別為 131% 和 90%），並採用三家公司的平均值，導致綜合財務替代比率升至 77%，比前兩輪高出了 66%。這是自中國出口商應訴美國大蒜反傾銷以來的最高的財務比率數據。

需要說明的是：TATA TEA 是一個集團公司，主要生產綠茶、黑茶、速溶茶、咖啡等產品，有自己的種植農場，它的分公司遍布全球，依靠品牌優勢，銷售金額及利潤在印度全國名列前茅；ADF 是生產速凍蔬菜和罐頭的集團公司，主要產品有速凍洋蔥、土豆、菠菜、水果罐頭等。

美國商務部曾在連續多輪的大蒜反傾銷復審中拒絕使用 TATA TEA 公司的財務比率數據，理由是 TATA TEA 公司生產速溶茶，而速溶茶的生產與大蒜加工沒有可比性。然而，到了第 13 輪復審，正值美國的經濟危機時期，在此形勢下，美國商務部斷然使用自己以前否決的相對很高的替代財務比率數據，蓄意提高中國大蒜的反傾銷稅率，其貿易保護的操作痕跡非常明顯。

自 1994 年美國對中國大蒜提出反傾銷，許多國家都開始不同程度地對中國大蒜出口採取反傾銷措施。1995 年，巴西貿易保護部門對中國大蒜實行反傾銷措施，對每箱 10 千克裝的蒜頭另徵 4 美元的關稅。1999 年，韓國因中國大蒜進口量激增而採取了臨時保障措施。2000 年，南非對中國大蒜採取反傾銷措施，對來自中國的大蒜徵收 6.07 蘭特/千克的反傾銷稅。2006 年 2 月 15 日至 5 月 1 日，加拿大對從中國進口的新鮮或冷凍大蒜徵收反傾銷稅。在印度，大蒜是限制進口商品，每年只允許進口 1.5 萬至 2 萬噸。2003 年 1 月，印度取消大蒜進口數量限制，但將大蒜進口關稅從 30%提高到 100%。泰國對包括大蒜在內的多種農產品實行關稅配額管理，在配額內實行低關稅，在配額外實行高關稅。

二、美國及其他國家對中國大蒜提出反傾銷的原因

1. 內部原因

（1）大蒜出口存在的問題。

①企業規模小、行業自律性差、大蒜出口無序競爭。

山東省農產品出口企業普遍規模小，競爭力弱。同時由於農產品出口行業的行業協會發展落後、組織化程度低，眾多小企業單獨進入國際市場，不僅抵禦市場風險和突破貿易壁壘能力差，而且出現競相壓價的現象，使得其他國家的相關企業無

法承受這種價格競爭，紛紛向本國提出對來自中國的產品展開反傾銷調查。這是導致其他國家對中國產品徵收反傾銷稅的一個直接原因。

2008 年，冷藏大蒜總量仍然維持在 280 萬噸左右。一些具有出口能力的保鮮企業接受了上年的教訓，為減少風險，進入冷藏蒜銷售期，首先出售自己貯藏的大蒜。而既無國外客商，又無國內銷路的保鮮企業通過降低銷售價格來顯示自己的優勢，從而出現了無序競爭、低價競銷的局面，也決定了大蒜總體價格下滑的趨勢，雖然有利於大蒜銷售，但價格過低，為他國採取反傾銷帶來可能。巴西、美國、加拿大等國多次對中國大蒜進行反傾銷。

②出口結構不合理。

長期以來，金鄉大蒜出口以蒜頭為主，極少出口其他蒜產品。深加工產品，如蒜粉、蒜片、蒜粒、蒜米等出口量不大，特別是科技含量較高的蒜汁飲料、蒜素微膠囊等僅有少數企業出口，且出口量較小。2007 年，金鄉出口蒜頭 65. 6 萬噸，同比增 1 倍，但出口平均價格為每噸 342 美元，較去年同期下降 7. 6%。

隨著人們越來越重視生活質量的改善和提高，大蒜深加工產品的需求量以每年 20%的速度遞增，且需求層次呈現多樣化。蒜汁飲料、蒜素微膠囊等產品有著廣闊的市場空間。目前出口到國外的金鄉蒜頭，經過進一步的深加工，身價倍增，然後才以各種產品形式進入市場銷售。由此可見，金鄉大蒜單一的出口結構使其損失了很大一部分利潤空間。

③缺乏品牌建設。

山東省農產品出口雖然整體規模不斷擴大，但由於品牌建設和品牌保護不利，缺乏在國際市場上知名的農產品品牌。

從國內市場來說，中國農產品零售交易主要發生在城市交易市場，在長期的經營意識中形成「重數量、輕質量」的思想，加之傳統的單個家庭的生產方式的影響，對農產品的生產者來說，缺少工廠觀念熏陶，品牌意識很淡薄。這種落後的觀念不僅影響了國內農產品的銷售，形成難賣的局面，而且影響到中國農產品的外銷，造成很大的經濟損失，現在已經影響到中國農產品的國際競爭實力。如山東蔬菜的出口量大且質量很好，大部分出口到日本、韓國，但在國外市場上很難看到中國山東標示的蔬菜，我們只能給國外商人提供初級產品，然後貼上他們的商標銷售。在農產品的宣傳上，中國企業更是使用老套的做法，只突出地域特色，而不突出品牌形象。

（2）中國並未全面取得市場經濟國家待遇。

一些國家在反傾銷調查過程中，採取歧視性政策，視中國為非市場經濟國家，用不合理的替代國價格比較辦法來衡量中國產品是否傾銷。例如：在對中國產蘑菇的反傾銷調查中，美國商務部選用印度尼西亞為替代國。印尼的蘑菇是在空調條件下生長，二者的生產成本絕對不同。但美國商務部拒絕從印尼的生產成本中扣除空調費用，因而裁定中國蘑菇傾銷，使中國企業蒙受不白之冤。

（3）大多數企業應訴不積極。

中國企業在應訴反傾銷時經常表現不積極，其原因主要有：①有的擔心無力承擔昂貴的應訴成本。中國以經營農產品為主的小生產型企業占大多數，農產品規模小，利潤率低，即使願意應訴，也是心有餘而力不足。②有的不重視受到反傾銷調查的市場。因為中國農產品在外銷時價格偏低，有的企業不重視受到調查的市場，認為沒有這個市場還可以去別的市場，就是因為這樣，才會輕而易舉地被別人抓住把柄。③有的期望借助其他企業的應訴保住自己的出口市場，坐享其成。

2. 外部原因

（1）反傾銷國家不斷增多，反傾銷已成為貿易保護主義排擠他國的常用武器。

20 世紀 90 年代，對中國農產品實施反傾銷主要集中在美國、歐盟等發達國家和地區。近年來，一些發展中國家，比如巴西，也對中國農產品實施反傾銷。其原因主要有兩個方面：第一，中國某一出口農產品在國外遭到反傾銷指控後，其他國家擔心這一中國商品會大量向其湧入，因而也採用反傾銷指控進行預防；第二，某一農產品受到反傾銷指控後，會助長對中國其他農產品的反傾銷。

（2）保護主義的抬頭和農產品的重要地位。

近年來，西方發達國家貿易逆差不斷上升，導致許多發達國家大幅增加農業補貼和提高農產品進口稅。中國一些具有比較優勢的農產品出口大幅增長，許多國家擔心中國農產品會衝擊其國內市場。為了保護本國的農業，一些國家對中國出口的農產品實施反傾銷政策。

大蒜作為農產品在國民經濟中佔有十分重要地位，而農產品歷來都受各國高度保護。在傳統的國際貿易格局中，世界各主要農產品的進口國和出口國大多保持著較高的農業保護率。

三、應對反傾銷的對策

目前，中國農業和農產品面臨的主要問題是競爭力較弱，通過擴大出口可以更好地發揮農業的比較優勢，形成一批有競爭力的出口農產品，從而鞏固農業的發展基礎，提高農產品的綜合競爭力水準。

（1）加大對新產品特別是高附加值產品的開發力度。

目前，山東大蒜出口品種主要是原蒜，加工也只是停留在腌制、切片、烘干等簡單加工上，附加值低。而大蒜深加工產品不僅在國際市場上賣價較高，而且能轉化掉更多的原蒜。據測算，每生產 1 噸大蒜油可消耗 300~400 噸鮮蒜；每提取 1 噸大蒜素粉可消耗 5 噸鮮蒜，以每噸鮮蒜 1,500 元計算，除去各種成本，每噸大蒜素粉在國內市場上的淨利潤在 20 萬元左右，在國際市場中的利潤空間更大，市場潛力也更大。據專家估計，面對並不寬鬆的國際市場環境，原蒜市場進一步開拓的潛力已經不大。所以作為大蒜生產大省的山東，應引進先進技術設備，積極引導企業開展蒜素、蒜粉等製品的加工出口，促進大蒜深加工、高附加值產品的發展，盡快走出增產不增收的困境。

（2）重點培育一批農產品出口龍頭企業。

政府要支持出口農產品龍頭企業發展，重點扶持和培育一批技術裝備水準高、國際競爭力強、出口規模大、效益好的農產品出口龍頭企業。

（3）強化主體意識，提高應訴能力。

一方面，當中國農產品在國外被訴傾銷時，企業要積極應訴，認真回答外方提出的問題。另一方面，企業在積極應訴的同時，要協同作戰，但應避免由行業協會統一協調反傾銷應訴。由行業協會統一應訴，無形中給外國的反傾銷調查部門造成這樣一種假象：中國農產品出口企業都相互通氣，價格和成本也是互通的，所以只能徵收單一的反傾銷稅。

（4）健全反傾銷預警機制。

依託行業協會及主管部門，盡快建立重要農產品的數量、價格監測系統，爭取產業保護的主動權，發現有削價銷售和對某一市場出口大幅增加時，要發出警報。從以往反傾銷案中，我們發現，進口國提起反傾銷都會有一個過程。因此，中國可依託行業協會及主管部門建立一個反傾銷預警機制，以及時瞭解對方的動向，並做出調整，加強宣傳引導，防範和應對各種危機，盡量在最短的時間內解決問題，將各種損失的可能降到最小。

（5）加快發展大蒜行業協會，充分發揮行業協會的積極作用。

如何培育更市場化的非政府組織，是目前政府的當務之急。而且農產品的合作經濟組織與其他領域相比，面對的是散、弱的農戶和涉農企業。它們具有弱質性和公益性的特點，想要得到發展更離不開政府諸多方面的支持。山東省應採取切實有效的措施，鼓勵現有的大蒜協會及其他一些組織機構逐步發展完善，並進一步提高組織化程度，提高參與國內外市場競爭的能力。此外，要加強山東省大蒜經濟信息網絡建設，促進國內外大蒜市場信息的綜合和發布工作，及時提供國內外大蒜市場供求和價格等動態信息。

參考文獻

［1］石敏俊，吴子平，陳志鋼，等. 食品安全、綠色壁壘與農產品貿易爭端——發達國家食品安全管理與貿易爭端解決的經驗［M］. 北京：中國農業出版社，2005.

［2］王世平. 食品標準與法規［M］. 北京：科學出版社，2010.

［3］蔡珍貴. WTO 時代的國際貿易新壁壘研究［M］. 北京：中國市場出版社，2007.

［4］郭波. 新貿易壁壘論［M］. 北京：中國經濟出版社，2008.

［5］曲如曉. WTO 框架下的貿易壁壘及應對機制研究［M］. 北京：北京師範大學出版社，2010.

［6］邵繼勇. 食品安全與國際貿易［M］. 北京：化學工業出版社，2006.

［7］朱鐘棣. 合規性貿易壁壘的應對和應用研究［M］. 北京：人民出版社，2007.

［8］魯丹萍. 國際貿易壁壘戰略研究［M］. 北京：人民出版社，2006.

［9］朱於勤，姜茹嬌. 世界貿易組織 WTO 法律規則［M］. 北京：中國政法大學出版社，2000.

［10］王金南. 綠色壁壘與國際貿易［M］. 北京：中國環境科學出版社，2003.

［11］林國華，林卿，王慶. 農產品貿易應對綠色貿易壁壘研究［M］. 北京：中國環境科學出版社，2011.

［12］艾志錄，魯茂林. 食品標準與法規［M］. 南京：東南大學出版社，2006.

［13］李紅，張天，成斌，等. 食品安全政策與標準［M］. 北京：中國商業出版社，2012.

［14］張建新，陳宗道．食品標準與法規［M］．北京：中國輕工業出版社，2006.

［15］錢和．HACCP 原理與實施［M］．北京：中國輕工業出版社，2006.

［16］秦富，王秀清，辛賢，等．歐美食品安全體系研究［M］．北京：中國農業出版社，2003.

［17］鎮咸輝．淺析中國外貿企業應對「反傾銷」的策略［J］．中南民族大學學報（人文社會科學版），2006（S1）：162-163.

［18］林雲華．中國企業：如何應對加拿大反傾銷法的挑戰［J］．當代經濟，2004（7）：81-82.

［19］劉靜．歐盟反傾銷法及中國的應對策略［J］．法律適用，2001（8）：19-23.

［20］劉穎，李民．對中國反傾銷法程序問題的探析［J］．經濟師，2004（1）：69-70.

［21］謝玉梅，陳曉紅．食品貿易法規政策解析［M］．北京：化學工業出版社，2007.

［22］陳亞平．國際農產品貿易綠色壁壘法律規制研究［J］．江西社會科學，2010（4）：23-27.

［23］郭文慧．中國應對農產品出口技術性貿易壁壘的策略［J］．黑龍江對外經貿，2011（3）：14-15.

［24］王菁．歐美食品領域技術性貿易壁壘體系的特點與發展趨勢［J］．中國食物與營養，2009（10）：27-29.

［25］全毅．淺析美國食品技術性貿易壁壘體系［J］．世界經濟與政治論壇，2006（1）：54-59.

［26］王漫淳．後危機時代技術性貿易壁壘的新特點及其應對措施［J］．技術與市場，2011（2）：83.

［27］林偉，黃冠勝，王力舟，等．美國食品安全技術性貿易措施體系解析［J］．中國標準化，2006（8）：12-13.

［28］孟雨，張博源．與食品安全相關的綠色壁壘法律問題研究［J］．中國衛生法制，2011（2）：18-22.

［29］張雪瑩，王殿華．食品安全視角：技術性貿易壁壘對中國食品出口的影響［J］．現代財經，2011（1）：45-48.

［30］郭春暉．淺析國際貿易中的綠色壁壘［J］．北京石油管理幹部學院學報，2011（1）：31-34.

［31］厲國，林祥田．中美食品安全標準體系建設的比較研究［J］．中國衛生監督雜志，2010（5）：434-438.

［32］董新昕．小標籤背後的大問題——應對美國食品營養標籤技術壁壘分析

[J]. WTO 經濟導刊, 2004 (12): 83-84.

[33] 席興軍, 劉俊華, 劉文. 美國食品安全技術法規及標準體系的現狀與特點 [J]. 標準科學, 2006 (4): 18-20.

[34] 李耘, 陳晨. 美國《食品質量保護法》推動風險評估技術走向透析 [J]. 農業質量標準, 2008 (1): 48-51.

[35] 楊曉雲, 黃福高. 中美貿易視角下食品安全標準對中國農業食品出口的影響 [J]. 世界農業, 2011 (9): 31-32.

[36] John Eldred. 美國食品添加劑法規及食品製成品的進口和市場銷售的規定 [J]. 中國食品添加劑, 2004 (4): 1-5.

[37] 戴芬, 袁玉偉, 楊桂玲, 等. 美國食品安全進口預警概述及對中國的借鑑 [J]. 浙江農業科學, 2010 (6): 1173-1177.

[38] 李克強. 淺談美國食品安全監管體系 [J]. 淮海工學院學報 (人文社會科學版), 2011 (12): 77-78.

[39] 楊明亮, 劉進. 美國食品安全體系中存在的弊端及改革動向 [J]. 中國衛生法制, 2005 (3): 13-15.

[40] 陳孟裕, 江山寧, 翁志平. 美國食品安全體系構成特點及對中國的啟示 [J]. 檢驗檢疫科學, 2007 (4): 31-32.

[41] 陳銳, 張鳳, 吳勇衛, 等. 美國食品安全監督管理現狀 [J]. 中國衛生監督雜志, 2011 (1): 64-69.

[42] 王玉娟. 美國食品安全法律體系和監管體系. 經營與管理 [J], 2010 (6): 57-58.

[43] 趙平, 吳彬. 美國食品安全監管體系解析 [J]. 鄭州航空工業管理學院學報, 2009 (15): 101-104.

[44] 劉雯, 方曉陽. 美國食品安全監管體系 [J]. 安徽醫藥, 2005 (1): 57-58.

[45] 趙維田. 綠色壁壘抑或綠色通途——解讀《TBT 協定》基本規則 [J]. 國際貿易, 2004 (5): 39-44.

[46] 林森. WTO/TBT 協定與中國技術法規體系建設 [J]. 國際商務 (對外經濟貿易大學學報), 2008 (1): 86-91.

[47] 楊松, 張蓉. WTO/SPS 協定與食品安全 [J]. 中國衛生標準管理, 2010 (1): 55-56.

[48] 沈國兵. 中美貿易平衡問題研究 [M]. 北京: 中國財政經濟出版社, 2007.

[49] 馬爾薩斯. 人口原理 [M]. 北京: 商務印書館, 1996.

[50] 田素華, 尹翔碩. 論經濟增長過程中的要素約束與發展對外貿易 [J]. 復旦學報 (社會科學版), 2006 (2): 61-67.

[51] 岡德森. 美國經濟史新編 [M]. 北京：商務印書館，1994.

[52] 韓擎，楊斐然. 從產業結構看中美貿易摩擦的特徵、原因及趨勢 [J]. 改革與開放，2004 (2)：25-27.

[53] 侯秀蘭. 地理環境與國際貿易的相關分析 [J]. 圖書情況導刊，2004 (8)：81-82.

[54] 何倩，徐立清. 發展有機食品，促進農業持續發展 [J]. 商場現代化，2006 (10)：268-269.

[55] 周其琦，張國林. 比較優勢理論在中國現階段的適用性實證 [J]. 西南政法大學學報，2007 (3)：80-81.

[56] 王孝存，劉厚俊. 國外應對技術性貿易壁壘的最新實踐及對中國的啟示 [J]. 南京社會科學，2003 (5)：1-8.

[57] 賽妍妍. 技術性貿易壁壘對中國農產品出口的影響 [J]. 對外經貿實務，2007 (10)：63-65.

[58] 李衛東，劉志英. 美國食品安全管理體系及其對中國的啟示 [J]. 江西食品工業，2009 (2)：45-49.

[59] 戴芬，袁玉偉，楊桂玲，等. 人工添加劑對中國食品出口的影響 [J]. 浙江農業科學，2010 (6)：1173-1177.

[60] 李紅霞. 廣東食品出口遭遇美國技術性貿易壁壘問題分析 [J]. 農產品貿易，2010 (6)：63-65.

[61] 徐立青，劉小麗. 人工添加劑對中國食品出口的影響 [J]. 江南大學學報，2013 (1)：117-123.

[62] 韓可衛. 美國技術性貿易壁壘的典範 [J]. 企業改革與管理，2005 (11)：68-69.

[63] 周建華. 外貿出口預警機制的建立與行業協會 [J]. 國際貿易問題，2005 (2)：26-28.

[64] 夏友富. 技術性貿易壁壘體系與當代國際貿易 [J]. 中國工業經濟，2001 (5)：14-20.

[65] 李春頂. 技術性貿易壁壘對出口國的經濟效應綜合分析 [J]. 國際貿易問題，2005 (7)：74-79.

[66] 杭爭. 技術性貿易壁壘對中國對外貿易的影響及對策 [J]. 國際貿易問題，2003 (2)：35-37.

[67] 鄭燕燕，康麗蓉. 中國食品安全現狀分析 [J]. 經濟管理，2010 (1)：92-93.

[68] 徐曉新. 中國食品安全：問題、成因、對策 [J]. 農業經濟問題，2002 (10)：45-48.

[69] 黃浩，周清杰. 食品市場中的市場失靈與政府規制 [J]. 河南商業高等專

科學校學報，2007（2）：28-30.

[70] 謝敏. 從市場失靈角度對食品安全問題的分析 [J]. 消費經濟，2007（6）：72-75.

[71] 程啓智，李光德. 食品安全衛生社會性規制變遷的特徵分析 [J]. 山西財經大學學報，2004（3）：42-47.

[72] 韓沛新. 農產品質量安全認證體系的經濟學意義 [J]. 農業質量標準，2004（3）：35-37.

[73] 晏紹慶，康俊生，秦玉青，等. 國內外食品安全信息預報預警系統的建設現狀 [J]. 現代食品科技，2007（12）：63-66.

[74] 唐曉存. 多視角下的食品安全預警體系 [J]. 中國軟科學，2008（6）：150-160.

[75] 胡慧希，季任天. 中國食品安全預警系統的完善 [J]. 食品工業科技，2008（3）：252-256.

[76] 許世衛，李志強，李哲敏，等. 農產品質量安全與預警類別分析 [J]. 中國科技論壇，2009（1）：102-106.

[77] 曹孝斌，張建. 現代科技革命與中國食品安全問題 [J]. 中國西部科技，2009，8（2）：23-24.

[78] 唐曉純. 食品安全預警理論、方法與應用 [M]. 北京：中國輕工業出版社，2008.

[79] 張守文. 當前中國圍繞食品安全內涵及相關立法的研究熱點 [J]. 食品科技，2005（9）：10.

[80] 王秀清，孫雲峰. 中國食品市場上的質量信號問題 [J]. 中國農村經濟，2002（5）：35-36.

[81] 周應恒. 現代食品安全與管理 [M]. 北京：經濟管理出版社，2008.

[82] 許建軍，周若蘭. 美國食品安全預警體系及其對中國的啟示 [J]. 世界標準化與質量管理，2008（3）：47-49.

[83] 武力. 從「農田到餐桌」的食品安全風險評價研究 [J]. 食品工業科技，2010（9）：304-327.

[84] 楊麗. 美國食品安全風險分析與評價 [J]. 中國食物與營養，2005（1）：15-18.

[85] 季任天，趙素華，王明卓. 食品安全預警系統框架的構建 [J]. 中國漁業經濟，2008（26）：61-65.

[86] 高向勇. 中國綠色食品出口中的信息不對稱問題研究 [D]. 杭州：浙江大學，2003.

[87] 張榮鼎，朱曉勤. 國際貿易中的「技術壁壘」[J]. 國際貿易問題，1995（6）：16-18.

［88］柯大鋼，馮宗憲. 技術壁壘及其跨越方式［J］. 西安交通大學學報（社會科學版），1999（3）：9-12.

［89］王志明，袁建新. 技術性貿易壁壘的影響及中國的對策［J］. 世界經濟，2003（7）：31-34.

［90］張小蒂，李曉鐘. 影響比較優勢轉化為競爭優勢的主要因素分析［J］. 數量經濟技術經濟研究，2003（8）：78-81.

［91］張小蒂，李曉鐘. 中國綠色食品貿易中的信息障礙及其化解的制度安排［J］. 學術月刊，2005（11）：35-44.

［92］李曉鐘，張小蒂. 中國綠色食品出口貿易中存在的問題及對策探析［J］. 生態經濟，2007（12）：82-86.

［93］蘇方寧，劉競波，李楊. 中國出口食品技術性貿易壁壘及應對策略［J］. 食品與藥品，2007（12）：68-71.

［94］朱玉春. 中國綠色食品發展中存在的問題及對策［J］. 農業現代化研究，2002（5）：365-368.

［95］李曉鐘. 產業比較優勢動態性的實證分析［J］. 國際貿易問題，2004（7）：17-20.

［96］劉志雄，董運來，何忠偉. 中國食品加工業的國際比較及發展趨勢研究［J］. 世界農業，2009（1）：28-31.

［97］謝瑾嵐. 中國綠色食品發展現狀與趨勢展望［J］. 中國食物與營養. 2006（8）：61-64.

［98］王琳. 中國綠色食品國際競爭力探析［J］. 商業經濟，2007（10）：7-8.

［99］陸婧，安玉發. 美國有機食品市場現狀分析［J］. 中國農業信息，2008（5）：41-44.

［100］屈小博，霍學喜. 中國農產品出口結構與競爭力的實證分析［J］. 農業經濟導刊，2007（6）：130-136.

［101］高松. 消除貿易壁壘，促進中國食品出口［J］. 財經分析，2009（2）：24-25.

［102］孫澤生，阮尹，惠豐廷，等. 中小企業應對技術性貿易壁壘的對策研究框架［J］. 財貿研究，2006（2）：12-15.

［103］王志明，袁建新. 技術性貿易壁壘的影響及中國的對策［J］. 世界經濟，2003（7）：31-34.

［104］王仲輝，黃亦薇. 從食品貿易爭端看中國行業協會作用的缺失和對策［J］. 工業技術經濟，2008（3）：8-10.

［105］翁東玲. 中國企業在應對技術性貿易壁壘中存在的問題與對策［J］. 亞太經濟，2006（4）：50-54.

［106］吳秀敏，林堅. 技術性貿易壁壘對中國農產品出口的消極影響分析［J］.

國際貿易問題，2006（1）：96-98.

［107］肖利華．中國主要水產品出口國的技術性貿易壁壘淺析［J］．農業經濟與管理，2006（4）：2-6.

［108］楊波．技術性貿易壁壘成因：博弈與實證分析［J］．世界經濟研究，2007（10）：41-47.

［109］張海東．技術性貿易壁壘形成機制的經濟學分析［J］．財貿經濟，2004（3）：61-65.

［110］周錦秀．非關稅壁壘的重要形式——中國農產品及食品出口受阻的技術壁壘分析［J］．國際貿易，2005（5）：16-19.

附表

表 1　　美國食品中農藥殘留限量查詢

序號	農獸藥名稱	食品名稱	限量要求	使用限制及備註	生效日期
1	(Z) -11-十六醛	見備註	見備註	當引誘劑用於洋薊控制洋薊羽毛蛾時，殺蟲劑（信息素）（Z）-11-十六醛殘留容已經建立豁免	Apr. 7，1982
2	(Z) -7，8-環氧-2-甲基十八烷	見備註	見備註	當（Z）-7，8-環氧-2-甲基十八烷（舞毒蛾性引誘劑）用於處理樹、灌木和牧場，且造成對非預定目標（包括非食品、食品和飼料作物）的無意噴濺和沖洗時，其殘留容許量豁免	Jun. 13，2008
3	1，1-雙（4氯苯基）-2，2，2-三氯	灰胡桃	0.1 ppm	殘留物：Tolerances are established for residues of the insecticide dicofol，including its metabolites and degradates，in or on the commodities. Compliance with the tolerance levels specified is to be determined by measuring only dicofol as the sum of its p，p-dicofol and o，p-dicofol isomers	Sept. 26，2012
4	1，3-二氯丙烯	葡萄	0.018 ppm	殘留物：1，3-二氯丙烯反式-和順式 -1，3-二氯丙烯及其代謝物反式-和順式 -3-氯丙烯酸，和反式-和順式-3-氯烯丙基酒精的殘留容許量	Feb. 13，2008
5	1，4-二甲基萘	見備註	見備註	An exemption from the requirement of a tolerance is established for the residues of the plant growth regulator，1，4-dimethylnaphthalene（1，4-DMN），when applied postharvest to all sprouting root，tuber，and bulb crops in accordance with good agricultural practices.	Nov. 16，2012
6	1-甲基環丙烯	見備註	見備註	水果和蔬菜上 1-甲基環丙烯殘留容許量豁免	Apr. 9，2008
7	1-萘乙酸	鱷梨	0.05 ppm	Residue：Tolerances are established for the residues of 1-naphthaleneacetic acid，including its metabolites and degradates in or on the commodities . Compliance with the tolerance levels specified is to be determined by measuring only 1-naphthaleneacetic acid and its conjugates，calculated as the Stoichiometric equivalent of 1-naphthaleneacetic acid	May 22，2013
8	2-（硫氰酸甲基巰基）苯並噻唑	大麥谷粒	0.1（N）ppm	殘留物：2-（硫氰酸甲基巰基）苯並噻唑	Sept. 9，2009

表1（續）

序號	農獸藥名稱	食品名稱	限量要求	使用限制及備註	生效日期
9	2，2，5-三甲基-3-二氯乙酰基-1，3-噁唑烷	見備註	見備註	當作為除草劑S-乙基二丙基硫代氨基甲酸酯、S-丙基二丙基硫代氨基甲酸酯和S-乙基二異丁基硫代氨基甲酸酯中的惰性成分，且最大用量為每英畝（1英畝≈0.404,7公頃）0.5磅惰性成分，用於未出土的玉米植物時，2，2，5-三甲基-3-二氯乙酰基-1，3-噁唑烷殘留容許量豁免	Aug. 1，1980
10	2，2-Dimethyl-1，3-benzodioxol-4-ol methylcarbamate	見備註	見備註	The insecticide 2，2-dimethyl-1，3-benzodioxol-4-yl methylcarbamate may be safely used in spot and/or crack and crevice treatments in animal feed handling establishments，including feed manufacturing and processing establishments，such as stores，supermarkets，dairies，meat slaughtering and packing plants，and canneries until the tolerance expiration/revocation date of April 26，2005.	Sept. 29，2004
11	2，4-滴	甜玉米秣草	50ppm	殘留物：2，4-D，including its metabolites and degradates. Compliance with the tolerance levels is to be determined by measuring residues of 2，4-D（2，4-dichlorophenoxyacetic acid），both free and conjugated，determined as the acid	Sept. 9，2011
12	2，4-二硝基-6-辛基苯基丁烯酸酯和2，6-二甲基-4-辛基苯基丁烯酸酯	蘋果	0.1 ppm	2002年10月24日在美國未有蘋果和葡萄上使用的註冊。殘留物：2，4-二硝基-6-辛基苯基丁烯酸酯和2，6-二甲基-4-辛基苯基丁烯酸酯的混合物的合併可忽略殘留容許量	Jul. 23，2004
13	2，6-Diisopropylnaphthalene（2，6-DIPN）	馬鈴薯濕皮	6 ppm	殘留物：生長抑制劑2，6-DIPN及其代謝物和降解物的殘留限量，僅檢測2，6-Diisopropylnaphthalene的殘留限量	Jun. 1，2012
14	2，6-二甲基十三烷基嗎啉	香蕉	1 ppm	在美國沒有註冊。殘留物：2，6-二甲基十三烷基嗎啉	Sept. 24，2008
15	2-［4，5-二氫-4-甲基-4-（1-甲乙烷基）-5-氧-1H-咪唑-2-基］-3-喹啉羧基酸	大豆種子	0.05 ppm	殘留物：2-［4，5-二氫-4-甲基-4-（1-甲乙烷基）-5-氧-1H-咪唑-2-基］-3-喹啉羧基酸	Apr. 2，1986
16	2-氨基-4，5-二氫-6-甲基-4-丙基-s-三唑酮（1，5-α）吡啶-5-酮	見備註	見備註	當作為催吐劑，在百草枯二氯化合物中含量不超過0.3%時，惰性成分2-氨基-4，5-二氫-6-甲基-4-丙基-s-三唑酮（1，5-α）吡啶-5-酮容許量豁免。獲得豁免的另一個限制是這一成分不能宣傳為催吐劑，百草枯也不能由於含有這種惰性成分以任何方式宣傳	Aug. 10，2005
17	3，7，11-三甲基-1，6，10-十二碳三烯-1-醇和3，7，11-三甲基-2，6，10-十二碳三烯-3-醇	見備註	見備註	含活性成分3，7，11-三甲基-1，6，10-十二碳三烯-1-醇和3，7，11-三甲基-2，6，10-十二碳三烯-3-醇的昆蟲信息素在所有初級農產品內/表殘留容許量豁免	Aug. 5，1987
18	3-decen-2-one	見備註	見備註	An exemption from the requirement of a tolerance is established for residues of the biochemical pesticide，3-decen-2-one，in or on potatoes when applied as a potato sprout inhibitor and used in accordance with label directions and good agricultural practices	Feb. 20，2013
19	3-氨基甲酰-2，4，5-三氯苯甲酸	見備註	見備註	直接將百菌清作用於§180.275（a）和（b）中提到的農作物產生殘留或由於作用於§180.275（a）和（b）中的農作物由於百菌清的土壤代謝而出現無意殘留，或當根據已獲批准的農業操作規範使用，通過旋轉莊稼而後被後續吸收時，3-氨基甲酰-2，4，5-三氯苯甲酸在所有初級農產品內/表殘留容許量豁免	Jun. 10，1992
20	4-（2-甲基-4-氯苯氧基）丁酸	豌豆	0.1（N）ppm	殘留物：4-（2-甲基-4-氯苯氧基）丁酸	Nov. 12，2008

表1(續)

序號	農獸藥名稱	食品名稱	限量要求	使用限制及備註	生效日期
21	4-(二氯乙酰基)-1-氧-4-氮螺[4, 5]癸烷	大田玉米草料	0.005 ppm	2002年6月17日未有在美國註冊任何含4-(二氯乙酰基)-1-氧-4-氮螺[4, 5]癸烷的產品。殘留物:4-(二氯乙酰基)-1-氧-4-氮螺[4, 5]癸烷	Jan. 29, 2003
22	4-2, 4-二氯苯氧基丁酸	紫花苜蓿草料	0.7 ppm	殘留物:4-2, 4-二氯苯氧基丁酸,由酸決定,在遊離和結合態下的殘留容許量	Sept. 9, 2009
23	5-5-乙氧基-3-三氯甲基-1, 2, 4-硫代二唑	大麥谷粒	0.1 ppm	殘留物:5-5-乙氧基-3-三氯甲基-1, 2, 4-硫代二唑及其代謝物-羧基-5-乙氧基-1, 2, 4-硫代二唑的殘留容許量	Sept. 24, 2008
24	5-硝基愈創木酚鈉	見備註	見備註	當作為植物生長調節劑以0.1%的重量濃度在終端產品上使用,並以不超過20克每英畝的比率使用時,生化5-硝基愈創木酚鈉在所有食品商品內/表殘留容許量豁免	Nov. 3, 2000
25	6-苄基腺嘌呤	見備註	見備註	當以每人每英畝≤182克活性成分的比率作用於蘋果和梨,或以每季每英畝≤60克活性成分的比率作用於阿月渾子果實,生化植物調節劑6-苄基腺嘌呤在果實內/表殘留容許量豁免	Mar. 21, 2007
26	Alternariadestruens 菌株059	見備註	見備註	當根據標籤說明,作用於所有初級農產品內或上時,微生物殺蟲劑 Alternaria destruens 菌株059可豁免於容許量的要求	May 18, 2005
27	Amisulbrom	葡萄	0.4 ppm	Tolerances are established for residues of the fungicide amisulbrom, including its metabolites and degradate. Compliance with the tolerance levels is to be determined by measuring only amisulbrom	Sept. 28, 2011
28	Aureobasidium pullulans strains DSM 14940 and DSM 14941	見備註	見備註	當微生物農藥 Aureobasidium pullulans strains DSM 14940 and DSM 14941 在作物採收前根據優良農業操作規範使用時,其在所有食品商品內/表的殘留容許量豁免	Feb. 15, 2012
29	Bacillus amyloliquefaciens strain D747	見備註	見備註	該微生物農藥免除限量要求的條件是根據良好農業規範使用	Jan. 20, 2012
30	Bacillus pumilus strain GHA 180	見備註	見備註	當農藥 Bacillus pumilus strain GHA 180 根據優良農業操作規範使用時,其在所有食品商品內/表的殘留容許量豁免	Mar. 30, 2012
31	Bacillus pumilus strain QST 2808	見備註	見備註	An exemption from the requirement of a tolerance is established for residues of the microbial pesticide Bacillus pumilus strain QST 2808 when used in or on all agricultural commodities when applied/used in accordance with label directions	Nov. 3, 2004
32	Bacillus subtilis strain CX-9060	見備註	見備註	An exemption from the requirement of a tolerance is established for residues of the microbial pesticide Bacillus subtilis strain CX-9060, in or on all food commodities, when applied or used in accordance with good agricultural practices	Jan. 11, 2012
33	Bacteriophage of clavibacter michiganensis subspecies michiganens	見備註	見備註	An exemption from the requirement of a tolerance is established for residues of lytic bacteriophage of Clavibacter michiganensis subspecies michiganensis produced in Clavibacter michiganensis subspecies michiganensis in or on tomato when applied as a bactericide in accordance with good agricultural practices	Oct. 26, 2011
34	Banda de Lupinus albus doce (BLAD)	見備註	見備註	An exemption from the requirement of a tolerance is established for the residues of Banda de Lupinus albus doce (BLAD), a naturally occurring polypeptide from the catabolism of a seed storage protein (β-conglutin) of sweet lupines (Lupinus albus), in or on all food commodities when applied as a fungicide and used in accordance with label directions and good agricultural practices	Mar. 22, 2013

表1(續)

序號	農獸藥名稱	食品名稱	限量要求	使用限制及備註	生效日期
35	C12-C18 脂肪酸鉀鹽	見備註	見備註	當根據優良農業操作規範使用時，C12-C18 脂肪酸（飽和的和不飽和的）鉀在所有初級農產品內/表殘留容許量豁免	Jul. 5, 1995
36	C8、C10 和 C12 脂肪酸甘油單酯和脂肪酸丙二醇單酯	見備註	見備註	當根據獲註冊商標比率和優良農業操作規範使用時，C8、C10 和 C12 脂肪酸甘油單酯（單辛酸甘油酯、單葵酸甘油酯、單月桂酸甘油酯）和脂肪酸丙二醇單酯（單辛酸丙二醇酯、單葵酸丙二醇酯和單月桂酸丙二醇酯）在所有食品商品內部或表面的容許量豁免	Jun. 23, 2004
37	Candida oleophila Strain O	見備註	見備註	微生物農藥假絲酵母菌屬酵母菌株 O，作為生物殺真菌劑用於採收後的蘋果和梨時免除於殘留限量	May 13, 2009
38	Chenopodium ambrosioides near ambrosioides 萃取物	見備註	見備註	Chenopodium ambrosioides near ambrosioides 萃取物作為殺蟲劑/殺蟎劑用於所有食品時，免除於殘留限量要求	Jan. 7, 2009
39	Chlorethoxyfos	大田玉米草料	0.01 ppm	殘留物：chlorethoxyfos, including its metabolites and degradates. Compliance with the tolerance levels specified is to be determined by measuring only chlorethoxyfos, O, O－diethyl O－(1, 2, 2, 2-tetrachloroethyl) phosphorothioate	Apr. 27, 2011
40	Chromobacterium subtsugae strain PRAA4-1T	見備註	見備註	An exemption from the requirement of a tolerance is established for residues of Chromobacterium subtsugae strain PRAA4-1T in or on all food commodities when applied as an insecticide or miticide and used in accordance with good agricultural practices	Sept. 7, 2011
41	Codlure, (E, E)-8, 10-十二碳二烯-1-醇	見備註	見備註	其使用應僅限於符合以下條件的 codlure 配方：(1) 商品暴露應僅限於無意物理接觸。藥劑的設計必須排除由於其初級農產品組成，或與初級農產品接觸過的商品生產的加工食品/飼料，或由於其物理大小而引起的任何污染。藥劑的大小和結構需在使用時很容易地被識別。(2) 藥劑必須分散使用。例如，以一種不影響以後取回的方式放置於容易識別的不同位置。這一豁免並不適用於以廣撒方式應用於小塊農作物土地或獨立植物的 codlure	Mar. 2, 1994
42	Complex Polymeric Polyhydroxy Acids	見備註	見備註	An exemption from the requirement of a tolerance is established for the residues of complex polymeric polyhydroxy acids in or on all food commodities when applied as a plant growth regulator and used in accordance with good agricultural practices	Jul. 31, 2013
43	Cyantraniliprole	杏仁外殼	8 ppm	Tolerances are established for the combined residues of the insecticide cyantraniliprole, 3-bromo-1-(3-chloro-2-pyridinyl)-N-[4-cyano-2-methyl-6-[(methylamino) carbonyl] phenyl]-1H-pyrazole-5-carboxamide, including its metabolites and degradates, in or on commodities. Compliance with the tolerance levels specified is to be determined by measuring only cyantraniliprole	Feb. 5, 2014
44	Cyprosulfamide	去皮帶穗甜玉米棒	0.01 ppm	殘留物：cyprosulfamide, N－[[4-[(環丙基氨基)碳酰基]苯基]磺酰基]-2-甲氧基苯甲酰胺	Oct. 15, 2008
45	d-檸檬烯	見備註	見備註	(1) 殺蟲劑 d-檸檬烯可在食品或飼料處理公司的有害生物排斥桌布和排斥帶上安全使用。(2) 為確保安全使用殺蟲劑，其標籤和標註應與在美國環境保護署的註冊相一致。其使用應遵照標籤或標註	Sept. 21, 2005
46	Eat－killed Burkholderia spp. strain A396 cells and spent fermentation media	見備註	見備註	An exemption from the requirement of a tolerance is established for residues of heat－killed Burkholderia spp. strain A396 cells and spent fermentation media in or on all food commodities when applied as a biological insecticide to agricultural crops and used in accordance with label directions and good agricultural practices	Mar. 21, 2014

表1(續)

序號	農獸藥名稱	食品名稱	限量要求	使用限制及備註	生效日期
47	Endothall (7－oxabicyclo－(2, 2, 1) heptane 2, 3－dicarboxylic acid	糖用甜菜	0.2 ppm	臨時限量	Sept. 26, 2012
48	Escherichia coli O157: H7 specific bacteriophages	見備註	見備註	A temporary exemption from the requirement of a tolerance is established for residues of lytic bacteriophages that are specific to Escherichia coli O157: H7, sequence negative for shiga toxins I and II, and grown on atoxigenic host bacteria when used/applied on food contact surfaces in food processing plants in accordance with the terms of Experimental Use Permit (EUP) No. 74234-EUP-2. This temporary exemption expires on April 1, 2013	Apr. 13, 2011
49	Es-生物丙烯菊酯	杏仁外殼	5 ppm	殘留物：氰戊菊酯((S)-氰基-(3-苯氧苯基)甲基(S)-4-氯-α-(1-甲乙基)苯醋酸鹽	Sept. 11, 2009
50	Ethyl－2E, 4Z－decadienoate (Pear Ester)	見備註	見備註	An exemption from the requirement of a tolerance is established for residues of the biochemical pesticide, ethyl-2E, 4Z-decadienoate (pear ester), in or on all food commodities, when used in accordance with label directions and good agricultural practices	Aug. 28, 2013
51	Ethyl－2E, 4Z－decadienoate (Pear Ester)	見備註	見備註	An exemption from the requirement of a tolerance is established for residues of the biochemical pesticide, ethyl-2E, 4Z-decadienoate (pear ester), in or on all food commodities, when used in accordance with label directions and good agricultural practices	Aug. 28, 2013
52	Fenpropidin	香蕉	10 ppm	Tolerances are established for the residues of fenpropidin, including its metabolites and degradates, in or on the commodities. Compliance with the tolerance levels specified is to be determined by measuring only fenpropidin (1-[3-[4-(1, 1-dimethylethyl) phenyl]-2-methylpropyl] piperidine). I There are no U. S. registrations as of December 13, 2013	Feb. 11, 2014
53	Fenpyrazamine	杏仁	0.02 ppm	Tolerances are established for residues of the fungicide fenpyrazamine, in or on the commodities. Compliance with the tolerance levels specified is to be determined by measuring only fenpyrazamine S-allyl 5-amino-2-isopropyl-4-(2-methylphenyl)-3-oxo-2, 3-dihydropyrazole-1-carbothioate, in or on the commodities	Mar. 6, 2013
54	Fluxapyroxad	杏仁外殼	4 ppm	Tolerances are established for residues of the fungicide fluxapyroxad, including its metabolites and degradates, in or on the commodities. Compliance with the tolerance levels specified is to be determined by measuring only fluxapyroxad, 3-(difluoromethyl)-1-methyl-N-(3′, 4′, 5′-trifluoro[1, 1′-biphenyl]-2-yl)-1H-pyrazole-4-carboxamide	Feb. 26, 2014
55	GBM-ROPE	見備註	見備註	含活性成分(Z)-9-脫癸烯醋酸酯和(Z)-11-四癸烯醋酸酯的葡萄卷葉蛾信息素(GBM-ROPE)在與密封聚乙烯管在果園裡用於控制葡萄卷葉蛾時，葡萄卷葉蛾信息素殘留容許量豁免	Jun. 3, 2009
56	GS－omega/kappa－Hxtx-Hv1a	見備註	見備註	An exemption from the requirement of a tolerance is established for residues of the pesticide GS-omega/kappa-Hxtx-Hv1a in or on all food commodities when applied or used in accordance with label directions and good agricultural practices	Feb. 26, 2014
57	Indaziflam	杏仁外殼	0.15 ppm	殘留物：indaziflam, N－[(1R, 2S)-2, 3-dihydro-2, 6-dimethyl-1 H-inden-1-yl]-6-(1-fluoroethyl)-1, 3, 5-triazine-2, 4-diamine	Apr. 6, 2011

表1(續)

序號	農獸藥名稱	食品名稱	限量要求	使用限制及備註	生效日期
58	Isaria fumosorosea (formerly Paecilomyces fumosoroseus) Apopka strain 97	見備註	見備註	An exemption from the requirement of a tolerance is established for residues of Isaria fumosorosea (formerly Paecilomyces fumosoroseus) Apopka strain 97 in or on all food commodities when applied as an insecticide or miticide and used in accordance with good agricultural practices	Sept. 28, 2011
59	Isopyrazam	蘋果	0.7 ppm	Tolerances are established for residues of the fungicide isopyrazam, including its metabolites and degradates, in or on the commodities. Compliance with the tolerance levels specified is to be determined by measuring only isopyrazam (3-(difluoromethyl)-1-methyl-N-[1, 2, 3, 4-tetrahydro-9-(1-methylethyl)-1	Dec. 27, 2013
60	Killed, nonviable Streptomyces acidiscabies strain RL-110T	見備註	見備註	Killed, nonviable Streptomyces acidiscabies strain RL-110T 作為芽前和芽後除草劑並遵守良好農業操作規範使用時，可免除殘留限量要求	Jun. 13, 2012
61	L-谷氨酸	見備註	見備註	當根據優良農業操作規範使用時，L-谷氨酸在所有食品商品內/表殘留容許量豁免	Jun. 21, 2001
62	Meptyldinocap	葡萄	0.2 ppm	殘留物：meptyldinocap，2-(1-methylheptyl)-4，6-dinitrophenyl (2E)-2-butenoate 和 2，4-DNOP，2，4-dinitro-6-(1-methylheptyl) phenol 以 meptyldinocap 計	Sept. 23, 2009
63	Metarhizium anisopliae strain F52	見備註	見備註	An exemption from the requirement of a tolerance is established for residues of Metarhizium anisopliae strain F52 in or on all food commodities when applied as an insecticide, miticide, or ixodicide and used in accordance with good agricultural practices	May 6, 2011
64	Methyl jasmonate	見備註	見備註	An exemption from the requirement of a tolerance is established for residues of methyl jasmonate in or on all food commodities when methyl jasmonate is applied pre-harvest	Apr. 17, 2013
65	Methyl parathion	黑麥	0.5 ppm	臨時限量！Expiration/revocation date：12/31/13	Sept. 26, 2012
66	N-1-萘基酞氨酸	哈密瓜	0.1 (N) ppm	殘留物：N-1-萘基酞氨酸	Oct. 26, 1998
67	N-(正-辛基)-2-吡咯烷酮和 N-(正-十二烷基)-2-吡咯烷酮	見備註	見備註	N-(n-octyl)-2-pyrrolidone and N-(n-dodecyl)-2-pyrrolidone are exempt from the requirement of a tolerance when used as solvents in cotton defoliant formulations containing thidiazuron and diuron as active ingredients	Feb. 26, 2014
68	N-癸基雙環庚基二羧基亞胺	所有食品	5 ppm	殘留物：N-癸基雙環庚基二羧基亞	Sept. 29, 2010
69	N-甲基-N-(1-氧八烷基)氨基己酸	見備註	見備註	該物質在含草甘膦的農藥配方中以不超過10%的比率作為惰性成分（表面活性劑）使用時，殘留容許量豁免	Dec. 6, 1999
70	N-甲基-N-(1-氧十二烷基)氨基己酸	見備註	見備註	該物質在含草甘膦的農藥配方中以不超過10%的比率作為惰性成分（表面活性劑）使用時，殘留容許量豁免	Dec. 6, 1999
71	N-甲基-N-(1-氧十四烷基氨基)己酸	見備註	見備註	該物質在含草甘膦的農藥配方中以不超過10%的比率作為惰性成分（表面活性劑）使用時，殘留容許量豁免	Dec. 6, 1999
72	N-肉豆蔻酰肌氨酸	見備註	見備註	該物質在含草甘膦的農藥配方中以不超過10%的比率作為惰性成分（表面活性劑）使用時，殘留容許量豁免	Dec. 6, 1999
73	N-酰基肌氨酸	見備註	見備註	該物質在含草甘膦的農藥配方中以不超過10%的比率作為惰性成分（表面活性劑）使用時，殘留容許量豁免	Dec. 6, 1999
74	N-椰油酰基肌氨酸	見備註	見備註	該物質在含草甘膦的農藥配方中以不超過10%的比率作為惰性成分（表面活性劑）使用時，殘留容許量豁免	Dec. 6, 1999

表1(續)

序號	農獸藥名稱	食品名稱	限量要求	使用限制及備註	生效日期
75	N-椰油酰基肌氨酸鈉鹽混合物	見備註	見備註	該物質在含草甘膦的農藥配方中以不超過10%的比率作為惰性成分（表面活性劑）使用時，殘留容許量豁免	Dec. 6, 1999
76	N-硬脂酰肌氨酸	見備註	見備註	該物質在含草甘膦的農藥配方中以不超過10%的比率作為惰性成分（表面活性劑）使用時，殘留容許量豁免	Dec. 6, 1999
77	N-油酰基肌氨酸	見備註	見備註	該物質在含草甘膦的農藥配方中以不超過10%的比率作為惰性成分（表面活性劑）使用時，殘留容許量豁免	Dec. 6, 1999
78	N-月桂酰肌氨酸	見備註	見備註	該物質在含草甘膦的農藥配方中以不超過10%的比率作為惰性成分（表面活性劑）使用時，殘留容許量豁免	Dec. 6, 1999
79	Pasteuria nishizawae-Pn1	見備註	見備註	當Pasteuria nishizawae-Pn1作為殺線蟲劑根據優良農業操作規範使用時，其在所有食品商品內/表的殘留容許量豁免	Feb. 15, 2012
80	Pasteuria spp.（Rotylenchulus reniformis nematode）-Pr3	見備註	見備註	作為殺線蟲藥根據標籤說明和良好農業操作規範使用時，可免除殘留限量要求	Jul. 9, 2012
81	Penflufen	紫花苜蓿草料	0.01 ppm	殺菌劑penflufen及其代謝物和降解物的殘留限量，檢測penflufen N-［2-（1，3-dimethylbutyl）phenyl］-5-fluoro-1，3-dimethyl-1 H-pyrazole-4-carboxamide的含量	May 14, 2012
82	Penthiopyrad	杏仁外殼	6 ppm	penthiopyrad及其代謝物和降解物的殘留限量，檢測penthiopyrad（N-［2-（1，3-dimethylbutyl）-3-thienyl］-1-methyl-3-（trifluoromethyl）-1H-pyrazole-4-carboxamide）的含量	Mar. 9, 2012
83	Piperonyl butoxide	見備註	見備註	When applied to growing crops, in accordance with good agricultural practice, the pesticide chemicals are exempt from the requirement of a tolerance	Sept. 26, 2012
84	Potassium hypochlorite	見備註	見備註	An exemption from the requirement of a tolerance is established for residues of potassium hypochlorite in or on all commodities	Mar. 2, 2011
85	Petroleum oils	見備註	見備註	When applied to growing crops, in accordance with good agricultural practice, the pesticide chemicals are exempt from the requirement of a tolerance	Sept. 26, 2012
86	Saflufenacil	棉花軋棉副產品	0.45 ppm	Tolerances are established for residues of saflufenacil, including its metabolites and degradates, in or on the commodities. Compliance with the tolerance levels specified is to be determined by measuring only the sum of saflufenacil	Feb. 21, 2014
87	Saflufenacil	棉籽，20C亞組	0.2 ppm	Tolerances are established for residues of saflufenacil, including its metabolites and degradates, in or on the commodities. Compliance with the tolerance levels specified is to be determined by measuring only the sum of saflufenacil	Feb. 21, 2014
88	Saflufenacil	柑橘類水果，10組	0.03 ppm	Tolerances are established for residues of saflufenacil, including its metabolites and degradates, in or on the commodities. Compliance with the tolerance levels specified is to be determined by measuring only the sum of saflufenacil	Feb. 21, 2014
89	Saflufenacil	梨果，11組	0.03 ppm	Tolerances are established for residues of saflufenacil, including its metabolites and degradates, in or on the commodities. Compliance with the tolerance levels specified is to be determined by measuring only the sum of saflufenacil	Feb. 21, 2014

表1(續)

序號	農獸藥名稱	食品名稱	限量要求	使用限制及備註	生效日期
90	Saflufenacil	核果,12 組	0.03 ppm	Tolerances are established for residues of saflufenacil, including its metabolites and degradates, in or on the commodities. Compliance with the tolerance levels specified is to be determined by measuring only the sum of saflufenacil	Feb. 21, 2014
91	Saflufenacil	綿羊肝臟	2.5 ppm	Tolerances are established for residues of saflufenacil, including its metabolites and degradates, in or on the commodities. Compliance with the tolerance levels specified is to be determined by measuring only saflufenacil	Feb. 21, 2014
92	Saflufenacil	綿羊肉	0.01 ppm	Tolerances are established for residues of saflufenacil, including its metabolites and degradates, in or on the commodities. Compliance with the tolerance levels specified is to be determined by measuring only saflufenacil	Feb. 21, 2014
93	Saflufenacil	綿羊肉副產品,肝臟除外	0.05 ppm	Tolerances are established for residues of saflufenacil, including its metabolites and degradates, in or on the commodities. Compliance with the tolerance levels specified is to be determined by measuring only saflufenacil	Feb. 21, 2014
94	Saflufenacil	香蕉	0.03 ppm	Tolerances are established for residues of saflufenacil, including its metabolites and degradates, in or on the commodities. Compliance with the tolerance levels specified is to be determined by measuring only the sum of saflufenacil	Feb. 21, 2014
95			Saflufenacil	青咖啡豆	
96	Saflufenacil	分選穀物顆粒	10 ppm	Tolerances are established for residues of saflufenacil, including its metabolites and degradates, in or on the commodities. Compliance with the tolerance levels specified is to be determined by measuring only the sum of saflufenacil	Feb. 21, 2014
97			Saflufenacil	糧谷類草料、飼料和秸稈,16 組	
98	Saflufenacil	糧谷類,15 組	0.03 ppm	Tolerances are established for residues of saflufenacil, including its metabolites and degradates, in or on the commodities. Compliance with the tolerance levels specified is to be determined by measuring only the sum of saflufenacil	Feb. 21, 2014
99	Saflufenacil	葡萄	0.03 ppm	Tolerances are established for residues of saflufenacil, including its metabolites and degradates, in or on the commodities. Compliance with the tolerance levels specified is to be determined by measuring only the sum of saflufenacil	Feb. 21, 2014
100	Saflufenacil	芒果	0.03 ppm	Tolerances are established for residues of saflufenacil, including its metabolites and degradates, in or on the commodities. Compliance with the tolerance levels specified is to be determined by measuring only the sum of saflufenacil	Feb. 21, 2014
101	Saflufenacil	樹生堅果,14 組	0.03 ppm	Tolerances are established for residues of saflufenacil, including its metabolites and degradates, in or on the commodities. Compliance with the tolerance levels specified is to be determined by measuring only the sum of saflufenacil	Feb. 21, 2014
102	Saflufenacil	豌豆類和豆類,大豆除外,6C 亞組	0.3 ppm	Tolerances are established for residues of saflufenacil, including its metabolites and degradates, in or on the commodities. Compliance with the tolerance levels specified is to be determined by measuring only the sum of saflufenacil	Feb. 21, 2014
103	Saflufenacil	豌豆類和豆類,去殼多汁,6B 亞組	0.03 ppm	Tolerances are established for residues of saflufenacil, including its metabolites and degradates, in or on the commodities. Compliance with the tolerance levels specified is to be determined by measuring only the sum of saflufenacil	Feb. 21, 2014
104	Saflufenacil	豌豆,干草	17 ppm	Tolerances are established for residues of saflufenacil, including its metabolites and degradates, in or on the commodities. Compliance with the tolerance levels specified is to be determined by measuring only the sum of saflufenacil	Feb. 21, 2014

表1(續)

序號	農獸藥名稱	食品名稱	限量要求	使用限制及備註	生效日期
105	Saflufenacil	開心果	0. 03 ppm	Tolerances are established for residues of saflufenacil, including its metabolites and degradates, in or on the commodities. Compliance with the tolerance levels specified is to be determined by measuring only the sum of saflufenacil	Feb. 21, 2014
106	Saflufenacil	油菜籽,20A 亞組	0. 45 ppm	Tolerances are established for residues of saflufenacil, including its metabolites and degradates, in or on the commodities. Compliance with the tolerance levels specified is to be determined by measuring only the sum of saflufenacil	Feb. 21, 2014
107	Saflufenacil	大豆外殼	0. 5 ppm	Tolerances are established for residues of saflufenacil, including its metabolites and degradates, in or on the commodities. Compliance with the tolerance levels specified is to be determined by measuring only the sum of saflufenacil	Feb. 21, 2014
108	Saflufenacil	大豆種子	0. 1 ppm	Tolerances are established for residues of saflufenacil, including its metabolites and degradates, in or on the commodities. Compliance with the tolerance levels specified is to be determined by measuring only the sum of saflufenacil	Feb. 21, 2014
109	Saflufenacil	甘蔗	0. 05 ppm	Tolerances are established for residues of saflufenacil, including its metabolites and degradates, in or on the commodities. Compliance with the tolerance levels specified is to be determined by measuring only the sum of saflufenacil, 2-chloro-5- [3, 6-dihydro-3-methyl-2, 6-dioxo-4-(trifluoromethyl) -1 (2H) -pyrimidinyl] -4-fluoro-N-[[methyl (1-methylethyl) amino] sulfonyl] benzamide, and its metabolites N- [2-chloro-5- (2, 6-dioxo-4-(trifluoromethyl) -3, 6-dihydro-1 (2H) -pyrimidinyl) -4-fluorobenzoyl] -N′-isopropylsulfamide and N- [4-chloro-2-fluoro-5- ({[(isopropylamino) sulfonyl] amino} carbonyl) phenyl] urea, calculated as the stoichiometric equivalent of saflufenacil I No U. S. registration as of February 21, 2014	Feb. 21, 2014
110	Saflufenacil	甘蔗糖蜜	0. 08 ppm	Tolerances are established for residues of saflufenacil, including its metabolites and degradates, in or on the commodities. Compliance with the tolerance levels specified is to be determined by measuring only the sum of saflufenacil	Feb. 21, 2014
111	Saflufenacil	向日葵,20B 亞組	1 ppm	Tolerances are established for residues of saflufenacil, including its metabolites and degradates, in or on the commodities. Compliance with the tolerance levels specified is to be determined by measuring only the sum of saflufenacil	Feb. 21, 2014
112	Saflufenacil	豆類蔬菜葉子及梗和枝,7組,豌豆和干草除外	0. 1 ppm	Tolerances are established for residues of saflufenacil, including its metabolites and degradates, in or on the commodities. Compliance with the tolerance levels specified is to be determined by measuring only the sum of saflufenacil	Feb. 21, 2014
113	Saflufenacil	可食用的豆類蔬菜,6A 亞組	0. 03 ppm	Tolerances are established for residues of saflufenacil, including its metabolites and degradates, in or on the commodities. Compliance with the tolerance levels specified is to be determined by measuring only the sum of saflufenacil, 2-chloro-5- [3, 6-dihydro-3-methyl-2, 6-dioxo-4-(trifluoromethyl) -1 (2H) -pyrimidinyl] -4-fluoro-N-[[methyl (1-methylethyl) amino] sulfonyl] benzamide, and its metabolites N- [2-chloro-5- (2, 6-dioxo-4-(trifluoromethyl) -3, 6-dihydro-1 (2H) -pyrimidinyl) -4-fluorobenzoyl] -N′-isopropylsulfamide and N- [4-chloro-2-fluoro-5- ({[(isopropylamino) sulfonyl] amino} carbonyl) phenyl] urea, calculated as the stoichiometric equivalent of saflufenacil	Feb. 21, 2014

表1(續)

序號	農獸藥名稱	食品名稱	限量要求	使用限制及備註	生效日期
114	Saflufenacil	牛脂肪	0.01 ppm	Tolerances are established for residues of saflufenacil, including its metabolites and degradates, in or on the commodities. Compliance with the tolerance levels specified is to be determined by measuring only saflufenacil, 2-chloro-5-[3, 6-dihydro-3-methyl-2, 6-dioxo-4-(trifluoromethyl)-1(2H)-pyrimidinyl]-4-fluoro-N-[[methyl(1-methylethyl) amino] sulfonyl] benzamide	Feb. 21, 2014
115	Saflufenacil	牛肝臟	2.5 ppm	Tolerances are established for residues of saflufenacil, including its metabolites and degradates, in or on the commodities. Compliance with the tolerance levels specified is to be determined by measuring only saflufenacil, 2-chloro-5-[3, 6-dihydro-3-methyl-2, 6-dioxo-4-(trifluoromethyl)-1(2H)-pyrimidinyl]-4-fluoro-N-[[methyl(1-methylethyl) amino] sulfonyl] benzamide	Feb. 21, 2014
116	Saflufenacil	牛肉	0.01 ppm	Tolerances are established for residues of saflufenacil, including its metabolites and degradates, in or on the commodities. Compliance with the tolerance levels specified is to be determined by measuring only saflufenacil, 2-chloro-5-[3, 6-dihydro-3-methyl-2, 6-dioxo-4-(trifluoromethyl)-1(2H)-pyrimidinyl]-4-fluoro-N-[[methyl(1-methylethyl) amino] sulfonyl] benzamide	Feb. 21, 2014
117	Saflufenacil	牛肉副產品，肝臟除外	0.05 ppm	Tolerances are established for residues of saflufenacil, including its metabolites and degradates, in or on the commodities. Compliance with the tolerance levels specified is to be determined by measuring only saflufenacil	Feb. 21, 2014
118	Saflufenacil	淡水銀魚	0.01 ppm	Tolerances are established for residues of saflufenacil, including its metabolites and degradates, in or on the commodities. Compliance with the tolerance levels specified is to be determined by measuring only saflufenacil	Feb. 21, 2014
119	Saflufenacil	貝類，甲殼類水產品	0.01 ppm	Tolerances are established for residues of saflufenacil, including its metabolites and degradates, in or on the commodities. Compliance with the tolerance levels specified is to be determined by measuring only saflufenacil	Feb. 21, 2014
120	Saflufenacil	山羊脂肪	0.01 ppm	Tolerances are established for residues of saflufenacil, including its metabolites and degradates, in or on the commodities. Compliance with the tolerance levels specified is to be determined by measuring only saflufenacil, 2-chloro-5-[3, 6-dihydro-3-methyl-2, 6-dioxo-4-(trifluoromethyl)-1(2H)-pyrimidinyl]-4-fluoro-N-[[methyl(1-methylethyl) amino] sulfonyl] benzamide	Feb. 21, 2014
121	Saflufenacil	山羊肝臟	2.5 ppm	Tolerances are established for residues of saflufenacil, including its metabolites and degradates, in or on the commodities. Compliance with the tolerance levels specified is to be determined by measuring only saflufenacil, 2-chloro-5-[3, 6-dihydro-3-methyl-2, 6-dioxo-4-(trifluoromethyl)-1(2H)-pyrimidinyl]-4-fluoro-N-[[methyl(1-methylethyl) amino] sulfonyl] benzamide	Feb. 21, 2014
122	Saflufenacil	山羊肉	0.01 ppm	Tolerances are established for residues of saflufenacil, including its metabolites and degradates, in or on the commodities. Compliance with the tolerance levels specified is to be determined by measuring only saflufenacil	Feb. 21, 2014
123	Saflufenacil	山羊肉副產品，肝臟除外	0.05 ppm	Tolerances are established for residues of saflufenacil, including its metabolites and degradates, in or on the commodities. Compliance with the tolerance levels specified is to be determined by measuring only saflufenacil	Feb. 21, 2014
124	Saflufenacil	豬脂肪	0.01 ppm	Tolerances are established for residues of saflufenacil, including its metabolites and degradates, in or on the commodities. Compliance with the tolerance levels specified is to be determined by measuring only saflufenacil	Feb. 21, 2014

表1(續)

序號	農獸藥名稱	食品名稱	限量要求	使用限制及備註	生效日期
125	Saflufenacil	牛肝臟	2.5 ppm	Tolerances are established for residues of saflufenacil, including its metabolites and degradates, in or on the commodities. Compliance with the tolerance levels specified is to be determined by measuring only saflufenacil	Feb. 21, 2014
126	Saflufenacil	牛肉	0.01 ppm	Tolerances are established for residues of saflufenacil, including its metabolites and degradates, in or on the commodities. Compliance with the tolerance levels specified is to be determined by measuring only saflufenacil	Feb. 21, 2014
127	Saflufenacil	牛肉副產品，肝臟除外	0.05 ppm	Tolerances are established for residues of saflufenacil, including its metabolites and degradates, in or on the commodities. Compliance with the tolerance levels specified is to be determined by measuring only saflufenacil, 2-chloro-5-[3, 6-dihydro-3-methyl-2, 6-dioxo-4-(trifluoromethyl)-1(2H)-pyrimidinyl]-4-fluoro-N-[[methyl(1-methylethyl)amino]sulfonyl]benzamide	Feb. 21, 2014
128	Saflufenacil	淡水銀魚	0.01 ppm	Tolerances are established for residues of saflufenacil, including its metabolites and degradates, in or on the commodities. Compliance with the tolerance levels specified is to be determined by measuring only saflufenacil	Feb. 21, 2014
129	Saflufenacil	貝類，甲殼類水產品	0.01 ppm	Tolerances are established for residues of saflufenacil, including its metabolites and degradates, in or on the commodities. Compliance with the tolerance levels specified is to be determined by measuring only saflufenacil	Feb. 21, 2014
130	Saflufenacil	山羊脂肪	0.01 ppm	Tolerances are established for residues of saflufenacil, including its metabolites and degradates, in or on the commodities. Compliance with the tolerance levels specified is to be determined by measuring only saflufenacil	Feb. 21, 2014
131	Saflufenacil	山羊肝臟	2.5 ppm	Tolerances are established for residues of saflufenacil, including its metabolites and degradates, in or on the commodities. Compliance with the tolerance levels specified is to be determined by measuring only saflufenacil, 2-chloro-5-[3, 6-dihydro-3-methyl-2, 6-dioxo-4-(trifluoromethyl)-1(2H)-pyrimidinyl]-4-fluoro-N-[[methyl(1-methylethyl)amino]sulfonyl]benzamide	Feb. 21, 2014
132	Saflufenacil	山羊肉	0.01 ppm	Tolerances are established for residues of saflufenacil, including its metabolites and degradates, in or on the commodities. Compliance with the tolerance levels specified is to be determined by measuring only saflufenacil, 2-chloro-5-[3, 6-dihydro-3-methyl-2, 6-dioxo-4-(trifluoromethyl)-1(2H)-pyrimidinyl]-4-fluoro-N-[[methyl(1-methylethyl)amino]sulfonyl]benzamide	Feb. 21, 2014
133	Saflufenacil	山羊肉副產品，肝臟除外	0.05 ppm	Tolerances are established for residues of saflufenacil, including its metabolites and degradates, in or on the commodities. Compliance with the tolerance levels specified is to be determined by measuring only saflufenacil, 2-chloro-5-[3, 6-dihydro-3-methyl-2, 6-dioxo-4-(trifluoromethyl)-1(2H)-pyrimidinyl]-4-fluoro-N-[[methyl(1-methylethyl)amino]sulfonyl]benzamide	Feb. 21, 2014
134	Saflufenacil	豬脂肪	0.01 ppm	Tolerances are established for residues of saflufenacil, including its metabolites and degradates, in or on the commodities. Compliance with the tolerance levels specified is to be determined by measuring only saflufenacil, 2-chloro-5-[3, 6-dihydro-3-methyl-2, 6-dioxo-4-(trifluoromethyl)-1(2H)-pyrimidinyl]-4-fluoro-N-[[methyl(1-methylethyl)amino]sulfonyl]benzamide	Feb. 21, 2014

表1(續)

序號	農獸藥名稱	食品名稱	限量要求	使用限制及備註	生效日期
135	Saflufenacil	豬肝臟	0.8 ppm	Tolerances are established for residues of saflufenacil, including its metabolites and degradates, in or on the commodities. Compliance with the tolerance levels specified is to be determined by measuring only saflufenacil, 2-chloro-5-[3, 6-dihydro-3-methyl-2, 6-dioxo-4- (trifluoromethyl) -1 (2H) -pyrimidinyl] -4-fluoro-N- [[methyl (1-methylethyl) amino] sulfonyl] benzamide	Feb. 21, 2014
136	Saflufenacil	豬肉	0.01 ppm	Tolerances are established for residues of saflufenacil, including its metabolites and degradates, in or on the commodities. Compliance with the tolerance levels specified is to be determined by measuring only saflufenacil, 2-chloro-5-[3, 6-dihydro-3-methyl-2, 6-dioxo-4- (trifluoromethyl) -1 (2H) -pyrimidinyl] -4-fluoro-N- [[methyl (1-methylethyl) amino] sulfonyl] benzamide	Feb. 21, 2014
137	Saflufenacil	豬肉副產品，肝臟除外	0.02 ppm	Tolerances are established for residues of saflufenacil, including its metabolites and degradates, in or on the commodities. Compliance with the tolerance levels specified is to be determined by measuring only saflufenacil, 2-chloro-5-[3, 6-dihydro-3-methyl-2, 6-dioxo-4- (trifluoromethyl) -1 (2H) -pyrimidinyl] -4-fluoro-N- [[methyl (1-methylethyl) amino] sulfonyl] benzamide	Feb. 21, 2014
138	Saflufenacil	馬脂肪	0.01 ppm	Tolerances are established for residues of saflufenacil, including its metabolites and degradates, in or on the commodities. Compliance with the tolerance levels specified is to be determined by measuring only saflufenacil, 2-chloro-5-[3, 6-dihydro-3-methyl-2, 6-dioxo-4- (trifluoromethyl) -1 (2H) -pyrimidinyl] -4-fluoro-N- [[methyl (1-methylethyl) amino] sulfonyl] benzamide	Feb. 21, 2014
139	Saflufenacil	馬肝臟	2.5 ppm	Tolerances are established for residues of saflufenacil, including its metabolites and degradates, in or on the commodities. Compliance with the tolerance levels specified is to be determined by measuring only saflufenacil, 2-chloro-5-[3, 6-dihydro-3-methyl-2, 6-dioxo-4- (trifluoromethyl) -1 (2H) -pyrimidinyl] -4-fluoro-N- [[methyl (1-methylethyl) amino] sulfonyl] benzamide	Feb. 21, 2014
140	Saflufenacil	馬肉	0.01 ppm	Tolerances are established for residues of saflufenacil, including its metabolites and degradates, in or on the commodities. Compliance with the tolerance levels specified is to be determined by measuring only saflufenacil, 2-chloro-5-[3, 6-dihydro-3-methyl-2, 6-dioxo-4- (trifluoromethyl) -1 (2H) -pyrimidinyl] -4-fluoro-N- [[methyl (1-methylethyl) amino] sulfonyl] benzamide	Feb. 21, 2014
141	Saflufenacil	馬肉副產品，肝臟除外	0.05 ppm	Tolerances are established for residues of saflufenacil, including its metabolites and degradates, in or on the commodities. Compliance with the tolerance levels specified is to be determined by measuring only saflufenacil, 2-chloro-5-[3, 6-dihydro-3-methyl-2, 6-dioxo-4- (trifluoromethyl) -1 (2H) -pyrimidinyl] -4-fluoro-N- [[methyl (1-methylethyl) amino] sulfonyl] benzamide	Feb. 21, 2014
142	Saflufenacil	乳	0.01 ppm	Tolerances are established for residues of saflufenacil, including its metabolites and degradates, in or on the commodities. Compliance with the tolerance levels specified is to be determined by measuring only saflufenacil, 2-chloro-5-[3, 6-dihydro-3-methyl-2, 6-dioxo-4- (trifluoromethyl) -1 (2H) -pyrimidinyl] -4-fluoro-N- [[methyl (1-methylethyl) amino] sulfonyl] benzamide	Feb. 21, 2014

表1(續)

序號	農獸藥名稱	食品名稱	限量要求	使用限制及備註	生效日期
143	Saflufenacil	綿羊脂肪	0.01 ppm	Tolerances are established for residues of saflufenacil, including its metabolites and degradates, in or on the commodities. Compliance with the tolerance levels specified is to be determined by measuring only saflufenacil, 2-chloro-5-[3, 6-dihydro-3-methyl-2, 6-dioxo-4- (trifluoromethyl) -1 (2H) -pyrimidinyl] -4-fluoro-N- [[methyl (1-methylethyl) amino] sulfonyl] benzamide	Feb. 21, 2014
144	利谷隆	芹菜	0.5 ppm	殘留物：根據§180.1（m）定義的地區註冊容許量，是以利谷隆計算的除草劑利谷隆（3-（3，4-二氯芬基）-1-甲氧基-1-甲基脲）及其代謝物3，4-二氯苯胺和其代謝物3，4-二氯苯胺合併殘留而設定	Feb. 21, 2014
145	利谷隆	馬鈴薯	0.2 ppm	根據§180.1（m）定義的地區註冊容許量，是為以利谷隆計算的除草劑利谷隆（3-（3，4-二氯芬基）-1-甲氧基-1-甲基脲）及其代謝物3，4-二氯苯胺和其代謝物3，4-二氯苯胺合併殘留而設定	Feb. 21, 2014
146	利谷隆	豬肉	0.05 ppm	Tolerances are established for residues of the herbicide linuron (3- (3, 4-dichlorophenyl) -1-methoxy-1-methylurea), including its metabolites and degradates, in or on the commodities. Compliance with the tolerance levels specified is to be determined by measuring only those linuron residues convertible to 3, 4-dichloroaniline, calculated as the stoichiometric equivalent of linuron, in or on the commodity	Feb. 21, 2014
147	利谷隆	豬肉副產品	0.1 ppm	Tolerances are established for residues of the herbicide linuron (3- (3, 4-dichlorophenyl) -1-methoxy-1-methylurea), including its metabolites and degradates, in or on the commodities. Compliance with the tolerance levels specified is to be determined by measuring only those linuron residues convertible to 3, 4-dichloroaniline, calculated as the stoichiometric equivalent of linuron, in or on the commodity	Feb. 21, 2014
148	利谷隆	馬脂肪	0.2 ppm	Tolerances are established for residues of the herbicide linuron (3- (3, 4-dichlorophenyl) -1-methoxy-1-methylurea), including its metabolites and degradates, in or on the commodities. Compliance with the tolerance levels specified is to be determined by measuring only those linuron residues convertible to 3, 4-dichloroaniline, calculated as the stoichiometric equivalent of linuron, in or on the commodity	Feb. 21, 2014
149	利谷隆	馬腎臟	2 ppm	Tolerances are established for residues of the herbicide linuron (3- (3, 4-dichlorophenyl) -1-methoxy-1-methylurea), including its metabolites and degradates, in or on the commodities. Compliance with the tolerance levels specified is to be determined by measuring only those linuron residues convertible to 3, 4-dichloroaniline, calculated as the stoichiometric equivalent of linuron, in or on the commodity	Feb. 21, 2014
150	利谷隆	馬肉副產品，腎臟和肝臟除外	0.1 ppm	Tolerances are established for residues of the herbicide linuron (3- (3, 4-dichlorophenyl) -1-methoxy-1-methylurea), including its metabolites and degradates, in or on the commodities. Compliance with the tolerance levels specified is to be determined by measuring only those linuron residues convertible to 3, 4-dichloroaniline, calculated as the stoichiometric equivalent of linuron, in or on the commodity	Feb. 21, 2014
151	利谷隆	乳	0.05 ppm	Tolerances are established for residues of the herbicide linuron (3- (3, 4-dichlorophenyl) -1-methoxy-1-methylurea), including its metabolites and degradates, in or on the commodities. Compliance with the tolerance levels specified is to be determined by measuring only those linuron residues convertible to 3, 4-dichloroaniline, calculated as the stoichiometric equivalent of linuron, in or on the commodity	Feb. 21, 2014

表1(續)

序號	農獸藥名稱	食品名稱	限量要求	使用限制及備註	生效日期
152	利谷隆	甜玉米草料	1 ppm	Tolerances are established for residues of the herbicide linuron (3- (3, 4-dichlorophenyl) -1-methoxy-1-methylurea), including its metabolites and degradates, in or on the commodities. Compliance with the tolerance levels specified is to be determined by measuring only those linuron residues convertible to 3, 4-dichloroaniline, calculated as the stoichiometric equivalent of linuron, in or on the commodity	Feb. 21, 2014
153	利谷隆	去皮帶穗甜玉米棒	0. 25 ppm	Tolerances are established for residues of the herbicide linuron (3- (3, 4-dichlorophenyl) -1-methoxy-1-methylurea), including its metabolites and degradates, in or on the commodities. Compliance with the tolerance levels specified is to be determined by measuring only those linuron residues convertible to 3, 4-dichloroaniline, calculated as the stoichiometric equivalent of linuron, in or on the commodity	Feb. 21, 2014
154	苯銹啶	香蕉	10 ppm	Tolerances are established for the residues of fenpropidin, including its metabolites and degradates, in or on the commodities. Compliance with the tolerance levels specified is to be determined by measuring only fenpropidin (1- [3- [4- (1, 1-dimethylethyl) phenyl] -2-methylpropyl] piperidine). | There are no U. S. registrations as of December 13, 2013	Feb. 21, 2014
155	氯蟲酰胺	金虎尾	2 ppm	Tolerances are established for residues of the insecticide chlorantraniliprole, including its metabolites and degradates, in or on the commodities. Compliance with the tolerance levels specified is to be determined by measuring only chlorantraniliprole, 3-bromo-N- [4-chloro-2-methyl-6- [(methylamino) carbonyl] phenyl] -1- (3-chloro-2-pyridinyl) -1H-pyrazole-5-carboxamide	Feb. 21, 2014
156	氯蟲酰胺	紫花苜蓿種子	7 ppm	Tolerances are established for residues of the insecticide chlorantraniliprole, including its metabolites and degradates, in or on the commodities. Compliance with the tolerance levels specified is to be determined by measuring only chlorantraniliprole, 3-bromo-N- [4-chloro-2-methyl-6- [(methylamino) carbonyl] phenyl] -1- (3-chloro-2-pyridinyl) -1H-pyrazole-5-carboxamide	Feb. 7, 2014
157	氯蟲酰胺	杏仁外殼	5 ppm	Tolerances are established for residues of the insecticide chlorantraniliprole, including its metabolites and degradates, in or on the commodities. Compliance with the tolerance levels specified is to be determined by measuring only chlorantraniliprole, 3-bromo-N- [4-chloro-2-methyl-6- [(methylamino) carbonyl] phenyl] -1- (3-chloro-2-pyridinyl) -1H-pyrazole-5-carboxamide	Feb. 7, 2014
158	氯蟲酰胺	非草類動物飼料, 18組, 草料	25 ppm	Tolerances are established for residues of the insecticide chlorantraniliprole, including its metabolites and degradates, in or on the commodities. Compliance with the tolerance levels specified is to be determined by measuring only chlorantraniliprole, 3-bromo-N- [4-chloro-2-methyl-6- [(methylamino) carbonyl] phenyl] -1- (3-chloro-2-pyridinyl) -1H-pyrazole-5-carboxamide	Feb. 7, 2014
159	氯蟲酰胺	非草類動物飼料, 18組, 干草	90 ppm	Tolerances are established for residues of the insecticide chlorantraniliprole, including its metabolites and degradates, in or on the commodities. Compliance with the tolerance levels specified is to be determined by measuring only chlorantraniliprole, 3-bromo-N- [4-chloro-2-methyl-6- [(methylamino) carbonyl] phenyl] -1- (3-chloro-2-pyridinyl) -1H-pyrazole-5-carboxamide	Feb. 7, 2014

表1(續)

序號	農獸藥名稱	食品名稱	限量要求	使用限制及備註	生效日期
160	氯蟲酰胺	蘋果渣	2.5 ppm	Tolerances are established for residues of the insecticide chlorantraniliprole, including its metabolites and degradates, in or on the commodities. Compliance with the tolerance levels specified is to be determined by measuring only chlorantraniliprole, 3-bromo-N-[4-chloro-2-methyl-6-[(methylamino) carbonyl] phenyl] -1- (3-chloro-2-pyridinyl) -1H-pyrazole-5-carboxamide	Feb. 7, 2014
161	氯蟲酰胺	球形朝鮮薊	4 ppm	Tolerances are established for residues of the insecticide chlorantraniliprole, including its metabolites and degradates, in or on the commodities. Compliance with the tolerance levels specified is to be determined by measuring only chlorantraniliprole, 3-bromo-N-[4-chloro-2-methyl-6-[(methylamino) carbonyl] phenyl] -1- (3-chloro-2-pyridinyl) -1H-pyrazole-5-carboxamide	Feb. 7, 2014
162	氯蟲酰胺	蘆笋	13 ppm	Tolerances are established for residues of the insecticide chlorantraniliprole, including its metabolites and degradates, in or on the commodities. Compliance with the tolerance levels specified is to be determined by measuring only chlorantraniliprole, 3-bromo-N-[4-chloro-2-methyl-6-[(methylamino) carbonyl] phenyl] -1- (3-chloro-2-pyridinyl) -1H-pyrazole-5-carboxamide	Feb. 7, 2014
163	氯蟲酰胺	鳳梨釋迦	4 ppm	Tolerances are established for residues of the insecticide chlorantraniliprole, including its metabolites and degradates, in or on the commodities. Compliance with the tolerance levels specified is to be determined by measuring only chlorantraniliprole, 3-bromo-N-[4-chloro-2-methyl-6-[(methylamino) carbonyl] phenyl] -1- (3-chloro-2-pyridinyl) -1H-pyrazole-5-carboxamide	Feb. 7, 2014
164	Cyantraniliprole	杏仁外殼	8 ppm	Tolerances are established for the combined residues of the insecticide cyantraniliprole, 3-bromo-1-(3-chloro-2-pyridinyl) -N-[4-cyano-2-methyl-6-[(methylamino) carbonyl] phenyl] -1H-pyrazole-5-carboxamide, including its metabolites and degradates, in or on commodities. Compliance with the tolerance levels specified is to be determined by measuring only cyantraniliprole	Feb. 5, 2014
165	Cyantraniliprole	頭莖蕓苔, 5A亞組	3 ppm	Tolerances are established for the combined residues of the insecticide cyantraniliprole, 3-bromo-1-(3-chloro-2-pyridinyl) -N-[4-cyano-2-methyl-6-[(methylamino) carbonyl] phenyl] -1H-pyrazole-5-carboxamide, including its metabolites and degradates, in or on commodities. Compliance with the tolerance levels specified is to be determined by measuring only cyantraniliprole	Feb. 5, 2014
166	苯酰菌胺	葡萄	3 ppm	殘留物：草酰胺（3，5-二氯-N-(3-氯-1-乙基-1-甲基-2-氧丙基）-4-甲基苯甲酰胺）	Jul. 18, 2014
167	苯酰菌胺	葡萄干	15 ppm	殘留物：草酰胺（3，5-二氯-N-(3-氯-1-乙基-1-甲基-2-氧丙基）-4-甲基苯甲酰胺）	Jul. 18, 2014
168	苯酰菌胺	番茄	2 ppm	殘留物：草酰胺（3，5-二氯-N-(3-氯-1-乙基-1-甲基-2-氧丙基）-4-甲基苯甲酰胺）	Jul. 18, 2014

表1(續)

序號	農獸藥名稱	食品名稱	限量要求	使用限制及備註	生效日期
169	乙草胺	豌豆類和豆類，大豆除外，6C 亞組	0.05 ppm	Tolerances are established for indirect or inadvertent residues of acetochlor, including its metabolites and degradates, in or on the raw agricultural commodities when present therein as a result of application of acetochlor to the growing crops in the table to paragraph (a) of this section. Compliance with the tolerance levels specified is to be determined by measuring only acetochlor, 2-chloro-2′-methyl-6-ethyl-N-ethoxymethylacetanilide, and its metabolites containing the ethyl methyl aniline (EMA) moiety and the hydroxyethyl methyl aniline (HEMA) moiety. Both parent and the named metabolites shall be determined as ethyl methyl aniline (EMA) and hydroxyethyl methyl aniline (HEMA), and calculated as the stoichiometric equivalents of acetochlor	Jan. 22, 2014
170	乙草胺	小麥谷粒	0.02 ppm	Tolerances are established for indirect or inadvertent residues of acetochlor, including its metabolites and degradates, in or on the raw agricultural commodities when present therein as a result of application of acetochlor to the growing crops in the table to paragraph (a) of this section. Compliance with the tolerance levels specified is to be determined by measuring only acetochlor, 2-chloro-2′-methyl-6-ethyl-N-ethoxymethylacetanilide, and its metabolites containing the ethyl methyl aniline (EMA) moiety and the hydroxyethyl methyl aniline (HEMA) moiety. Both parent and the named metabolites shall be determined as ethyl methyl aniline (EMA) and hydroxyethyl methyl aniline (HEMA), and calculated as the stoichiometric equivalents of acetochlor	Jan. 22, 2014
171	乙草胺	小麥干草	2 ppm	Tolerances are established for indirect or inadvertent residues of acetochlor, including its metabolites and degradates, in or on the raw agricultural commodities when present therein as a result of application of acetochlor to the growing crops in the table to paragraph (a) of this section. Compliance with the tolerance levels specified is to be determined by measuring only acetochlor, 2-chloro-2′-methyl-6-ethyl-N-ethoxymethylacetanilide, and its metabolites containing the ethyl methyl aniline (EMA) moiety and the hydroxyethyl methyl aniline (HEMA) moiety. Both parent and the named metabolites shall be determined as ethyl methyl aniline (EMA) and hydroxyethyl methyl aniline (HEMA), and calculated as the stoichiometric equivalents of acetochlor	Jan. 22, 2014
172	呋蟲胺	緩生漿果，草莓除外，13-07H 亞組	0.2 ppm	Tolerances are established for residues of dinotefuran, (RS) -1-methyl-2-nitro-3- ((tetrahydro-3-furanyl) methyl) guanidine, including its metabolites and degradates, in or on the commodities. Compliance with the tolerance levels specified is to be determined by measuring only the sum of dinotefuran and its metabolites DN, 1-methyl-3- (tetrahydro-3-furylmethyl) guanidine, and UF, 1-methyl-3- (tetrahydro-3-furylmethyl) urea, calculated as the stoichiometric equivalent of dinotefuran, in or on the commodities	Jan. 22, 2014
173	呋蟲胺	豆瓣菜	8 ppm	Tolerances are established for residues of dinotefuran, (RS) -1-methyl-2-nitro-3- ((tetrahydro-3-furanyl) methyl) guanidine, including its metabolites and degradates, in or on the commodities. Compliance with the tolerance levels specified is to be determined by measuring only the sum of dinotefuran and its metabolites DN, 1-methyl-3- (tetrahydro-3-furylmethyl) guanidine, and UF, 1-methyl-3- (tetrahydro-3-furylmethyl) urea, calculated as the stoichiometric equivalent of dinotefuran, in or on the commodities	Jan. 22, 2014

表1(續)

序號	農獸藥名稱	食品名稱	限量要求	使用限制及備註	生效日期
174	呋蟲胺	牛脂肪	0.05 ppm	Tolerances are established for residues of dinotefuran, (RS) -1-methyl-2-nitro-3- ((tetrahydro-3-furanyl) methyl) guanidine, including its metabolites and degradates, in or on the commodities. Compliance with the tolerance levels specified is to be determined by measuring only the sum of dinotefuran, (RS) -1-methyl-2-nitro-3- ((tetrahydro-3-furanyl) methyl) guanidine in or on the commodities	Jan. 22, 2014
175	呋蟲胺	牛肉	0.05 ppm	Tolerances are established for residues of dinotefuran, (RS) -1-methyl-2-nitro-3- ((tetrahydro-3-furanyl) methyl) guanidine, including its metabolites and degradates, in or on the commodities. Compliance with the tolerance levels specified is to be determined by measuring only the sum of dinotefuran, (RS) -1-methyl-2-nitro-3- ((tetrahydro-3-furanyl) methyl) guanidine in or on the commodities	Jan. 22, 2014
176	呋蟲胺	牛肉副產品	0.05 ppm	Tolerances are established for residues of dinotefuran, (RS) -1-methyl-2-nitro-3- ((tetrahydro-3-furanyl) methyl) guanidine, including its metabolites and degradates, in or on the commodities. Compliance with the tolerance levels specified is to be determined by measuring only the sum of dinotefuran, (RS) -1-methyl-2-nitro-3- ((tetrahydro-3-furanyl) methyl) guanidine in or on the commodities	Jan. 22, 2014
177	呋蟲胺	蛋	0.01 ppm	Tolerances are established for residues of dinotefuran, (RS) -1-methyl-2-nitro-3- ((tetrahydro-3-furanyl) methyl) guanidine, including its metabolites and degradates, in or on the commodities. Compliance with the tolerance levels specified is to be determined by measuring only the sum of dinotefuran, (RS) -1-methyl-2-nitro-3- ((tetrahydro-3-furanyl) methyl) guanidine in or on the commodities	Jan. 22, 2014
178	Pyroxasulfone	大田玉米谷粒	0.02 ppm	pyroxasulfone 及其代謝物和降解物的總量，檢測 pyroxasulfone, 3- [[[5- (difluoromethoxy) -1-methyl-3- (trifluoromethyl) -1 H -pyrazol-4-yl] methyl] sulfonyl] -4, 5-dihydro-5, 5-dimethylisoxazole, 及其代謝物 5- (difluoromethoxy) -1-methyl-3- (trifluoromethyl) -1 H -pyrazol-4-carboxylic acid (M-3) 的總量，以 pyroxasulfone 當量計	Jul. 18, 2014
179	Pyroxasulfone	爆米花型玉米谷粒	0.015 ppm	pyroxasulfone 及其代謝物和降解物的總量，檢測 pyroxasulfone, 3- [[[5- (difluoromethoxy) -1-methyl-3- (trifluoromethyl) -1 H -pyrazol-4-yl] methyl] sulfonyl] -4, 5-dihydro-5, 5-dimethylisoxazole, 及其代謝物 5- (difluoromethoxy) -1-methyl-3- (trifluoromethyl) -1 H -pyrazol-4-carboxylic acid (M-3) 的總量，以 pyroxasulfone 當量計	Jul. 18, 2014
180	Pyroxasulfone	去皮帶穗甜玉米棒	0.015ppm	pyroxasulfone 及其代謝物和降解物的總量，檢測 pyroxasulfone, 3- [[[5- (difluoromethoxy) -1-methyl-3- (trifluoromethyl) -1 H -pyrazol-4-yl] methyl] sulfonyl] -4, 5-dihydro-5, 5-dimethylisoxazole, 及其代謝物 5- (difluoromethoxy) -1-methyl-3- (trifluoromethyl) -1 H -pyrazol-4-carboxylic acid (M-3) 的總量，以 pyroxasulfone 當量計	Jul. 18, 2014
181	Pyroxasulfone	大田玉米草料	0.09ppm	Tolerances are established for residues of the herbicide pyroxasulfone, including its metabolites and degradates, in or on the commodities. Compliance with the tolerance levels specified is to be determined by measuring only the sum of pyroxasulfone	Jul. 18, 2014

表1(續)

序號	農獸藥名稱	食品名稱	限量要求	使用限制及備註	生效日期
182	三環唑	稻米	3.0 ppm	Tolerances are established for residues of the fungicide tricyclazole, including its metabolites and degradates, in or on the commodities. Compliance with the tolerance levels specified is to be determined by measuring only tricyclazole (5-methyl-1, 2, 4-triazolo [3, 4-b] benzothiazole). ǀ There are no U. S. Registrations on Rice as of June 11, 2014	Jul. 18, 2014
183	季酮蟎酯	杏仁外殼	20 ppm	季酮蟎酯（3-（2，4-二氯苯基）-2-氧-1-氧雜螺[4.5] 十-3-en-4-基 2，2-二甲基丁酸）	Jul. 11, 2014
184	季酮蟎酯	蛋黃果	1 ppm	季酮蟎酯（3-（2，4-二氯苯基）-2-氧-1-氧雜螺[4.5] 十-3-en-4-基 2，2-二甲基丁酸）	Jul. 11, 2014
185	粉唑醇	香蕉	0.3 ppm	Tolerances are established for the residues of flutriafol, [(±) -α- (2-fluorophenyl) -α- (4-fluorophenyl) -1H-1, 2, 4-triazole-1-ethanol], including its metabolites and degradates in or on the commodities. Compliance with the tolerances is to be determined by measuring flutriafol only ǀ There are no U. S. registrations as of October 22, 2013	Jul. 6, 2014
186	化學農藥	見備註	見備註	Residues of the chemical substances are exempted from the requirement of a tolerance when used in accordance with good manufacturing practice as ingredients in an antimicrobial pesticide formulation, provided that the substance is applied on a semi-permanent or permanent food-contact surface (other than being applied on food packaging) with adequate draining before contact with food	Jul. 6, 2014
187	咪唑甲菸酸銨	花生	0.1 ppm	Tolerances are established for residues of the herbicide imazapic, including its metabolites and degradates, in or on the commodities. Compliance with the tolerance levels specified is to be determined by measuring the sum of imazapic	Jul. 4, 2014
188	丁氟蟎酯	杏仁外殼	4 ppm	Tolerances are established for residues of the insecticide cyflumetofen, including its metabolites and degradates, in or on the commodities. Compliance with the tolerance levels for cyflumetofen is to be determined by measuring only cyflumetofen, 2-methoxyethyl α-cyano-α- [4- (1, 1-dimethylethyl) phenyl] -β-oxo-2- (trifluoromethyl) benzenepropanoate, in or on the commodity	May 21, 2014
189	氯惡草唑	牛脂肪	0.05 ppm	殘留物：氯惡草唑及其代謝物和降解物	May 21, 2014
190	氟嘧菌酯	緩生漿果，13-07G 亞組	1.9 ppm	Tolerances are established for residues of fluoxastrobin, including its metabolites and degradates. Compliance with the tolerance levels specified is to be determined by measuring only fluoxastrobin	Apr. 11, 2014
191	唑蟎酯	杏仁外殼	3 ppm	Tolerances are established for residues of the insecticide fenpyroximate, including its metabolites and degradates, in or on the commodities. Compliance with the tolerance levels specified is to be determined by measuring only the sum of fenpyroximate	Jun. 17, 2013
192	唑啉草酯	大麥麩	1.6 ppm	殘留物：唑啉草酯（8-（2，6-二乙基-4-甲基苯基）-1，2，4，5-四氫-7-氧-7H-吡唑 [1，2-d] [1，4，5] 二氮雜卓-9-基 2，2-二甲基丁酯），及其代謝物 8-（2，6-二乙基-4-甲基苯基）-1，2，4，5-四氫-7-氧-7H-吡唑 [1，2-d] [1，4，5] 二氮雜卓-7，9-二(M2)，及 8-（2，6-二乙基-4-羥甲基-苯基）-四氫-吡唑 [1，2-d] [1，4，5] 二氮雜卓-7，9-二(M4)，和 4-（7，9-二氧-六氫-二氮雜卓 [1，2-d] [1，4，5] 二氮雜卓-8-基）-3，5-二乙基-苯甲酸(M6) 的遊離和化合態，用唑啉草酯計算的合併殘留容許量	Jul. 27, 2005
193	棕櫚疫霉	見備註	見備註	棕櫚疫霉在初級農產品柑橘內/表殘留容許量豁免	Jun. 3, 2009

表1(續)

序號	農獸藥名稱	食品名稱	限量要求	使用限制及備註	生效日期
194	種菌唑	棉花軋棉副產品	0.01 ppm	殘留物：種菌唑（2-［（4-chlorophenyl）methyl］-5-（1-methylethyl）-1-（1H-1，2，4-triazole-1-ylmethyl）cyclopentanol）源於種子處理的殘留限量	Mar. 19, 2014
195	植物揮發性物質和信息素	見備註	見備註	植物揮發性物質環癸二烯，環癸烯，環十五碳三烯和癸三烯及信息素 Z-2-異丙烯基-1-甲基環丁烷乙醇；Z-3，3-二甲基1-Δ1，β-環己烷乙醇；Z-3，3-二甲基-Δ1，α-環己烷乙荃；E-3，3-二甲基-Δ1，α-環己烷乙荃合併物作用於空洞合成纖維素中棉花時，其殘留容許量豁免	Jun. 22, 1983
196	芝麻莖	見備註	見備註	無公害殺線蟲劑 sesame stalk 在下列未加工農產品中免除於殘留限量要求：杏、未去籽棉花、軋棉副產品、大豆種子、大豆草料、大豆干草、碾碎的谷粒、馬鈴薯、糖用甜菜根、糖用甜菜頂部、番茄、胡椒粉、南瓜、草莓、茄子、黄瓜、胡蘿卜、蘿卜根部、蘿卜頂部、蕪箐根部、蕪箐頂部、洋葱、干豌豆、鮮豌豆、瓜、葡萄、胡桃、橘子、柚子、桑葚、桃子、蘋果、杏、黑莓、羅甘莓、美洲山核桃、櫻桃、李子和酸果蔓果	Jun. 3, 2009
197	真菌 Muscodor albus QST 20799 及其在再水合時產生的揮發物	見備註	見備註	當真菌 Muscodor albus QST 20799 及其在再水合時產生的揮發物用於所有農業用途，包括種子、芽和採收後處理時，其在所有食品/飼料商品上的殘留容許量豁免	Sept. 28, 2005
198	增效醚	綿羊脂肪	0.1 ppm	殘留物：胡椒基丁醚［butyl carbityl）（6-propyl piperonyl）ether］的殘留容許量	Dec. 13, 2006
199	皂樹提取物（皂角苷）	見備註	見備註	在所有食品商品內/表皂樹提取物（皂角苷）殘留容許量豁免	Aug. 1, 2007
200	在生產發酵麥芽飲料時使用的加工糧食熏劑	見備註	見備註	根據以下條件，加工糧食熏劑可被安全使用：（1）甲基溴化物由於熏劑的使用造成的無機溴化物（以 Br 計算）的總殘留不能超過 125 ppm；（2）甲基溴化物用於發酵麥芽飲料生產中熏制玉米粗麵粉和稻谷爆腰；（3）為確保安全使用熏劑，其標籤和標註應與在美國環境保護署的註冊相一致，其使用應遵照標籤或標註；（4）由本部分（2）段描述的用於在發酵麥芽飲料生產中熏制玉米粗麵粉和稻谷爆腰的無機溴化物總殘留，及在此法案第 408 和 409 部分的其他規定下的使用造成的無機溴化物殘留不能超過 25 每百萬份數（以 Br 計）	Dec. 13, 2006
201	二苯胺	採收前或採收後蘋果，包括使用包裝的蘋果	10 ppm	殘留物：二苯胺	Jun. 15, 2011
202	碳酸鈉	見備註	見備註	碳酸鈉殘留容許量豁免	Jun. 8, 2005
203	鬆油	見備註	見備註	鬆樹油在未加工農產品蜂蜜和蜂巢中免除於殘留限量要求；鬆樹油作為除臭劑，濃度不超過 12%，與驅蜂劑丁酸酐用於蜂房上方的吸收襯墊	Jun. 3, 2009
204	四溴菊酯	綠花菜	0.5 ppm	Tolerances are established for residues of the insecticide tralomethrin, including its metabolites and degradates, in or on the commodities. Compliance with the tolerance levels specified is to be determined by measuring only the sum of tralomethrin	Sept. 26, 2012
205	四氫糠醇	見備註	見備註	當根據優良農業操作規範，作為惰性成分僅在下列情況下使用時，四氫糠醇（THFA，CAS 註冊號 97-99-4）在所有初級農產品內/表殘留容許量豁免：（1）用作種子處理；（2）在種植前或種植中使用；（3）在棉花上使用；（4）在小麥和大麥發芽前在除草劑中使用一次，在加拿大油菜和大豆開花前使用兩次；（5）在除草劑中到田間玉米長到 24 英吋（1 英吋=25.4 毫米）高（V 5 階段）前使用兩次	Aug. 9, 2006

表1(續)

序號	農獸藥名稱	食品名稱	限量要求	使用限制及備註	生效日期
206	四蟎嗪	杏仁外殼	5 ppm	Clofentezine, including its metabolites and degradates. Compliance with the tolerance levels specified is to be determined by measuring only clofentezine, 3, 6-bis (2-chlorophenyl) -1, 2, 4, 5-tetrazine	Apr. 27, 2011
207	四聚乙醛	球形朝鮮薊	0.07 ppm	Tolerances are established for residues of the molluscicide metaldehyde, including its metabolites and degradates, in or on the commodities. Compliance with the specified tolerance levels is to be determined by measuring only metaldehyde, 2, 4, 6, 8-tetramethyl-1, 3, 5, 7-tetroxocane	Nov. 27, 2013
208	水解釀酒酵母提取物	見備註	見備註	當應用於植物疾病管理時，這個規章建立了對從釀酒酵母中得到的生物殺蟲劑酵母膏水解物在所有食品商品上的殘留容許量豁免制度	Mar. 3, 2004
209	霜脲氰	青洋蔥，3-07B亞組	1.1ppm	Tolerances are established for residues of the fungicide, cymoxanil, 2-cyano -N-[(ethylamino) carbonyl] -2-(methoxyimino) acetamide	Jun. 15, 2011
210	雙乙酸鈉	見備註	見備註	雙乙酸鈉作為殺真菌劑用於採收後的下列農產品時，免除殘留限量要求：紫花苜蓿干草、狗牙根干草、牧草干草、雀麥草、干草、苜蓿干草、玉米、玉米棒子、燕麥、鴨茅草干草、高粱、義大利黑麥草干草	Jun. 3, 2009
211	雙炔酰菌胺	洋蔥鱗莖，3-07A亞組	0.05 ppm	Tolerances are established for residues of mandipropamid, including its metabolites and degradates, in or on the commodities. Compliance with the tolerance levels specified is to be determined by measuring only mandipropamid (4-chloro -N-[2-[3-methoxy-4-(2-propynyloxy) phenyl] ethyl] -α- (2-propynyloxy) benzeneacetamide) in or on the commodity	Dec. 20, 2013
212	雙氯磺草胺	花生	0.02 ppm	殘留物：雙氯磺草胺[N-(2, 6-二氯芬) -5-乙氧基-7-氟[1, 2, 4]三氮啶[1, 5-c]嘧啶-2-磺胺]	Mar. 8, 2000
213	雙甲脒	牛脂肪	0.1 ppm	殘留物：雙甲脒(N′-[2, 4-二甲基苯基] -N-[[(2, 4-二甲基苯基) 亞氨基] 甲基] - N-methylmethanimidamide) 及其含2, 4-二分之一二甲基苯胺的代謝物的殘留容許量	Mar. 20, 2013
214	雙草醚	水稻秸稈	0.02 ppm	殘留物：雙草醚(鈉2, 6-二[(4, 6-二甲氧基-嘧啶-2-基) 氧] 苯甲酸鹽)	Feb. 2, 2011
215	雙苯三唑醇	香蕉	0.5 ppm	殘留物：雙苯三唑醇	Sept. 16, 2009
216	雙苯氟脲	馬肝臟	1ppm	Tolerances are established for residues of the insecticide novaluron, including its metabolites and degradates. Compliance with the tolerance levels specified is to be determined by measuring only novaluron	Jul. 3, 2013
217	雙苯惡唑酸	大田玉米草料	0.2 ppm	殘留物：雙苯噁唑酸(乙基5, 5-聯苯-2-唑啉-3-羧酸酯，(CAS No. 163520-33-0)，及其代謝物4, 5-二氫-5, 5-聯苯-2-唑啉-3-羧酸	Nov. 14, 2007
218	鼠李糖脂生物表面活性劑	見備註	見備註	當根據優良農業操作規範作為殺真菌劑使用時，鼠李糖脂生物表面活性劑的殘留容許量豁免	Mar. 31, 2004
219	熟亞麻籽油	見備註	見備註	當作為S-乙基六氫-1氫-氮雜革-1——硫代甲酸酯塗層劑使用時，熟亞麻籽油(含不超過0.33%環烷酸錳和不超過0.33%環烷酸鈷) 殘留容許量豁免。農藥配方中「熟亞麻籽油」的含量不能超過15%。這一豁免條款僅適用於大米可食用部分形成前	Jun. 29, 1981
220	石硫合劑	見備註	見備註	石硫合劑殘留容許量豁免	Jun. 8, 2005
221	石灰	見備註	見備註	石灰殘留容許量豁免	Jun. 8, 2005

表1(續)

序號	農獸藥名稱	食品名稱	限量要求	使用限制及備註	生效日期
222	生化農藥植物花的揮發性引誘劑化合物：肉桂醛，肉桂醇，4－甲氧基肉桂醛，3－苯基丙醇，4－甲氧苯乙基酒精，吲哚，和1，2，4－三甲氧基苯	見備註	見備註	作為來自最終產品玉米食蟲誘餌（一種殺蟲誘餌）的生化農藥植物花的揮發性引誘劑化合物，肉桂醛，肉桂醇，4-甲氧基肉桂醛，3-苯基丙醇，4-甲氧苯乙醇，吲哚，和1，2，4-三甲氧基苯在以下初級農產品內/表殘留容許量豁免：紫花苜蓿、三葉草、棉花、蒲公英、花生（包括干草）、稻米、高粱（買羅高粱）、大豆、向日葵、甘薯、小麥，蘆筍、豆（包括草料、干草）、甜菜、胡蘿卜、芹菜、油菜作物（卷心菜、椰菜、抱子甘藍、花椰菜）、羽衣甘藍（羽衣甘藍、芥菜葉、蕪青葉、大頭菜）、玉米、玉米飼料和草料、大白菜 、豇豆、瓜（黃瓜、倭瓜、南瓜）、茄子、菊苣（做沙拉的一種蔬菜）、山葵（蘿卜、蕪菁甘藍、蕪青根）、多葉的葉（菠菜、瑞士甜菜）、萵苣（頭葉）、黃秋葵、歐芹、歐洲防風草、豌豆、帶莢豌豆、辣椒、土豆、糖甜菜、番茄，杏仁、蘋果、杏、漿果（黑莓、波森莓、懸鈎子、羅甘莓、懸鈎子）、藍莓、櫻桃、柑橘（柚子、金橘、檸檬、酸橙、橙、蜜柑與柚子的雜交果實、橘子）蔓越橘、葡萄、瓜（西瓜、蜜汁、克倫肖、哈密瓜、甜瓜、波斯瓜）、油桃、梨、美洲山核桃、桃、草莓	Apr. 5，1994
223	生長素	見備註	見備註	根據優良農業操作規範，當作為植物調節劑作用於植物、種子或插苗，或在採收後作用於食品商品時，植物生長素（特指：吲哚-3-醋酸和吲哚-3-酪酸）殘留容許量豁免	Jun. 11，1999
224	麝香草酚	見備註	見備註	根據 EPA 授權的第 18 部分緊急豁免的殺蟲劑的用法，麝香草酚在蜂蜜和蜂巢上的殘留可獲有時間限制的容許量豁免。麝香草酚殘留有時間限制的豁免將在 2007 年 6 月 30 日期滿	Mar. 25，2009
225	山梨糖醇辛酸酯	見備註	見備註	當根據標籤說明使用時，山梨糖醇辛酸酯在所有食品商品內/表殘留容許量豁免	Jan. 27，2006
226	山梨酸鉀	見備註	見備註	山梨酸鉀殘留容許量豁免	Jun. 8，2005
227	殺線威	塊莖和球莖蔬菜，1C 亞組	0. 1 ppm	殘留物：殺線威，甲基 N，N-二甲基- N －［（甲基氨基甲酰）-oxy］－1-thiooxamimidate，及其代謝物甲基 N，N-二甲基- N -羥基-1-thiooxamimidate 的殘留容許量	Sept. 24，2008
228	殺撲磷	高粱草料	2 ppm	Tolerances are established for residues of the insecticide methidathion，including its metabolites and degradates. Compliance with the tolerance levels specified is to be determined by measuring only methidathion	Sept. 14，2011
229	殺螟硫磷	小麥面筋	3 ppm	殺螟硫磷 O，O-二甲基 O －（4-硝基- m-甲苯基）硫代磷酸酯	Sept. 24，2008
230	殺蟲威	禽肉	3 ppm	Poultry，meat（of which no more than 3 ppm is tetrachlorvinphos per se）｜殘留物：Tolerances are established for the combined residues of the insecticide tetrachlorvinphos	Aug. 30，2013
231	殺草敏	菜用甜菜根	0. 9 ppm	殘留物：殺草敏及其代謝物（以殺草敏計算）的殘留容許量	Sept. 10，200
232	三唑酮	菠蘿	2 ppm	殘留物：三唑酮 1-（4-氯苯氧基）-3，3-二甲基-1-（1 H -1，2，4-三氮唑-1-yl）-2-丁酮，和氯苯氧基二甲乙基三唑乙醇，β-（4-氯苯氧基）-α-（1，1-二甲乙烷基）-1 H -1，2，4-三唑-1-乙醇，用三唑酮表示的合併殘留容許量	Jun. 15，2011
233	三唑並嘧啶類殺菌劑	青洋蔥，3-07B 亞組	20 ppm	三唑並嘧啶類殺菌劑及其代謝物和降解物的總量，檢測 ametoctradin（5-ethyl-6-octyl［1，2，4］triazolo［1，5-a］pyrimidin-7-amine）的含量	May 9，2012

表1(續)

序號	農獸藥名稱	食品名稱	限量要求	使用限制及備註	生效日期
234	三異丙醇鋁和仲丁醇鋁	見備註	見備註	當三異丙醇鋁（CAS 註冊號 555-31-7）和仲丁醇鋁（CAS 註冊號 2269-22-9）根據優良農業操作規範，作為殺蟲劑雙甲脒［N′-（2，4-二甲基苯基）-N-［［（2，4-二甲基苯基）氨基］-N-甲基乙酸甲脒］中的穩定劑作用於生長中的農作物或動物時，容許量豁免	Sept. 21，1988
235	三乙基膦酸鋁	鱷梨	25 ppm	殘留物：鋁三（O-乙基磷酸酯）及其代謝物和降解物	Apr. 27，2011
236	三甲苯草酮	小麥草料	0. 05 ppm	殘留物：2-［1-（乙氧亞氨基）丙基］-3-羥基-5-（2，4，6-三甲苯基）-（9Cl）	Nov. 23，2005
237	三環唑	稻米	3 ppm	Tolerances are established for residues of the fungicide tricyclazole, including its metabolites and degradates, in or on the commodities. Compliance with the tolerance levels specified is to be determined by measuring only tricyclazole（5-methyl-1，2，4-triazolo［3，4-b］benzothiazole）	Jun. 11，2014
238	三氟羧草醚鈉鹽	花生	0. 1 ppm	殘留物：三氟羧草醚鈉鹽鈉 5-［2-氯-4-（三氟代甲基）苯氧基］-2-硝基苯甲酸鹽及其代謝物（對應的酸、甲酯和氨基類似物）的殘留容許量	Sept. 15，2006
239	三氟啶黃隆	杏仁	0. 02 ppm	殘留物：三氟啶黃隆 N-［［（4，6-二甲氧基-2-嘧啶基）氨基］碳酰基］-3-（2，2，2-三氟乙氧基）-2-嘧啶磺胺	Sept. 17，2003
240	三氟丙磺隆	糧谷類草料、飼料和秸稈，16 組，稻米飼料除外	0. 01 ppm	殘留物：三氟丙磺隆及其代謝物和降解物	Dec. 18，2009
241	三苯乙烯基苯酚聚氧乙烯醚	見備註	見備註	poly（oxy-1，2-ethanediyl），α-［2，4，6-tris（1-phenylethyl）phenyl］-ω-hydroxy-，（CAS Reg. No. 70559-25-0）and poly（oxy-1，2-ethanediyl），α-［tris（1-phenylethyl）phenyl］-ω-hydroxy-，（CAS Reg. No. 99734-09-5）作為惰性物質用於採收後的柑橘屬作物 group 10 時，免除於殘留限量要求	Mar. 25，2009
242	三苯基羥基錫	美洲山核桃	0. 05 ppm	殘留物：三苯基羥基錫（TPTH）及其單苯基錫（MPTH）和二苯基錫（DPTH）的羥化或氧化代謝物的合併殘留容許量，以母體 TPTH 表示	Aug. 1，2007
243	三（2-乙基己基）磷酸酯	見備註	見備註	（1）遵循良好農業操作規範使用；（2）Tris（2-ethylhexyl）phosphate 在農藥制劑中和活性成分 pinoxaden，clodinafop-propargyl，tralkoxydium 作為惰性物質；（3）Tris（2-ethylhexyl）phosphate 每季使用不超過 2 次；（4）使用晚於 pre-boot 階段（在形成可食用穀物部分之前）	Jun. 3，2009
244	噻唑磷	番茄	0. 02 ppm	殘留物：fosthiazate，including its metabolites and degradates，in or on the commodity . Compliance with the tolerance level specified in this paragraph is to be determined by measuring only the sum of fosthiazate	Apr. 27，2011
245	噻唑菌胺	葡萄	6 ppm	殘留物：噻唑菌胺 N-（氰基-2-噻吩甲基）-4-乙基-2-（乙基氨基）-5-噻唑甲酰胺	Sept. 27，2006
246	噻嗪酮	青咖啡豆	0. 35 ppm	Tolerances are established for residues of buprofezin，including its metabolites and degradates in or on the commodities. Compliance with the tolerance levels specified is to be determined by measuring only the buprofezin，2-［（1，1-dimethylethyl）imino］tetrahydro-3（1-methylethyl）-5-phenyl-4 H-1，3，5-thiadiazin-4-one，in the commodity	Jul. 30，1997
247	噻螨酮	杏仁外殼	10 ppm	殘留物：噻螨酮反式-5-（4-氯苯基）-N-環己基-4-甲基-2-氧代噻唑啉-3-甲酰胺及其含（4-氯苯基）-4-甲基-2-oxo-3-二分之一噻唑啉的代謝物	Apr. 26，1989

表1(續)

序號	農獸藥名稱	食品名稱	限量要求	使用限制及備註	生效日期
248	噻菌靈	蘋果渣，濕	12 ppm	殘留物：涕必靈（2-（4-噻唑基）苯並咪唑）及代謝物苯並咪唑（遊離和結合態）的合併殘留容許量	Jun. 28，1977
249	噻蟲嗪	紫花苜蓿草料	0.05 ppm	殘留物：Tolerances are established for residues of the insecticide thiamethoxam，including its metabolites and degradates，in or on the commodities. Compliance with the tolerance levels specified below is to be determined by measuring only thiamethoxam	Dec. 20，2000
250	噻蟲啉	山羊脂肪	0.02 ppm	殘留物：噻蟲啉（［3-［（6-氯-3-吡啶基）甲基］-2-噻唑烷基］氨腈）及其保留完整噻唑烷基的代謝物，用噻蟲啉計算和表示的合併殘留容許量	Feb. 6，2013
251	噻蟲胺	杏仁外殼	1.5 ppm	Tolerances are established for residues of the insecticide clothianidin，including its metabolites and degradates. Compliance with the tolerance levels specified is to be determined by measuring only clothianidin，（E）-N-［（2-Chloro-5-thiazolyl）methyl］-N′-methyl-N″-nitroguanidine，in or on the raw agricultural commodities	Mar. 29，2013
252	噻草啶	葡萄柚	0.05 ppm	殘留物：噻唑菸酸（3-吡啶羧酸，2-（二氟甲基）-5-（4，5-二氫-2-噻唑基）-4-（2-甲基丙烷基）-6-（三氟甲基）-甲酯）及其代謝物2-（二氟甲基）-6-（三氟甲基）-3，4，5-嘧啶三羧基酸，以母體同類物表示的殘留容許量	Mar. 5，1997
253	噻苯隆	牛脂肪	0.4 ppm	殘留物：噻苯隆（N-苯基-N-1，2，3-噻二唑-5-脲）及其含苯胺的代謝物的合併殘留容許量	Sept. 19，2007
254	乳酸	見備註	見備註	當作為植物生長調節劑使用時，乳酸（2-羥基丙酸）在所有初級農產品內/表殘留容許量豁免	May 4，1988
255	乳氟禾草靈	食莢菜豆，多汁，利馬豆除外	0.01 ppm	殘留物：乳氟禾草靈及其代謝物和降解物	Apr. 27，2011
256	肉桂醛	見備註	見備註	當根據優良農業操作規範，作為殺真菌劑、殺衝擊和除海藻劑使用時，肉桂醛在所有食品商品內/表的殘留容許量豁免	Mar. 24，1999
257	溶血磷脂酰乙醇胺	見備註	見備註	所有食品商品內/表微生物農藥溶血磷脂酰乙醇胺可豁免於容許量的要求	Apr. 11，2002
258	日本金龜顆粒病毒的包含體	見備註	見備註	有害微生物控制劑日本金龜顆粒病毒的包含體（蘋果小卷蛾）在所有初級農產品內/表的殘留容許量豁免	Aug. 16，1995
259	萁孢菌素	香蕉，進口	3 ppm	殘留物：萁孢菌素（8-（1，1-二甲基乙基）-N-乙基-N-丙基-1，4-環己二酮單乙醚［4，5］-2-甲胺）及其含N-乙基-N-丙基-1，2-二羥基-3-半族氨基丙烷的代謝物，用母體同類物計算的殘留容許量	Dec. 1，2010
260	壬酸	見備註	見備註	當壬酸作為抗菌劑，在稀釋後的含量為每次170 ppm的壬酸溶液中作用於食品表面，如餐廳、食品供應處、奶製品店、釀酒廠、葡萄酒釀造廠、飲料和食品加工廠的設備、管道、箱、大桶、漏鬥、蒸發器、巴氏消毒器和防腐設備上時，壬酸在所有初級農產品內或上或加工商品內的殘留容許量豁免	Feb. 19，2003
261	炔草酯	小麥草料	0.1 ppm	Tolerances are established for clodinafop-propargyl，including its metabolites and degradates，in or on the commodities. Compliance with the tolerance levels specified is to be determined by measuring only clodinafop-propargy	Dec. 5，2012
262	炔苯酰草胺	馬腎臟	0.4 ppm	殘留物：戊炔草胺及其代謝物和降解物	Apr. 27，2011
263	球形芽孢杆菌	見備註	見備註	當作用於所有食品農作物內或上時，微生物農藥球形芽孢杆菌可豁免於容許量的要求	Sept. 11，1998

表1(續)

序號	農獸藥名稱	食品名稱	限量要求	使用限制及備註	生效日期
264	球孢白僵菌菌株GHA	見備註	見備註	當根據優良農業操作規範，作用於生長的農作物時，球孢白僵菌菌株 GHA 在所有初級農產品內/表殘留容許量豁免	Apr. 12, 1995
265	球孢白僵菌 HF23	見備註	見備註	當球孢白僵菌 HF23 用於雞和牲畜設施的處理，包括雞和牲畜糞便的處理時，其在所有食品/飼料商品的殘留容許量豁免	Mar. 5, 2010
266	慶大霉素	蘋果	0.1 ppm	殘留物：慶大霉素及與其相關的根據 EPA 授權的第 18 部分緊急豁免的用法的有時間限制的殘留容許量	Jul. 30, 2008
267	氰霜唑	羅勒干葉	90 ppm	Tolerances are established for residues of the fungicide cyazofamid, including its metabolites and degradates, in or on the commodities. Compliance with the tolerance levels specified is to be determined by measuring only the sum of 4-chloro-2-cyano- N	Sept. 26, 2012
268	氰氟蟲腙	樹生堅果，14組	0.04 ppm	氰氟蟲腙及其代謝物和降解物的殘留限量。檢測氰氟蟲腙 metaflumizone (E and Z isomers; 2- [2- (4-cyanophenyl) -1- [3- (trifluoromethyl) phenyl] ethylidene] - N - [4- (trifluoromethoxy) phenyl] hydrazinecarboxamide)	Apr. 4, 2014
269	氰氟草酯	稻米	0.4 ppm	殘留物：cyhalofop (cyhalofop-butyl, R- (+) -n-butyl -2- (4 (4-cyano-2-fluorophenoxy) -phenoxy) propionate, plus cyhalofop acid, R- (+) -2- (4 (4-cyano-2-fluorophenoxy) -phenoxy) propionic acid)	Dec. 30, 2011
270	清澄親油性苦楝油提取物	見備註	見備註	當作為植物學殺真菌劑/殺蟲劑/殺螨劑使用時，清澄親油性苦楝油提取物容許量豁免	Jun. 28, 2002
271	氫氰酸	柑橘類水果	50 ppm	殘留物：作用於氰化鈉的殺蟲劑氰化氫的殘留容許量	Jul. 21, 1999
272	嗪草酮	蘆筍	0.1 ppm	殘留物：嗪草酮 4-氨基-6-特丁基-4, 5-二氫-3-甲基硫-1, 2, 4-三嗪-5 -酮及其三嗪代謝物的殘留容許量	Jul. 31, 2002
273	嗪氨靈	藍莓	1 ppm	Tolerances are established for residues of triforine, including its metabolites and degradates. Compliance with the tolerance levels specified in the following table is to be determined by measuring only triforine	Jun. 19, 2013
274	芹菜夜蛾核型多角體病毒的包含體	見備註	見備註	當用於控制特定鱗翅類有害生物物種時，微生物蟲害控制劑芹菜夜蛾核型多角體病毒的包含體在所有初級農產品內/表的殘留容許量豁免	Jul. 19, 1995
275	強固芽孢杆菌 I-1582	見備註	見備註	當用作土壤或種子處理時，強固芽孢杆菌 I-1582 在食品/飼料商品內/表的殘留容許量豁免	May 7, 2008
276	七氟菊酯	大田玉米草料	0.06 ppm	殘留物：七氟菊酯（2, 3, 5, 6 四氟-4-甲苯基）甲基-（1α, 3α）-（Z）-（±）-3（2-氯-3, 3, 3-三氟-1-丙烯基）-2, 2-二甲基環丙烷羧酸酯及其代謝物（Z）-3-（2-氯-3, 3, 3-三氟-1-丙烯基）-2, 2-二甲基環丙烷羧基酸	Sept. 9, 2009
277	撲滅津	高粱草料	0.25 ppm	殘留物：撲滅津	Sept. 29, 2010
278	撲草淨	塊根芹根	0.05 ppm	殘留物：撲草淨（2, 4-bis（isopropylamino）-6-methylthio- s -triazine）	Sept. 11, 2013
279	偏硅酸鈉	見備註	見備註	當根據註冊商標比率和優良農業操作規範，作為植物干燥劑，以不超過水溶液重量的 4% 使用時，偏硅酸鈉在所有食品商品內/表殘留容許量豁免	Apr. 14, 2006
280	硼酸及其鹽，硼砂（十水四硼酸鈉），八硼酸二鈉，硼氧化物（硼酐），硼酸鈉和偏硼酸鈉	見備註	見備註	當根據優良農業操作規範，作為殺蟲劑、除草劑或殺真菌劑中的活性成分在採收前或採收後使用時，殺蟲劑化學品硼酸及其鹽、硼砂（十水四硼酸鈉）、四水合八硼酸二鈉、硼氧化物（硼酐）、硼酸鈉和偏硼酸鈉在初級農產品內/表殘留容許量豁免	Aug. 20, 1993

表1(續)

序號	農獸藥名稱	食品名稱	限量要求	使用限制及備註	生效日期
281	納他霉素	見備註	見備註	當納他霉素作為用於蘑菇防止真菌孢子萌發的抑真菌劑用於封閉的蘑菇生產設施種植的蘑菇時，殘留限量可豁免	May 18, 2012
282	內氟吡菌胺	頭莖蕓苔，5A亞組	5 ppm	殘留物：fluopicolide [2, 6-dichloro- N - [[3-chloro-5 - (trifluoromethyl) -2-pyridinyl] methyl] benzamide], including its metabolites and degradates	Mar. 5, 2014
283	木霉菌株 ICC 080	見備註	見備註	根據優良農業操作規範，當木霉菌株 ICC 080 應用於採收前，其在所有食品和飼料商品內/表的殘留容許量豁免	Feb. 25, 2010
284	茉莉酮	見備註	見備註	An exemption from the requirement of a tolerance is established for residues of the biochemical pesticide prohydrojasmon (PDJ)	Dec. 11, 2013
285	磨坊機械的熏劑	見備註	見備註	在以下規定條件下，熏劑可在磨坊機械內或外安全使用：(1) 熏劑含甲基溴化物；(2) 為確保安全使用熏劑，其標籤和標註應與在美國環境保護署的註冊相一致，其使用應遵照標籤或標註；(3) 所有熏劑的無機溴化物殘留（以 Br 計算），包括磨坊機械的熏劑，不能超過 125 每百萬份數	Jun. 24, 1998
286	滅蠅胺	禽肉（蛋雞和蛋種雞）	0.05 ppm	殘留物：滅蠅胺及其代謝物和降解物	Apr. 27, 2011
287	滅蟎醌	杏仁外殼	2 ppm	殘留物：滅蟎醌 2-（乙酰氧）-3-十二烷基-1，4-萘醌，及其代謝物 2-十二烷基-3-羥基-1，4-萘醌，以滅蟎醌計算的殘留容許量	May 2, 2012
288	滅菌唑	糧谷類草料、飼料和秸稈，16組，稻米除外	0.1 ppm	殘留物：滅菌唑（1RS）-（E）-5-［（4-氯苯基）亞甲基］-2，2-二甲基-1-（1H-1，2，4-三唑-1-基甲基）環戊醇	Jan. 27, 2010
289	滅菌丹	蘋果	5 ppm	殘留物：滅菌丹（N-（trichloromethylthio）phthalimide）的殘留容許量	Aug. 1, 2007
290	滅多威	紫花苜蓿草料	10 ppm	Tolerances are established for residues of the insecticide methomyl, including its metabolites and degradates, in or on the commodities. Compliance with the tolerance levels specified is to be determined by measuring only methomy	Sept. 26, 2012
291	滅草菸	牛肉副產品，腎臟除外	0.05 ppm	殘留物：滅草菸［2-［4，5-二氫-4-甲基-4-（1-甲基乙烷基）-5-氧-1H-咪唑-2-基］-3-嘧啶羧基酸］	Apr. 9, 2014
292	滅草松	干豆種子	0.05 ppm	殘留物：苯達松（3-異丙基-1H-2，1，3-苯並噻二嗪-4（3H）-1-2，2-二氧化物）及其 6- 和 8-羥基代謝物的殘留容許量	May 26, 1977
293	棉紅鈴蟲性誘劑	見備註	見備註	棉紅鈴蟲性誘劑（1:1 mixture of (Z, Z) - and (Z, E) -7, 11-hexadecadien-1-ol acetate）在未加工農產品未去籽棉花中免除於殘留限量要求，通過毛細管纖維應用於棉花	Jun. 3, 2009

表 2　　美國食品中其他污染物限量查詢

序號	食品名稱	污染物名稱	限量	使用限制及備註
1	動物源性（包括魚粉和水產品副產品）飼料成分，以及濃縮飼料、飼料添加劑、飼料預混料	多氯聯苯	2 mg/kg	
2	雞和大於四個月的育肥肉牛的飼料所用的糧谷及糧谷副產品中，建議這些糧谷及糧谷副產品在飼料中所占比例不超過 20%	脫氧雪腐鐮刀菌烯醇	10 mg/kg	
3	生產豬飼料所用的糧谷及糧谷副產品中，建議這些糧谷及糧谷副產品在飼料中所占比例不超過 20%	脫氧雪腐鐮刀菌烯醇	5 mg/kg	
4	巴西堅果	黃曲霉毒素	20 μg/kg	
5	部分氫化和氫化鮮魚油	鎳	0.5 ppm	
6	部分氫化和氫化鮮魚油	汞	0.5 ppm	
7	部分氫化和氫化鮮魚油	砷	0.1 ppm	
8	部分氫化和氫化鮮魚油	鉛	0.1 ppm	
9	菜籽油	砷	3 ppm	
10	菜籽油	鉛	10 ppm	
11	成人用的鍍銀碟子（6 個檢測結果的平均值）	鉛	限量	使用限制及備註中文
12	除胚的干燥磨制玉米產品（如：玉米渣、玉米粉，以干物質為基礎的脂肪含量<2.25 %）	伏馬毒素總量（FB1+FB2+FB3）	限量	使用限制及備註中文
13	大麥芽	二甲基亞硝胺	7 ug/L	觸發行動水準（ug/L 浸出液）
14	袋裝完整的飲食、包裝飼料、飼料成分、散裝飼料、動物零食	鈷-60 或銫-137 密封裝置產生的伽馬射線、由功率不超過 10 MeV 的機械源產生的電子	2 mg/kg	
15	蛋類	多氯聯苯	10 μg/kg	
16	低礦物乳清	重金屬（如鉛）	吸收劑量：不超過 50 kGy	微生物的消毒，控制或消除；經輻照處理過的飼料和飼料成分應計算營養損失
17	低乳糖乳清	重金屬（如鉛）	0.3 mg/kg	
18	兒童常食用的糖果	鉛	10 ppm	

表2(續)

序號	食品名稱	污染物名稱	限量	使用限制及備註
19	發芽用種子	鈷-60 或銫-137 密封裝置產生的伽馬射線；由功率不超過 10 MeV 的機械源產生的電子；由功率不超過 5 MeV 的機械源產生的 X 射線，但本節 4(a) 許可的除外；由能量不超過 5 MeV 的機械源產生的 X 射線	10 ppm	
20	非冷藏（冷凍）的未烹飪的肉、肉副產品和某些肉類食品	鈷-60 或銫-137 密封裝置產生的伽馬射線；由功率不超過 10 MeV 的機械源產生的電子；由功率不超過 5 MeV 的機械源產生的 X 射線，但本節 4(a) 許可的除外；由能量不超過 5 MeV 的機械源產生的 X 射線	0.1 ppm	觸發行動水準
21	鮭魚油	鉛	限量	使用限制及備註中文
22	鮭魚油	汞	0.1 ppm	
23	干的或脫水的酶制劑（包括固化酶）	鈷-60 或銫-137 密封裝置產生的伽馬射線；由功率不超過 10 MeV 的機械源產生的電子；由功率不超過 5 MeV 的機械源產生的 X 射線，但本節 4(a) 許可的除外；由能量不超過 5 MeV 的機械源產生的 X 射線	0.5 ppm	
24	干燥磨制玉米麩	伏馬毒素總量（FB1+FB2+FB3）	不超過 10 kGy（1 mrad）	為了微生物消毒
25	蛤、蚌類、牡蠣（新鮮的、冷凍的和罐裝的）	麻痺性貝毒素	4 mg/kg	
26	供 45 千克及以上重量的育肥豬使用的玉米和花生製品	黃曲霉毒素	80 μg/100g	肉中含量
27	供動物類或用途在上面沒有專門列出，或用途不清楚時使用的玉米、花生製品、棉籽粕	黃曲霉毒素	200 μg/kg	
28	供肉牛、奶牛、豬或家禽使用的棉籽粕（不分日齡和飼養階段）	黃曲霉毒素	20 μg/kg	
29	供育肥肉牛使用的玉米和花生製品	黃曲霉毒素	300 μg/kg	
30	供種肉牛、種豬或成熟期家禽使用的玉米和花生製品	黃曲霉毒素	300 μg/kg	
31	果汁產品	紫外線	100 μg/kg	
32	花生和花生製品	黃曲霉毒素	限量	使用限制及備註中文

表2(續)

序號	食品名稱	污染物名稱	限量	使用限制及備註
33	雞和火雞的可食用組織和蛋：蛋	砷	管内湍流最低雷諾數為2,200	減少人類病原體等微生物；輻射源由釋放波長90%為253.7納米低壓汞燈構成
34	雞和火雞的可食用組織和蛋：未煮的可食用副產品	砷	20 μg/kg	
35	雞和火雞的可食用組織和蛋：未煮的肉	砷	0.5 ppm	
36	家禽飼料或家禽飼料成分	鈷-60密封源產生的伽馬射線	2 ppm	
37	甲殼動物	鉛	0.5 ppm	
38	甲殼動物	鎳	最低劑量2 kGy(0.2 Mrad)；最大劑量25 kGy(2.5 Mrad)	經輻照處理過的飼料應計算營養損失。若照射到飼料成分小於最終產品的5%，最終產品可以不考慮經過輻照處理
39	甲殼動物	鎘	1.5 ppm	
40	甲殼動物	鉻	70 ppm	
41	甲殼動物	砷	3 ppm	
42	僅在國家航空或空間管理太空飛行計劃項目中使用的冷凍、包裝肉	鈷-60或銫-137密封裝置產生的伽馬射線；由功率不超過10 MeV的機械源產生的電子；由功率不超過5 MeV的機械源產生的X射線，但本節4(a)許可的除外；由能量不超過5 MeV的機械源產生的X射線	12 ppm	
43	進口白蘭地酒	甲醇	限量	使用限制及備註中文
44	開心果	黃曲霉毒素	76 ppm	
45	冷藏或冷凍且未煮的屬於9 CFR 301.2(rr)範圍內的肉，9 CFR 301.2(tt)範圍內的肉副產品或9 CFR 301.2(uu)範圍內的肉類食品	鈷-60或銫-137密封裝置產生的伽馬射線；由功率不超過10 MeV的機械源產生的電子；由功率不超過5 MeV的機械源產生的X射線，但本節4(a)許可的除外；由能量不超過5 MeV的機械源產生的X射線	最小劑量為44 kGy；若其食用的包裝材料符合本章第174至186部分適用法規的規定，則不必符合§179.25(c)	為了殺菌
46	麥芽酒精飲料	二甲基亞硝胺	0	
47	美國添加氟化物的瓶裝水	氟化物	20 μg/kg	

表2(續)

序號	食品名稱	污染物名稱	限量	使用限制及備註
48	美國添加氟化物的瓶裝水	氟化物	冷藏產品的最大劑量不超過4.5 kGy，冷凍產品的最大劑量不超過 7.0 kGy	為了控制食源性致病菌，延長保質期
49	美國添加氟化物的瓶裝水	氟化物	5 μg/kg	
50	美國添加氟化物的瓶裝水	氟化物	1.7 mg/L	年度平均每日最高氣溫為53.7 ℉及以下
51	美國添加氟化物的瓶裝水	氟化物	1.5 mg/L	年度平均每日最高氣溫為53.8~58.3 ℉
52	美國添加氟化物的瓶裝水	氟化物	1.3 mg/L	年度平均每日最高氣溫為58.4~63.8 ℉
53	美國添加氟化物的瓶裝水	氟化物	1.2 mg/L	年度平均每日最高氣溫為63.9~70.6 ℉
54	美國未添加氟化物的瓶裝水	氟化物		
55	美國未添加氟化物的瓶裝水	氟化物	限量	使用限制及備註中文
56	美國未添加氟化物的瓶裝水	氟化物	1 mg/L	年度平均每日最高氣溫為70.7~79.2 ℉
57	美國未添加氟化物的瓶裝水	氟化物	0.8 mg/L	年度平均每日最高氣溫為79.3~90.5 ℉
58	美國未添加氟化物的瓶裝水	氟化物	0.8 mg/L	適用於進口瓶裝水
59	美國未添加氟化物的瓶裝水	氟化物	2.4 mg/L	年度平均每日最高氣溫為53.7 ℉及以下
60	美國未添加氟化物的瓶裝水	氟化物	2.2 mg/L	年度平均每日最高氣溫為53.8~58.3 ℉
61	麵粉、麩皮和胚芽等可能會被人類消耗的小麥產品	脫氧雪腐鐮刀菌烯醇	2 mg/L	年度平均每日最高氣溫為53.8~58.3 ℉
62	牛奶	黃曲霉毒素 M1	1.8 mg/L	年度平均每日最高氣溫為63.9~70.6 ℉
63	牛奶（以脂肪為計算基礎）	多氯聯苯	1.6 mg/L	年度平均每日最高氣溫為70.7~79.2 ℉

表2(續)

序號	食品名稱	污染物名稱	限量	使用限制及備註
64	蘋果汁、回兌蘋果汁（如果是蘋果汁濃縮物）或者食品中所含的蘋果汁(如果蘋果汁為食品組分)。本指南中蘋果汁指未經濃縮的100%蘋果汁	棒曲霉素	1.4 mg/L	年度平均每日最高氣溫為79.3~90.5 °F
65	瓶裝水	砷	1.4 mg/L	適用於進口瓶裝水
66	瓶裝水	銻	限量	使用限制及備註中文
67	瓶裝水	鋇	1 mg/kg	
68	瓶裝水	鈹	0.5 μg/kg	
69	瓶裝水	鎘	1.5 mg/kg	
70	瓶裝水	鉻	50 μg/kg	
71	瓶裝水	銅	0.01 mg/L	
72	瓶裝水	鉛	0	
73	瓶裝水	汞	2 mg/L	
74	瓶裝水	鎳	0.004 mg/L	
75	瓶裝水	硒	0.005 mg/L	
76	瓶裝水	鉈	0.1 mg/L	
77	瓶裝水	鐵	限量	使用限制及備註中文
78	瓶裝水	錳	1 mg/L	
79	瓶裝水	鋅	0.005 mg/L	
80	瓶裝水	鋁	0.002 mg/L	
81	瓶裝水	銀	0.1 mg/L	
82	瓶裝水	氯化物	0.05 mg/L	
83	瓶裝水	酚類	0.002 mg/L	
84	瓶裝水	總溶解固體	0.3 mg/L	礦泉水豁免該限量要求
85	瓶裝水	氰化物	0.05 mg/L	礦泉水豁免該限量要求
86	瓶裝水	硝酸鹽	5 mg/L	礦泉水豁免該限量要求
87	瓶裝水	亞硝酸鹽	0.2 mg/L	
88	瓶裝水	硝酸鹽和亞硝酸鹽總量	限量	使用限制及備註中文
89	瓶裝水	苯	0.1 mg/L	
90	瓶裝水	四氯化碳	250 mg/L	礦泉水豁免該限量要求
91	瓶裝水	鄰二氯苯	0.001 mg/L	

表2(續)

序號	食品名稱	污染物名稱	限量	使用限制及備註
92	瓶裝水	對二氯苯	500 mg/L	礦泉水豁免該限量要求
93	瓶裝水	1，2-二氯乙烷	0. 2 mg/L	
94	瓶裝水	1，1-二氯乙烯	10 mg/L	以氮含量計算
95	瓶裝水	順式-1，2 - 二氯乙烯	1 mg/L	以氮含量計算
96	瓶裝水	反式-1，2 - 二氯乙烯	10 mg/L	以氮含量計算
97	瓶裝水	二氯甲烷	0. 005 mg/L	
98	瓶裝水	1，2 - 二氯丙烷	0. 005 mg/L	
99	瓶裝水	乙苯	0. 6 mg/L	
100	瓶裝水	一氯苯	0. 075 mg/L	
101	瓶裝水	苯乙烯	0. 005 mg/L	
102	瓶裝水	四氯乙烯	0. 007 mg/L	
103	瓶裝水	甲苯	0. 07 mg/L	
104	瓶裝水	1，2，4 - 三氯苯	0. 1 mg/L	
105	瓶裝水	1，1，1 ACID	0. 005 mg/L	
106	瓶裝水	1，1，2 酸	0. 005 mg/L	
107	瓶裝水	三氯乙烯	0. 7 mg/L	
108	瓶裝水	氯乙烯	0. 1 mg/L	
109	瓶裝水	二甲苯	0. 1 mg/L	
110	瓶裝水	硫酸鹽	0. 005mg/L	
111	瓶裝水	溴酸鹽	1 mg/L	
112	瓶裝水	綠泥石	0. 07 mg/L	
113	瓶裝水	鹵乙酸（五）（HAA5）	0. 20 mg/L	
114	瓶裝水	總三鹵甲烷（THM）	0. 005 mg/L	
115	瓶裝水	氯胺	0. 005 mg/L	
116	瓶裝水	氯	0. 002 mg/L	
117	瓶裝水	二氧化氯	10 mg/L	
118	瓶裝水	總α粒子活動（包括鐳-226，但不包括氡和鈾）	250 mg/L	礦泉水豁免該限量要求
119	瓶裝水	來自人造放射性核素的β粒子和光子輻射	0. 01 mg/L	消毒副產品
120	瓶裝水	鈾	1 mg/L	消毒副產品
121	禽肉（以脂肪為計算基礎）	多氯聯苯	0. 06 mg/L	消毒副產品
122	全部或部分除胚的干燥磨制玉米產品(如：玉米渣、玉米粉，以干物質為基礎的脂肪含量≥2. 25 %)	伏馬毒素總量（FB1+FB2+FB3）	0. 08 mg/L	消毒副產品

表2(續)

序號	食品名稱	污染物名稱	限量	使用限制及備註
123	乳清	重金屬（如鉛）	4 mg/L	殘留消毒劑
124	乳清蛋白濃縮物	重金屬（如鉛）	10 mg/L	殘留消毒劑
125	乳製品（以脂肪為計算基礎）	多氯聯苯	10 mg/L	殘留消毒劑
126	生產除豬、雞、育肥牛以外的所有其他動物的飼料所用的糧谷及糧谷副產品中，建議這些糧谷及糧谷副產品在飼料中所占比例不超過40%	脫氧雪腐鐮刀菌烯醇	15 pCi/L	
127	食品	黃曲霉毒素	按照每天攝入2升水計算，年度劑量相當於總體或任何內部器官每年4 millirems	
128	食品	鈷-60或銫-137密封裝置產生的伽馬射線；由功率不超過10 MeV的機械源產生的電子；由功率不超過5 MeV的機械源產生的X射線，但本節4(a)許可的除外；由能量不超過5 MeV的機械源產生的X射線	30 mg/L	
129	食品	紫外線		
130	食品	鍶-90	限量	使用限制及備註中文
131	食品	碘-131	3 mg/kg	
132	食品	銫-134 + 銫 m-137	4 mg/kg	
133	食品	鈈-238 + 鈈-239 + 鎇-241	10 ppm	
134	食品	釕-103 +釕-106c	10 ppm	
135	雙殼類軟體動物	鉻	1.5 mg/kg	
136	雙殼類軟體動物	砷	5 mg/kg	
137	雙殼類軟體動物	鎳	20 μg/kg	
138	雙殼類軟體動物	鎘	不超過 1kGy (100 krad)	為了消滅節肢動物害蟲
139	雙殼類軟體動物	鉛	無臭氧生產：在真空或在惰性氣體中輻照的高脂肪含量食品；輻照強度1W (of 2,537 A. radiation) per 5 to 10 ft. 2	用於控制表面微生物，輻射源由釋放波長90%為253.7納米低壓汞燈構成
140	所有魚	甲基汞	160 Bq/kg	導出干預水準
141	陶瓷扁平餐具（6個檢測結果的平均值）	鎘		

表2(續)

序號	食品名稱	污染物名稱	限量	使用限制及備註
142	陶瓷大盤（6 個檢測結果中的任何一個）	鎘	限量	使用限制及備註中文
143	陶瓷器皿：杯子（6 個檢測結果中的任何一個）	鉛	170 Bq/kg	導出干預水準
144	陶瓷器皿：扁平餐具（6 個結果的平均值）	鉛	1, 200 Bq/kg	導出干預水準
145	陶瓷器皿：大盤（除大水罐，6 個檢測結果中的任何一個）	鉛	2 Bq/kg	導出干預水準
146	陶瓷器皿：水罐（6 個檢測結果中的任何一個）	鉛	（C3 / 6, 800）+（C6 / 450）< 1 Bq/kg	導出干預水準
147	陶瓷器皿：小盤（除杯子，6 個檢測結果中的任何一個）	鉛	13 ppm	
148	陶瓷小盤（6 個檢測結果中的任何一個）	鎘	86 ppm	
149	未規定	丙烯酰胺	80 ppm	
150	未規定	二噁英	4 ppm	
151	喂養用於食品生產的動物的動物飼料成品（不包括下列動物飼料成品：濃縮飼料、飼料添加劑、飼料預混料）	多氯聯苯	1. 7 ppm	
152	下述干燥或脫水的芳香型蔬菜產品，且當其僅用作小劑量香料或者調味料時：烹飪藥材、種子、香料或用作調味而並不是當作蔬菜本身進行食用的蔬菜調味品，及上述產品的混合物。當姜黃和辣椒粉被用作色素添加劑時，也可被用於輻照。混合物可以含有氯化鈉，此類混合物通常用於少量干食品成分	鈷-60 或銫-137 密封裝置產生的伽馬射線；由功率不超過 10 MeV 的機械源產生的電子；由功率不超過 5 MeV 的機械源產生的 X 射線，但本節 4（a）許可的除外；由能量不超過 5 MeV 的機械源產生的 X 射線	1 ppm	
153	小麥（僅在粉色谷粒中）	汞		
154	新鮮帶殼蛋	鈷-60 或銫-137 密封裝置產生的伽馬射線，由功率不超過 10 MeV 的機械源產生的電子，由功率不超過 5 MeV 的機械源產生的 X 射線	限量	使用限制及備註中文
155	新鮮的生菜和新鮮的菠菜	鈷-60 或銫-137 密封裝置產生的伽馬射線，由功率不超過 10 MeV 的機械源產生的電子，由功率不超過 5 MeV 的機械源產生的 X 射線	0. 5μg/L	觸發行動水準
156	新鮮或冷凍的甲殼類軟體動物	鈷-60 或銫-137 密封裝置產生的伽馬射線，由功率不超過 10 MeV 的機械源產生的電子，由功率不超過 5 MeV 的機械源產生的 X 射線	0. 25 ug/L	觸發行動水準

表2(續)

序號	食品名稱	污染物名稱	限量	使用限制及備註
157	新鮮或冷凍的未煮的家禽產品，包括：(1) 9 CFR 381.1 (b) 中定義的「擬用於蒸煮的家禽」的屠體全部及部分(或其他部分)；(2) 機械分割的家禽產品（整個家禽屠體或其部分經機械去骨產生的分割物）	鈷-60 或銫-137 密封裝置產生的伽馬射線，由功率不超過 10 MeV 的機械源產生的電子，由功率不超過 5 MeV 的機械源產生的 X 射線	0.5 ug/L	觸發行動水準
158	新鮮食品	鈷-60 或銫-137 密封裝置產生的伽馬射線，由功率不超過 10 MeV 的機械源產生的電子，由功率不超過 5 MeV 的機械源產生的 X 射線	3.0 ug/L	觸發行動水準
159	已加工的穀物種子	汞	1 ug/L	觸發行動水準
160	飲料	苯	0.5 ug/L	觸發行動水準(ug/L 浸出液)
161	飲用水	苯	2 ug/L	觸發行動水準
162	飲用水	紫外線	0.5 ug/L	觸發行動水準
163	嬰兒和兒童食物	多氯聯苯	未規定	
164	嬰兒和兒童用的鍍銀碟子（6 個檢測結果的平均值）	鉛	未規定	
165	用來製作爆米花的乾淨玉米	伏馬毒素總量（FB1+FB2+FB3）	限量	使用限制及備註中文
166	用於喂食大於或等於三個月的肉用反芻動物以及用來生產毛皮的貂的玉米及玉米副產品	伏馬毒素總量（FB1+FB2+FB3）	0.2 mg/kg	
167	用於喂食馬科動物及兔子的玉米及玉米副產品	伏馬毒素總量（FB1+FB2+FB3）	不超過 30 kGy (3 mrad)	為了微生物消毒
168	用於喂食肉用家禽的玉米及玉米副產品(在飼料中的比例不超過 50%)	伏馬毒素總量（FB1+FB2+FB3）	1 ppm	CPG 578.400
169	用於喂食所有其他種類別的家畜及寵物的玉米及玉米副產品	伏馬毒素總量（FB1+FB2+FB3）	不超過 3 kGy	為了控制沙門氏菌
170	用於喂食育種反芻動物、家禽以及貂的玉米及玉米副產品，包括產奶期的奶牛及產蛋期的母雞	伏馬毒素總量（FB1+FB2+FB3）	不超過 4 kGy	為了控制食源性致病菌和延長保質期
171	用於喂食豬及鯰魚的玉米及玉米副產品	伏馬毒素總量（FB1+FB2+FB3）	不超過 5.5 kGy	為了控制弧菌和其他食源性微生物
172	用於製作餅或糊的乾淨玉米	伏馬毒素總量（FB1+FB2+FB3）	不超過 3 Kgy (300 krad)	為了控制食源性致病菌，使用的包裝不排除氧氣
173	用作人類食品、成品動物飼料、動物飼料成分的紙質包裝材料	多氯聯苯	不超過 1 kGy (100 krad)	為了抑制成長和成熟
174	魚、貝、甲殼及其他水聲動物（新鮮、冷凍或加工）	甲基汞	1 ppm	

表2(續)

序號	食品名稱	污染物名稱	限量	使用限制及備註
175	魚和漁產品	麻痺性貝毒素	5 μg/L	
176	魚和漁產品	神經貝類毒素	限量	使用限制及備註中文
177	魚和漁產品	腹瀉性貝類毒素	5 μg/L	
178	魚和漁產品	雪卡毒素魚類毒素	不產生臭氧；吸收系數每平方厘米0.19或更低；流量100 gal/h per watt of 2,537 A. radiation；水深1厘米或以下；燈的工作溫度36~46℃	消毒食品生產中使用的水；輻射源由釋放波長90%為253.7納米低壓汞燈構成
179	魚和漁產品	雪卡毒素魚類毒素	0.2 mg/kg	
180	魚和漁產品	原多甲藻酸貝類毒素	0.5 ug/L	觸發行動水準
181	魚和漁產品（不包括珍寶蟹的內臟）	記憶喪失性貝類毒素	3 mg/kg	
182	魚類及貝類動物可食部分（魚類的可食部分，不包括頭、鱗片、內臟、不可食用的骨頭）	多氯聯苯	60 ppm	在飼料中的比例不超過50%，以干物質計
183	玉米、花生製品、其他動物飼料和飼料成分，但不含用於未成熟動物的棉籽粕	黃曲霉毒素	5 mg/kg	在飼料中的比例不超過20%，以干物質計
184	珍寶蟹的內臟	記憶喪失性貝類毒素	100 mg/kg	
185	豬的食用組織：未煮過的肝臟和腎臟	砷	10 ppm	在飼料中的比例不超過50%，以干物質計
186	豬的食用組織：未煮過的肉及副產品，不包括肝臟和腎臟	砷	30 mg/kg	在飼料中的比例不超過50%，以干物質計
187	豬胴體或新鮮且未經熱處理的分割豬胴體	鈷-60或銫-137密封裝置產生的伽馬射線；由功率不超過10 MeV的機械源產生的電子；由功率不超過5 MeV的機械源產生的X射線，但本節4(a)許可的除外；由能量不超過7.5 MeV，以鉭或金作為目標材料的機械源產生的X射線		

表 3　　美國食品中微生物限量規定

序號	微生物名稱	食品名稱	使用限制及備註	採納日期
1	大腸埃希氏菌	豬	判定陰性所有的基準研究方法的敏感度至少為 5 cfu/cm^2 畜體表面積	2009
2	大腸埃希氏菌	鴨	數據收集項目完成後，相應值將被加上。對於表中無 m/N 標準的產品，企業應用統計加工控制技術評估檢測結果	2009
3	沙門氏菌	新鮮豬肉腸	執行標準是 FSIS 根據全國微生物調查項目數據計算出的針對生產品沙門氏菌全國流行情況的值。對於新鮮豬肉腸，在數據收集項目完成後，相應值將被加上	2009
4	大腸埃希氏菌	新鮮及冷凍蟹肉	直接查封的推薦標準	
5	大腸埃希氏菌	新鮮、冷凍或罐裝蛤、貽貝及牡蠣進口產品	參考 Sec 560. 600 Compliance Policy Guide	2001
6	需氧菌平板計數	新鮮、冷凍或罐裝蛤、貽貝及牡蠣進口產品	參考 Sec 560. 600 Compliance Policy Guide	2001
7	大腸埃希氏菌或糞大腸菌群	新鮮、冷凍或罐裝蛤、貽貝及牡蠣國產產品	參考 Compliance Program 7303. 842	2001
8	需氧菌平板計數	新鮮、冷凍或罐裝蛤、貽貝及牡蠣國產產品	參考 Compliance Program 7303. 842	2001
9	沙門氏菌	小公牛	執行標準是 FSIS 根據全國微生物調查項目數據計算出的針對生產品沙門氏菌全國流行情況的值。對於新鮮豬肉腸，在數據收集項目完成後相應值將被加上	2009
10	沙門氏菌類	所有魚	參考 Sec 555. 300 Compliance Policy Guide	2001
11	大腸埃希氏菌	豬	判定陰性所有的基準研究方法的敏感度至少為 5 cfu/cm^2 畜體表面積	2009
12	大腸埃希氏菌	鴨	數據收集項目完成後相應值將被加上。對於表中無 m/N 標準的產品，企業應用統計加工控制技術評估檢測結果	2009
13	沙門氏菌	新鮮豬肉腸	執行標準是 FSIS 根據全國微生物調查項目數據計算出的針對生產品沙門氏菌全國流行情況的值。對於新鮮豬肉腸，在數據收集項目完成後相應值將被加上	2009
14	大腸埃希氏菌	新鮮及冷凍蟹肉	直接查封的推薦標準	

表3(續)

序號	微生物名稱	食品名稱	使用限制及備註	採納日期
15	大腸埃希氏菌	新鮮、冷凍或罐裝蛤、貽貝及牡蠣進口產品	參考 Sec 560. 600 Compliance Policy Guide	2001
16	需氧菌平板計數	新鮮、冷凍或罐裝蛤、貽貝及牡蠣進口產品	參考 Sec 560. 600 Compliance Policy Guide	2001
17	大腸埃希氏菌或糞大腸菌群	新鮮、冷凍或罐裝蛤、貽貝及牡蠣國產產品	參考 Compliance Program 7303. 842	2001
18	需氧菌平板計數	新鮮、冷凍或罐裝蛤、貽貝及牡蠣國產產品	參考 Compliance Program 7303. 842	2001
19	沙門氏菌	小公牛	執行標準是 FSIS 根據全國微生物調查項目數據計算出的針對生產品沙門氏菌全國流行情況的值。對於新鮮豬肉腸，在數據收集項目完成後相應值將被加上	2009
20	沙門氏菌類	所有魚	參考 Sec 555. 300 Compliance Policy Guide	2001
21	結腸彎曲菌	乳製品	直接查封的推薦標準	2005
22	小腸結腸炎耶爾森(氏)菌或單核細胞增生李斯特氏菌	乳製品	直接查封的推薦標準	2005
23	葡萄球菌腸毒素	乳製品	直接查封的推薦標準	2005
24	沙門氏菌	肉雞	執行標準是 FSIS 根據全國微生物調查項目數據計算出的針對生產品沙門氏菌全國流行情況的值	2009
25	大腸埃希氏菌	平胸鳥	數據收集項目完成後相應值將被加上。對於表中無 m/N 標準的產品，企業應用統計加工控制技術評估檢測結果	2009
26	沙門氏菌	平胸鳥	執行標準是 FSIS 根據全國微生物調查項目數據計算出的針對生產品沙門氏菌全國流行情況的值。對於火雞、雛鳥、平胸鳥類，在數據收集項目完成後相應值將被加上	2009
27	大腸埃希氏菌	牛	判定陰性所有的基準研究方法的敏感度至少為 5 cfu/cm^2 畜體表面積	2009
28	沙門氏菌	母牛/公牛	執行標準是 FSIS 根據全國微生物調查項目數據計算出的針對生產品沙門氏菌全國流行情況的值。對於新鮮豬肉腸，在數據收集項目完成後相應值將被加上	2009

表3(續)

序號	微生物名稱	食品名稱	使用限制及備註	採納日期
29	大腸埃希氏菌	進口干酪及干酪產品	參考合適的符合性政策指南及進口預警信息，以獲得進一步指導。如果無 CPG 或預警信息，通知 CF-SAN/ DOEP 以獲得進一步指導	
30	產腸毒素大腸埃希氏菌	進口干酪及干酪產品	參考合適的符合性政策指南及進口預警信息，以獲得進一步指導。如果無 CPG 或預警信息，通知 CF-SAN/ DOEP 以獲得進一步指導	
31	產腸毒素大腸埃希氏菌（0157：H7）	進口干酪及干酪產品	參考合適的符合性政策指南及進口預警信息，以獲得進一步指導。如果無 CPG 或預警信息，通知 CF-SAN/ DOEP 以獲得進一步指導	
32	金黃色葡萄球菌	進口干酪及干酪產品	參考合適的符合性政策指南及進口預警信息，以獲得進一步指導。如果無 CPG 或預警信息，通知 CF-SAN/ DOEP 以獲得進一步指導	
33	組胺	金槍魚、鬼頭刀及其他魚類	參考 Sec540. 525 Compliance Policy Guide	2001
34	大腸埃希氏菌	堅果肉	直接查封的推薦標準	2005
35	大腸埃希氏菌	堅果肉	採取法律行動的推薦標準	2005
36	產腸毒素大腸埃希氏菌	即食水產品（消費者僅需稍微烹煮）	參考 Compliance Program 7303. 842	2001
37	單核細胞增生李斯特氏菌	即食水產品（消費者僅需稍微烹煮）	參考 Compliance Program 7303. 842	2001
38	霍亂弧菌	即食水產品（消費者僅需稍微烹煮）	參考 Compliance Program 7303. 842	2001
39	副溶血弧菌	即食水產品（消費者僅需稍微烹煮）	參考 Compliance Program 7303. 842	2001
40	創傷弧菌	即食水產品（消費者僅需稍微烹煮）	參考 Compliance Program 7303. 842	2001
41	大腸埃希氏菌	雞		2009
42	沙門氏菌	火雞	執行標準是 FSIS 根據全國微生物調查項目數據計算出的針對生產品沙門氏菌全國流行情況的值。對於火雞、雛鳥、平胸鳥類，在數據收集項目完成後相應值將被加上	2009
43	大腸埃希氏菌	火雞	數據收集項目完成後相應值將被加上。對於表中無 m/N 標準的產品，企業應用統計加工控制技術評估檢測結果	2009
44	大腸埃希氏菌	國產或進口身分的干酪及干酪產品	通知 CFSAN/ DOEP 以獲得進一步指導	

表3(續)

序號	微生物名稱	食品名稱	使用限制及備註	採納日期
45	產腸毒素大腸埃希氏菌	國產或進口身分的干酪及干酪產品	通知 CFSAN/ DOEP 以獲得進一步指導	
46	產腸毒素大腸埃希氏菌（0157：H7）	國產或進口身分的干酪及干酪產品	通知 CFSAN/ DOEP 以獲得進一步指導	
47	金黃色葡萄球菌	國產或進口身分的干酪及干酪產品	通知 CFSAN/ DOEP 以獲得進一步指示	
48	產腸毒素大腸埃希氏菌	干酪及干酪產品	採取法律行動的推薦標準	2005
49	沙門氏菌	肥豬肉	執行標準是 FSIS 根據全國微生物調查項目數據計算出的針對生產品沙門氏菌全國流行情況的值。對於新鮮豬肉腸，在數據收集項目完成後相應值將被加上	2009
50	大腸埃希氏菌	鵝	數據收集項目完成後相應值將被加上。對於表中無 m/N 標準的產品，企業應用統計加工控制技術評估檢測結果	2009
51	大腸埃希氏菌	雛鳥	數據收集項目完成後相應值將被加上。對於表中無 m/N 標準的產品，企業應用統計加工控制技術評估檢測結果	2009
52	沙門氏菌	雛鳥	執行標準是 FSIS 根據全國微生物調查項目數據計算出的針對生產品沙門氏菌全國流行情況的值。對於火雞、雛鳥、平胸鳥類，在數據收集項目完成後相應值將被加上	2009
53	沙門氏菌	除乳品外的所有食品	直接查封的標準	2009

國家圖書館出版品預行編目（CIP）資料

中美食品貿易案例解析 / 韓大平 主編. -- 第一版.
-- 臺北市：財經錢線文化, 2019.07
面；　公分
POD版

ISBN 978-957-680-327-7(平裝)

1.國際貿易法規 2.食品業 3.中國 4.美國

558.2　　　　108006731

書　名：中美食品貿易案例解析
作　者：韓大平 主編
發 行 人：黃振庭
出 版 者：財經錢線文化事業有限公司
發 行 者：財經錢線文化事業有限公司
E-mail：sonbookservice@gmail.com
粉 絲 頁：　　網 址：
地　址：台北市中正區重慶南路一段六十一號八樓 815 室
8F.-815, No.61, Sec. 1, Chongqing S. Rd., Zhongzheng
Dist., Taipei City 100, Taiwan (R.O.C.)
電　話：(02)2370-3310 傳　真：(02) 2370-3210
總 經 銷：紅螞蟻圖書有限公司
地　址: 台北市內湖區舊宗路二段 121 巷 19 號
電　話:02-2795-3656 傳真 :02-2795-4100　　網址：
印　刷：京峯彩色印刷有限公司（京峰數位）

定　價：350元
發行日期：2019 年 07 月第一版
◎ 本書以 POD 印製發行